Mémoires du duc de Rovigo, pour servir à l'histoire de l'e~

T(

duc de Rovigo Anne-Jean-Marie-René Savary

Alpha Editions

This edition published in 2024

ISBN : 9789366387369

Design and Setting By
Alpha Editions
www.alphaedis.com
Email - info@alphaedis.com

As per information held with us this book is in Public Domain.
This book is a reproduction of an important historical work. Alpha Editions uses the best technology to reproduce historical work in the same manner it was first published to preserve its original nature. Any marks or number seen are left intentionally to preserve its true form.

Contents

- CHAPITRE PREMIER ... - 1 -
- CHAPITRE II. ... - 6 -
- CHAPITRE III. ... - 14 -
- CHAPITRE IV. ... - 21 -
- CHAPITRE V. ... - 27 -
- CHAPITRE VI. ... - 33 -
- CHAPITRE VII. ... - 38 -
- CHAPITRE VIII. ... - 44 -
- CHAPITRE IX. ... - 49 -
- CHAPITRE X ... - 54 -
- CHAPITRE XI. ... - 59 -
- CHAPITRE XII. ... - 65 -
- CHAPITRE XIII. ... - 70 -
- CHAPITRE XIV. ... - 76 -
- CHAPITRE XV. ... - 81 -
- CHAPITRE XVI. ... - 90 -
- CHAPITRE XVII. ... - 97 -
- CHAPITRE XVIII. ... - 102 -
- CHAPITRE XIX. ... - 107 -
- CHAPITRE XX. ... - 112 -
- CHAPITRE XXI. ... - 117 -
- CHAPITRE XXII. ... - 121 -
- CHAPITRE XXIII. ... - 127 -
- CHAPITRE XXIV. ... - 133 -
- CHAPITRE XXV. ... - 136 -
- CHAPITRE XXVI. ... - 143 -

CHAPITRE XXVII.	- 148 -
CHAPITRE XXVIII.	- 152 -
CHAPITRE XXIX.	- 159 -
CHAPITRE XXX.	- 164 -
CHAPITRE XXXI.	- 170 -
NOTES	- 174 -

CHAPITRE PREMIER.

Nouvelles de Portugal.—Concessions réciproques.—L'empereur Napoléon m'offre l'ambassade de Russie.—Fin des conférences d'Erfurth.—Adieux des deux souverains.—Le comte de Romanzow.—Conversation avec ce seigneur.—Réponse négative de l'Angleterre aux ouvertures pacifiques convenues à Erfurth.—Confiance de l'empereur dans son traité d'alliance avec la Russie.

C'est pendant le séjour d'Erfurth que l'empereur reçut du général Junot le rapport de ce qui était survenu en Portugal. Il lui envoyait le traité qu'il avait conclu avec le général anglais Darlrymple pour l'évacuation du Portugal.

Par le même courrier, l'empereur reçut des nouvelles de la flotte russe, commandée par l'amiral Siniavine, que le général Junot avait trouvé à Lisbonne. Cet amiral venait de son côté d'entrer en arrangement avec les Anglais et avait consenti à mettre son escadre en otage en Angleterre, jusqu'à la paix entre cette puissance et la Russie. L'empereur Napoléon communiqua ces détails à l'empereur Alexandre, sans y ajouter aucune réflexion, et l'empereur de Russie, de son côté, désapprouva la conduite de son amiral; mais c'était un mal sans remède.

Les conférences d'Erfurth tiraient à leur fin sans avoir présenté le moindre sujet d'inquiétude. Je me rappelle que notre ministre des relations extérieures, me dit un jour en conversant, que l'empereur n'obtiendrait rien de plus que ce qui avait été convenu précédemment; que la Russie était fixée sur ces bases-là et n'en démordrait pas; il ne m'en a pas dit davantage. J'ai cherché à quoi cela pouvait avoir rapport, et je crois que ce ne pouvait être qu'à des propositions d'arrangemens nouveaux dont la Prusse, et particulièrement la Silésie, auraient été le sujet; je le crois d'autant plus que nous évacuâmes de suite cette province, et que ce n'est réellement qu'alors que le traité de Tilsit reçut sa pleine exécution. L'empereur se relâcha même un peu sur l'article des contributions, et j'ai vu l'empereur de Russie en être particulièrement satisfait. Il avait obtenu tout ce qu'il désirait, et avait de même reconnu tout ce qui intéressait l'empereur Napoléon.

L'empereur de Russie envoya un ministre près du roi de Naples; il donna ordre à celui qu'il avait eu près du roi Charles IV en Espagne, de reprendre ses fonctions près du roi Joseph. Voilà donc également l'empereur Napoléon satisfait, c'était à lui, après cela, à mettre son frère sur le trône, il allait s'en occuper et y employer tous les moyens de sa puissance. Il abandonna donc l'Allemagne à la foi des traités qu'il avait signés, et crut que la paix ne pouvait être troublée, puisqu'on regardait sa présence, c'est-à-dire, celle de ses troupes en ce pays comme un motif d'inquiétude continuelle, et qu'il les retirait pour les porter en Espagne.

Tout étant fini à Erfurth, on se disposa à se séparer, et auparavant l'on résolut de faire encore une démarche en commun près de l'Angleterre, pour tâcher de nouer seulement une négociation. Il fut convenu que le comte de Romanzow, ministre des relations extérieures de Russie, se rendrait à Paris avec des pleins-pouvoirs, pour donner suite, en ce qui concernait la Russie, à la réponse que l'on devait attendre du gouvernement anglais.

La veille du jour où l'empereur Alexandre quitta Erfurth, l'empereur me fit appeler la nuit; il était couché et voulait me faire causer comme cela lui arrivait quelquefois. Il me parla d'abord de tout autre chose que de ce qu'il voulait me dire, puis me demanda si je retournerais volontiers en Russie. «Non, Sire, lui dis-je, parce que c'est un climat effroyable, et ensuite parce que si j'y retournais sur le pied de faveur où j'y ai vécu six mois, j'y ferais mal vos affaires, pour lesquelles il faut ne rien perdre des avantages que donne la gravité du caractère ministériel. Autrement je ne pourrais jamais être que le courtisan de l'empereur Alexandre, et non pas l'ambassadeur de France.»

Ma réponse prouva à l'empereur que je comprenais pourquoi il avait songé à me renvoyer en Russie; il insista un peu, mais j'opposai de la résistance; il me gronda légèrement, mais je tins bon. Il me dit: «Je vois que vous êtes piqué de n'avoir pas été le premier ambassadeur après la paix de Tilsit.» Je lui répliquai, en riant: «Un peu, Sire, quoique j'aie fait des instances pour quitter Pétersbourg. Je voulais connaître le terrain sur lequel on me faisait marcher, et on m'a répondu par la nomination de M. de Caulaincourt. Maintenant je ne pourrais plus lui succéder, parce que je courrais risque de gâter vos affaires, en voulant suivre une marche toute différente de celle qu'il paraît avoir adoptée.»

L'empereur me répliqua: «Ainsi vous ne voulez pas y aller?»

Réponse. «Sire, je suis loin de le désirer; ensuite, si V. M. l'ordonne, je suis prêt; mais je crois que vous n'y gagneriez pas la peine d'un tel changement.»

L'empereur me répondit: «On m'avait dit que vous regrettiez la Russie, et que vous y retourneriez avec plaisir.»

Je n'avais rien à dire de plus, sinon que j'avais joui en Russie de tout ce qui peut éblouir l'ambition et la vanité; que j'étais confiant dans l'opinion qu'on y aurait conservée de moi; mais qu'à moins d'ordre de sa part, je désirais poursuivre ma carrière militaire. «Alors, me dit l'empereur, n'en parlons plus.»

Je me reprochais en secret de n'avoir pas accepté, parce que j'étais sûr de pouvoir détourner de grands malheurs, tout en ménageant la dignité et même l'amour-propre des deux souverains. C'était tout ce qu'il y avait à faire alors entre la France et la Russie; il fallait un ministère et un ambassadeur sans raideur, qui se comptât lui-même pour rien, et qui n'envisageât que l'harmonie des deux pays, laquelle consistait dans celle des deux souverains, qui alors étaient dans la ferveur de leur rapprochement. Nous verrons comment tout cela a tourné.

Le moment des adieux arriva; ils furent gracieux de part et d'autre. L'empereur Alexandre vint dire adieu à l'empereur; ils eurent une longue conversation, et se quittèrent pour monter à cheval. Ils sortirent ensemble de la ville; et allèrent au pas jusqu'à la distance de deux lieues, où les voitures de l'empereur Alexandre l'attendaient. Quant à ce qu'ils se dirent pendant le trajet, personne n'en sut rien; mais il est bien évident qu'ils s'intéressaient tous deux, parce que l'on ne trotta même pas, et que par discrétion les deux suites restèrent à une assez bonne distance en arrière. On arriva enfin aux voitures; ils mirent tous deux pied à terre, se promenèrent encore à pied quelques momens, puis se dirent adieu en s'embrassant. Je courus me rappeler aux bontés de l'empereur Alexandre, qui m'embrassa en me disant: «Je ne change jamais quand j'ai une fois accordé mon estime.» J'y ai compté dans l'adversité, et j'ai eu tort.

Ainsi finit cette entrevue d'Erfurth, qui sera célèbre dans l'histoire. Elle devait assurer le repos et le bonheur du monde, et elle ne fut suivie que de calamités.

L'empereur revint à Erfurth au petit pas, n'articulant pas un mot, et paraissant rêveur et pensif. Il avait donné congé à tous les souverains et princes étrangers qui étaient à Erfurth. Il partit le lendemain pour revenir à Paris sans s'arrêter nulle part. Nous y arrivâmes dans les derniers jours d'octobre.

Le comte de Romanzow, qui nous suivait, arriva peu de jours après nous. Il descendit d'abord dans un hôtel garni, puis l'empereur lui donna l'hôtel du vice-roi d'Italie, qu'il fit pourvoir de laquais et de tout ce qui était nécessaire à une grande représentation. Le comte de Romanzow donna plusieurs dîners dans cet hôtel, et c'est à un de ces repas que j'eus avec lui une conversation qui, dans l'intérêt de l'empereur, augmenta encore mes regrets de n'avoir pas accepté l'ambassade de Russie, en remplacement de M. de Caulaincourt, qui sollicitait son retour à Paris.

Le comte de Romanzow me disait des choses si obligeantes, que quand bien même il les aurait exagérées de moitié, je n'aurais pu qu'être excessivement flatté de tout ce que l'empereur de Russie avait conçu de moi. Il m'apprit dans cette conversation le prochain mariage de S.A.I. la grande-duchesse Catherine avec un prince d'Oldembourg. Je me gardai bien de lui supposer d'autre motif, en me faisant cette confidence, que l'intention de me faire plaisir, en m'apprenant cet événement heureux pour une princesse dont j'étais l'admirateur, et qui m'a toujours parue digne d'occuper un des premiers trônes du monde; mais sans lui témoigner autre chose que la part que je prenais à ce que sa majesté l'impératrice mère allait trouver de bonheur dans une union formée par ses soins, j'avoue que je ne pus comprendre comment notre ambassadeur ne traversait pas ce dessein-là, même sans avoir d'instructions positives à ce sujet. Quel mal y aurait-il eu pour l'Europe à ce qu'un prince d'Oldembourg restât célibataire un an de plus ou de moins, tandis que la main de la grande-duchesse Catherine pouvait être un lien de paix éternelle pour deux pays entre lesquels il ne pouvait exister trop d'harmonie ou d'intérêt d'union? c'était à quoi il fallait que travaillassent sans cesse ceux qui par leurs fonctions étaient chargés de ces rapprochemens-là.

Toutefois, je rends justice à M. de Caulaincourt: il en a eu la pensée. J'ai lu ce qu'il écrivit sur ce sujet à un tiers, dans la persuasion que cela serait mis sous les yeux de l'empereur; mais c'était précisément un moyen de faire manquer un projet qu'il avait conçu que de l'éventer. La première conséquence que l'on dût en tirer, c'est que cette communication de sa part n'était que la suite d'une ouverture qui lui avait été faite, et sur laquelle il aurait consenti à ne pas donner d'explication avant d'avoir eu une réponse à la lettre dont je viens de parler. Je sais qu'elle donna beaucoup d'humeur à l'empereur, parce qu'il n'aimait ni à être deviné, ni à être prévenu, encore moins à paraître influencé; et M. de Caulaincourt ignorait sans doute la scène de M. Fouché, qui avait eu lieu l'hiver précédent; mais l'empereur pouvait croire qu'il en avait été informé; aussi la lettre de M. de Caulaincourt à ce tiers resta-t-elle sans réponse. Mais je donne à penser à un homme raisonnable de quel côté l'empereur aurait penché, ou du côté d'une princesse, belle, aimable, d'une instruction peu commune, même parmi les souveraines célèbres, et dont la main resserrait une alliance utile avec son frère, pour lequel l'empereur Napoléon avait véritablement une amitié qu'il était aisé d'entretenir, ou bien d'une princesse qui était alors inconnue à toute la France, dont les liens de parenté seuls effarouchaient tout ce qui avait eu quelque part à la révolution, et dont le père enfin avait été armé quatre fois contre nous, souvent avec des circonstances que la politique seule pouvait excuser. Il est vrai de dire que l'on fut bien rassuré et dédommagé de la perte de la première, lorsque l'on connut tous les avantages personnels de la seconde qui arriva parmi nous; mais cela était indépendant de ce qu'il était possible de faire en Russie, en traversant le mariage de la grande-duchesse Catherine; et puisque l'ambassadeur avait lui-même songé à ce mariage, il devait agir de telle sorte que cette princesse fût encore libre, lorsqu'on s'occupa en France d'en chercher une.

Le comte de Romanzow resta à Paris jusqu'à l'arrivée de la réponse de Londres; elle n'était autre chose qu'un refus qu'il était facile de deviner, parce qu'il n'était pas raisonnable de supposer que l'Angleterre entrât en arrangement avec la France depuis l'entreprise de celle-ci sur l'Espagne, lorsqu'elle avait auparavant refusé la médiation de la Russie après le traité de Tilsit, et il faut convenir que, dans ces deux occasions, la Russie s'y livra de bonne foi, et voulait amener une paix générale, autant, je crois bien, par bonne intention philanthropique, que pour voir la France désarmer et pouvoir elle-même bientôt reprendre des relations commerciales, de la privation desquelles elle souffrait trop, le pays ne pouvant s'en passer.

Je crois bien aussi que s'il y avait eu des négociations ouvertes avec l'Angleterre, l'empereur Napoléon se serait relâché de beaucoup de choses, particulièrement en Allemagne; mais je ne sais à quelle fatalité il a tenu que tout ce qui a été fait et écrit pour amener des pourparlers, a toujours porté le caractère de défi ou un ton d'aigreur, qui a constamment éloigné au lieu de calmer et de rapprocher. La mission du comte de Romanzow étant ainsi terminée, il reprit le chemin de Saint-Pétersbourg.

Vers cette époque, l'empereur ouvrit la session du corps-législatif, et dans le discours d'usage dans ces circonstances, il s'exprima en ces termes:

«L'empereur de Russie, mon illustre allié, et moi sommes unis dans la paix comme dans la guerre. Je vais avec confiance rejoindre mon armée; nous nous sommes mutuellement nécessaires, etc.» S'il n'y avait pas eu à Erfurth une réciprocité d'engagemens et de confidences sur les projets de l'avenir, il ne se serait pas expliqué de cette manière en face de la nation, quinze jours après avoir quitté l'empereur de Russie. Il comptait donc sur une paix profonde en Allemagne.

CHAPITRE II.

Arrivée de l'empereur à Bayonne.—Son entrée en Espagne.—Combat de Somo-Sierra.—Madrid est sommé d'ouvrir ses portes.—Embarras des grands de la cour d'Espagne.—Attaque.—Entrée à Madrid.—Correspondance de la reine de Naples et de Ferdinand VII.—Nouvelles de l'armée anglaise.—Marche pénible et périlleuse du Guadarama.—L'empereur à pied à la tête de la colonne.—Poursuite de l'armée anglaise.—Témérité du général Lefèvre-Desnouettes.—Arrivée d'un courrier de France.—L'empereur investit le maréchal Soult du commandement de l'armée.

L'empereur prit la route d'Espagne avec toute son armée. Il arriva à Bayonne avec la rapidité d'un trait, de même que de Bayonne à Vittoria. Il fit ce dernier trajet à cheval, en deux courses: de la première il alla à Tolosa, et de la seconde à Vittoria, où il rejoignit le roi Joseph qui y était retiré avec les débris de la première armée qui était entrée en Espagne.

Il pressa tant qu'il put l'arrivée de toutes les troupes, et fit commencer les opérations d'abord sur Saint-Ander, et en même temps sur la Navarre et l'Aragon. Nous avions une telle supériorité, que toutes ces expéditions se réduisirent à des marches, excepté en avant de Burgos, où il fallut faire quelques efforts, et à Tudela, en Navarre, où le maréchal Lannes livra bataille; le reste ne mérite pas la peine d'être cité.

L'empereur se transporta à Burgos, où les troupes le rejoignirent; c'est de là qu'il ordonna de recommencer le siége de Sarragosse, et fit avancer son infanterie par la route de Arandadel-Duero, pendant que sa cavalerie prenait le chemin de la plaine, par Valladolid.

Lui-même suivit, avec toute sa garde, la même route que son infanterie; il n'allait jamais qu'à cheval. Le jour de son départ de Burgos, il vint à Aranda, et le lendemain il s'approcha jusqu'à l'entrée de la gorge de la Somo-Sierra, à un lieu nommé Boceguillas, où il campa au milieu de ses troupes.

Le jour suivant, de très-bonne heure, il fut rejoint par le corps du maréchal Victor, qui avait d'abord été envoyé pour appuyer le maréchal Lannes, mais que l'on avait rappelé avant de partir d'Aranda, où l'on avait appris la brillante affaire du maréchal Lannes à Tudela. L'empereur fit de suite pénétrer le corps du maréchal Victor par la vallée. Nous étions à la fin de novembre 1808, et comme la vallée est bordée de montagnes très-hautes, dont le sommet est caché dans les nuages, les Espagnols qui y étaient postés ne nous découvrirent que lorsque nous étions déjà sur eux, sans quoi ils auraient pu nous faire bien du mal.

Au puerto de la Somo-Sierra, ils avaient quinze pièces de canons qui, si nous avions été aperçus de plus loin, nous auraient fait payer cher la hardiesse avec laquelle elles furent enlevées. L'empereur était là de sa personne; il fit former les lanciers polonais en colonne sur le grand chemin; ils le montèrent ainsi au pas, jusqu'à ce que la batterie eût commencé à tirer, alors, prenant le grand galop, ils l'enlevèrent avant d'avoir reçu la seconde volée.

Cette audacieuse entreprise était commandée par le général Montbrun, et fut exécutée par la cavalerie polonaise, qui, après avoir forcé le passage, continua le galop jusqu'à Buitrago, où l'empereur vint coucher ce soir-là.

Le lendemain il vint à Saint-Augustin, qui est le second relais de poste en partant de Madrid par cette route là. Il attendit dans cette position le reste de l'armée qui n'avait pu le suivre; il y fut également rejoint, le 1er décembre, par son frère le roi Joseph.

L'empereur s'attendait que, si près de Madrid, la junte qui y gouvernait enverrait faire des propositions; mais l'on ne considérait pas que nous arrivions aussi vite que les mauvaises nouvelles, et que cette junte ne pouvait pas encore être informée du mauvais état de ses affaires; elle ignorait la bataille de Tudela, et croyait l'empereur encore bien loin, lorsque le 2 décembre, de grand matin, il fit faire la circonvallation de Madrid, et planter sa tente à portée de canon de la muraille.

Le général qui commandait les premières troupes qui s'approchèrent de la ville la somma, selon l'usage, d'ouvrir ses portes. Il s'engagea un parlementage à la gauche, pendant que l'on faisait attaquer le quartier des gardes-du-corps et une des portes de la ville qui étaient à la droite.

La marche de l'empereur avait été si rapide, que pas un des grands personnages de la cour d'Espagne qui, après avoir prêté serment de fidélité au roi Joseph, l'avaient abandonné pour rester parmi les insurgés n'avait eu le temps de faire des dispositions pour s'enfuir. Presque tous ceux qui étaient venus à Bayonne se trouvaient dans Madrid. L'inquiétude commença à s'emparer d'eux; ils ne voyaient point de moyens de résistance au dedans, et se regardaient comme perdus s'ils ne parvenaient pas à désarmer la vengeance d'un vainqueur irrité. Ils songèrent donc à employer leur influence pour lui faire ouvrir les portes d'une capitale, de laquelle on ne se serait point rendu maître sans des torrens de sang et des monceaux de ruines.

Ils portèrent tous les esprits à la modération, et parvinrent petit à petit à faire abandonner l'idée d'une résistance inutile à l'intérêt de la patrie, pour écouter des propositions plus conformes à l'intérêt de chacun, d'autant plus que ce dernier parti était commandé par la nécessité.

Malgré cela, on n'obtenait rien, et chaque fois que l'on approchait ou de la muraille ou d'une porte, on y était reçu à coups de fusil. L'empereur se détermina à faire ouvrir la muraille sur trois ou quatre points où il y avait assez de distance entre elle et les premières maisons de la ville pour y former des troupes.

Il choisit, entr'autres, le côté extérieur du jardin du Retiro, dont la muraille en brique et crénelée fut démolie à coups de canon, sur une largeur d'à peu près vingt toises.

On y fit de suite entrer les troupes en bon ordre. Ce seul mouvement dégagea la porte d'Alcala, et porta les troupes jusqu'aux bords de la promenade du Prado.

Les trois grandes rues qui aboutissent de la ville à cette promenade étaient défendues par des coupures, derrière lesquelles il y avait un bon parapet. Dans les premiers momens, il partit un feu de mousqueterie assez vif des croisées des maisons qui se trouvent à l'entrée de ces rues, particulièrement de l'hôtel Medina-Celi, mais on lui riposta si vivement qu'on le fit taire, et comme on avait eu la maladresse de laisser la porte cochère ouverte, nos soldats y entrèrent, tuèrent tout ce qu'ils trouvèrent ayant les armes à la main; en même temps la maison fut mise au pillage, de telle façon qu'on ôta aux autres l'envie de s'exposer au même sort.

Le général Labruyère, qui était à la tête du 9e régiment d'infanterie légère, fut tué d'un coup de fusil tiré d'une des fenêtres de cet hôtel de Medina-Celi.

Cette position fit ouvrir les yeux aux membres de la junte, qui ne voulurent pas exposer Madrid à un saccage qui allait devenir inévitable, si une fois les troupes se répandaient dans les maisons.

Ils envoyèrent donc bien vite au camp de l'empereur des parlementaires avec de pleins pouvoirs pour traiter de la reddition de Madrid, qui se soumit et reconnut le roi Joseph; mais, comme nous n'avions pas pu entourer la ville, à cause de son grand développement, il y eut une émigration considérable la nuit suivante. La population, ainsi que les milices andalouses qui composaient la garnison, sortirent par la porte d'Aranjuez, et se rendirent par toutes les directions vers Valence, la Manche et l'Estramadoure. On ne fit point d'efforts pour les en empêcher; on laissa au temps le soin de les ramener.

Les troupes françaises entrèrent à Madrid, mais l'empereur ne s'y établit point; il resta à Chamartin, distant de la ville d'environ deux lieues. Le roi Joseph n'entra pas non plus dans sa capitale; il resta au Pardo, château des rois d'Espagne, situé à une lieue de Madrid; mais de là il commanda et organisa l'administration.

Les grands d'Espagne qui, après être venus à Bayonne, y avoir reconnu le roi Joseph et lui avoir prêté serment de fidélité, l'avaient trahi, étaient pour la plupart restés à Madrid et voulurent de nouveau s'arranger avec lui, mais il ne voulut pas les recevoir; tous furent arrêtés comme traîtres et envoyés en

France, où ils furent détenus fort long-temps. Un d'entre eux, M. le duc de St-Simon, manqua de perdre la vie, parce qu'étant dans le même cas que les autres il avait été pris les armes à la main, commandant une troupe d'insurgés: il aurait été infailliblement victime de la sévérité des lois militaires, si l'empereur ne se fût laissé toucher par les larmes de sa famille et ne lui eût fait grâce.

On en usa envers les chefs de l'insurrection espagnole à peu près comme ils en avaient agi envers le général Dupont, qu'ils dépouillèrent après lui avoir accordé une capitulation. On s'empara donc de tout ce qu'ils possédaient et on ne les ménagea en rien, comme on agit avec des hommes qui n'ont point de foi.

Il n'est pas indifférent que l'on sache ici qu'en faisant la visite du cabinet du duc de l'Infantado l'on trouva la correspondance de la reine de Naples et du prince Royal de ce pays, avec le prince des Asturies, qui, comme l'on sait, avait épousé une fille de la reine de Naples.

La plupart de ces lettres avaient été écrites dans le temps que les Français s'emparaient du royaume de Naples, à la suite de l'ouverture du port aux troupes russes et anglaises en 1805. On y voyait que dans ses lettres, auxquelles celles-ci faisaient réponse, le prince des Asturies avait témoigné à sa belle-mère une grande impatience de régner pour contribuer à la venger.

Il est inconcevable que M. de l'Infantado n'eût pas pris plus de soin de cacher des lettres de cette importance. Elles furent trouvées sur la table de son cabinet dans deux vieilles boîtes où il y avait eu auparavant des cigares de la Havanne.

L'empereur resta à Chamartin jusque vers la fin de décembre; il cherchait partout des nouvelles de l'armée anglaise et était persuadé en venant à Madrid qu'il la trouverait. Il le supposait parce qu'il la considérait comme la principale force de l'insurrection, et qu'ainsi elle n'aurait pas été loin de Madrid, afin de pouvoir l'animer d'une part et de se retirer sur Cadix, si elle y était forcée. Mais tel était le silence des Espagnols à notre égard, et la fatale insouciance de ceux qui dirigeaient notre cavalerie, que, pendant que l'empereur envoyait des troupes à cheval de Burgos sur Valladolid pour avoir des nouvelles, l'armée anglaise était tout entière sur le Douro, occupant Zamora et Toro sur cette rivière, et ayant son quartier-général à Salamanque.

L'empereur était livré à son impatience à Chamartin, lorsque le général qui commandait à Valladolid lui envoya trois Français qui avaient été faits prisonniers avec le corps du général Dupont et que la misère avait forcés à prendre du service dans les corps francs que faisait lever l'Angleterre. Ils avaient déserté aussitôt qu'ils avaient su les Français arrivés à Valladolid, et venaient donner avis que toute l'armée anglaise était à Salamanque ayant son avant-garde à Zamora; qu'ils l'y avaient laissée, je crois le 10 ou le 11 du mois, et qu'elle ne songeait pas encore à se retirer, parce que les bâtimens de transports n'étaient pas arrivés. Ces soldats parlaient si clairement de tout ce qu'ils avaient vu que l'empereur ajouta foi à leur rapport: il les fit récompenser; mais il prit de l'humeur de n'avoir appris ces détails que par le zèle de ces trois soldats, tandis qu'il avait dans les environs de Valladolid plus de dix régimens de cavalerie qui ne lui donnaient aucune nouvelle.

Que l'on juge des regrets qu'il dut éprouver d'avoir été amené à Madrid, qui ne pouvait pas lui échapper, lorsqu'il était encore en mesure de prendre tous les avantages possibles sur l'armée anglaise, dont la présence faisait toute la force de l'insurrection d'Espagne!

Il donna sur-le-champ ordre à l'armée de partir dans le jour même pour traverser la chaîne de montagnes qui sépare la province de Madrid de celle de Ségovie, en se dirigeant par le Guadarama, c'est-à-dire la route de Madrid au palais et couvent de l'Escurial. L'empereur partit le lendemain matin, veille de Noël; il faisait beau en partant, et le soleil nous accompagna jusqu'au pied de la montagne. Nous trouvâmes la route remplie d'une profonde colonne d'infanterie qui gravissait lentement cette montagne, assez élevée pour conserver de la neige jusqu'au mois de juin. Il y avait en avant de cette infanterie un convoi d'artillerie qui rétrogradait, parce qu'un ouragan de neige et de verglas, accompagné d'un vent effroyable, rendait le passage dangereux; il faisait obscur comme à la fin du jour. Les paysans espagnols nous disaient qu'il y avait à craindre d'être enseveli sous la neige, comme cela était arrivé quelquefois. Nous ne nous rappelions pas d'avoir eu aussi froid en Pologne; cependant l'empereur était pressé de faire passer ce défilé à son armée, qui s'accumulait au pied de la montagne, où il n'y avait aucune provision. Il fit donner ordre qu'on le suivît, et qu'il allait lui-même se mettre à la tête de la colonne. Effectivement il passa avec le régiment des chasseurs de sa garde à travers les rangs de l'infanterie; il fit ensuite former ce régiment en colonne serrée, occupant toute la largeur du chemin; puis ayant fait mettre pied à terre aux chasseurs, il se plaça lui-même à pied derrière le premier peloton et fit commencer la marche. Les chasseurs marchaient à pied pêle-mêle avec leurs chevaux, dont la masse rendait l'ouragan nul pour ceux qui les suivaient, et en même temps ils foulaient la neige de manière à indiquer une trace bien marquée à l'infanterie.

Il n'y avait que le peloton de la tête qui souffrait beaucoup. L'empereur était bien fatigué de marcher, mais il n'y avait aucune possibilité de se tenir à cheval. Je marchais à côté de lui; il prit mon bras pour s'aider, et le garda jusqu'au pied de la montagne, de l'autre côté du Guadarama. Il avait le projet d'aller ce soir-là jusqu'à Villa-Castin, mais il trouva tout le monde si épuisé et le froid si excessif qu'il arrêta à la maison de poste, au pied de la montagne; elle se nomme Espinar.

Tel était le zèle avec lequel tout le monde le servait, que dans cette mauvaise maison qui était seule pour l'immensité de monde qui était là, on fit arriver le mulet qui portait son bagage; de sorte qu'il eut un bon feu, un lit et un souper passable. Dans ces occasions-là, l'empereur n'était pas égoïste, comme on a voulu le faire croire: il ne savait pas ce que c'était que de penser au lendemain, lorsqu'il n'était question que de lui; il partageait son souper et son feu avec tout ce qui avait pu le suivre; il allait jusqu'à forcer à manger ceux qu'il voyait en avoir besoin, et qui étaient retenus par la discrétion.

On passa à cette maison d'Espinar une triste nuit. Des soldats périrent même de froid, mais enfin l'exemple que l'empereur avait donné, avait fait passer tout le monde par un défilé qui aurait demandé deux jours pour tout autre que lui.

Il s'arrêta un jour à Villa-Castin pour rallier les traînards, puis on partit à longue marche pour arriver sur le Douro, que l'on passa à Tordesillas le second jour.

L'empereur allait lui-même fort vite pour être plus tôt informé de ce qu'on aurait pu découvrir en avant. Il apprit à Tordesillas que l'armée anglaise était partie de Salamanque et avait passé le Douro à Zamora, prenant sa route vers le royaume de Léon. Il était d'une impatience sans pareille de ne point voir son infanterie arriver, et était bien mécontent qu'on ne lui eût pas fait connaître huit jours plus tôt la présence de l'armée anglaise à Salamanque; néanmoins il espérait encore en avoir quelques débris. Le corps du maréchal Ney étant arrivé le premier, il partit lui-même avec, et se rendit, par un temps affreux, à peu près à travers champs, jusqu'à Valderas, où il eut connaissance de l'arrivée à Léon d'un corps qu'il y avait fait marcher de Burgos.

Il s'arrêta à Valderas pour attendre des nouvelles de tout ce qui le suivait, et envoyer des reconnaissances dans toutes les directions; on commençait déjà à sentir que l'on approchait de l'armée anglaise. Les paysans répondaient, lorsqu'on leur faisait des questions sur les troupes anglaises, qu'elles avaient passé il y avait tant d'heures, et suivaient le chemin de Benavente. L'empereur pressait tant qu'il pouvait, mais les boues étaient épouvantables, et l'artillerie ne pouvant pas suivre, les autres troupes étaient obligées de l'attendre; cela donna quelqu'avance à l'armée anglaise. Enfin l'impatience fit envoyer le régiment des chasseurs à cheval de la garde en avant pour atteindre l'arrière-garde de l'armée ennemie. Le général Lefèvre-Desnouettes qui le commandait, impatient d'en venir aux prises, se lança sans précaution, et arriva au bord de l'Exla, au moment où les ennemis venaient de rompre le pont sur lequel on passait cette rivière pour arriver à Benavente. Il voit la cavalerie ennemie à l'autre bord, et forme de suite le hardi projet d'aller la culbuter. Il cherche long-temps un gué dans les eaux de la rivière, considérablement enflée par les pluies qui tombaient depuis quelques jours;

mais enfin il en trouve un, et passe la rivière avec quatre escadrons de chasseurs de la garde, à la tête desquels il marche à la cavalerie anglaise qui était de l'autre côté; il est bientôt assailli par le nombre, qui le ramène battant jusqu'au gué, où tout aurait été pris sans l'adresse des chasseurs qui le repassèrent promptement; mais le général Lefèvre voulut, en brave homme, ne repasser que le dernier, et fut pris avec soixante chasseurs de son régiment.

L'empereur reçut cette nouvelle à Valderas; elle lui fit beaucoup de peine, parce qu'il aimait les chasseurs de la garde par-dessus tout. Mais il ne condamnait pas la détermination courageuse de leur colonel, qu'il aurait cependant voulu voir plus prudent.

Il partit lui-même de Valderas aussitôt que la cavalerie y arriva, et se porta avec elle sur Benavente, ordonnant à l'infanterie de suivre. Les pluies avaient encore augmenté la rivière de l'Exla au point que l'on ne pouvait plus passer au gué qui avait favorisé les chasseurs. Il fallut en chercher un autre; on ne le trouva que très tard au-dessous du pont; on y fit passer toute la cavalerie; l'empereur y passa lui-même, et on marcha de suite sur Benavente, que l'on dépassa encore de beaucoup dans la nuit, en prenant le chemin d'Astorga. On trouva dans la ville de Benavente des matériaux pour raccommoder le pont de l'Exla, sur lequel l'infanterie passa toute la nuit.

L'empereur coucha à Benavente, et y resta le lendemain pour faire prendre de l'avance à l'armée. L'on suivait les Anglais de près, mais ils ne nous abandonnaient rien. Nous trouvions beaucoup de chevaux de la cavalerie anglaise morts sur le chemin, et nous remarquions qu'il leur manquait à tous un pied. Nous apprîmes depuis que le cavalier anglais qui perdait son cheval était obligé d'en apporter le pied à son capitaine pour lui prouver qu'il était mort; autrement il aurait été suspecté de l'avoir vendu.

Nous commencions à les serrer de près; notre avant-garde couchait tous les soirs en vue de l'arrière-garde ennemie; mais notre colonne était d'une longueur infinie, et avait de la peine à se serrer et à se réunir. C'était l'ouragan que nous avions éprouvé en passant le Guadarama, ainsi que la boue et les pluies de Valderas, qui nous avaient mis dans cet état de procession, qui durait depuis plusieurs jours.

L'empereur était si impatient qu'enfin il partit de Benavente pour suivre l'armée sur le chemin de la Corogne; j'étais avec lui; il allait au grand galop, lorsqu'un officier, qui venait de Benavente, d'où il était parti quelques instans après nous, nous dit qu'il venait de quitter un courrier de Paris qui courait après l'empereur. Sur ce rapport l'empereur arrêta, mit pied à terre, et fit établir un feu de bivouac sur le chemin, où il resta par une neige très-froide et très-épaisse, jusqu'à l'arrivée du courrier. Le prince de Neuchâtel était avec lui; il ouvrit la valise du courrier, et remit à l'empereur les lettres qui étaient pour lui.

Quoique sa figure ne changeât presque jamais, je crus cependant remarquer que ce qu'il venait de lire lui donnait à penser, d'autant plus que nous remontâmes à cheval, et qu'il ne dit pas un mot jusqu'à Astorga, où il arriva sans avoir repris le galop.

À Astorga, il ne parla plus d'aller à la Corogne. Il y attendit toute l'armée, et passa la revue des différens corps de troupes à mesure qu'ils arrivaient.

Le parti de l'armée anglaise était pris; elle se retirait, et ne pouvait pas aller moins loin qu'à la Corogne. La question était de savoir si elle y trouverait ses transports arrivés lorsqu'elle-même le serait: dans ce cas rien ne pouvait s'opposer à son embarquement, ou bien si elle serait obligée d'attendre ses transports, ce qui alors aurait donné à notre armée un temps qu'elle aurait pu mettre à profit.

L'empereur donna le commandement de l'armée au maréchal Soult, et lui recommanda de marcher promptement de manière à ne pas laisser prendre haleine aux Anglais. Il le prévint qu'il allait de sa personne rester encore un jour ou deux à Astorga; qu'il en demeurerait davantage à Benavente, où il attendrait de ses nouvelles, soit pour revenir sur la Corogne, si les Anglais étaient forcés de tenir dans cette province, soit pour aller à Valladolid, si les Anglais se rembarquaient.

Le maréchal Soult partit et poussa l'arrière-garde anglaise de si près, que son avant-garde avait souvent affaire avec elle. Le général Auguste Colbert fut tué dans une de ces rencontres, et emporta les regrets de tous ses camarades. Tous les jours l'empereur recevait de l'armée des nouvelles qui lui faisaient connaître jusqu'où elle avait marché, et où étaient les Anglais. Il était encore à Benavente lorsqu'il apprit l'entrée de nos troupes dans Lugo, et peu de jours après il eut avis de l'arrivée à la Corogne des transports destinés à embarquer l'armée anglaise. Il vit dès lors que rien n'empêcherait cette armée d'arriver en Angleterre, et il ne songea plus qu'à partir de Benavente.

CHAPITRE III.

L'empereur à Valladolid.—Le général Legendre.—Députation de la ville de Madrid.—Audience que lui accorde l'empereur.—Le roi Joseph entre à Madrid.—Nouvelles de France.—Conversation avec l'empereur à ce sujet.—Disposition des relais.—Retour de l'empereur à Paris.—M. de Metternich.

L'empereur fit placer ses relais pour arriver à Valladolid dans un seul jour; il ramena toute la garde à pied et à cheval dans cette ville, où il resta quelque temps; il envoya de là le maréchal Lannes commander le siége de Sarragosse, et il prit plusieurs autres dispositions relatives à la sûreté de l'armée et à la promptitude de ses opérations.

Il reçut, à Valladolid, un officier de la cour de Milan, qui venait lui apporter la nouvelle de la naissance d'un enfant du vice-roi d'Italie; mais il eut de l'impatience en recevant un de ses anciens officiers d'ordonnance qui, en remplissant une mission à la Corogne, au commencement de l'insurrection, y avait été fait prisonnier: on l'avait gardé prisonnier à bord d'un vaisseau pendant cinq ou six mois, et il venait de recouvrer sa liberté, par l'entrée des troupes françaises à la Corogne. Il vint nous apprendre que le jour où l'affaire qui avait eu lieu entre le maréchal Soult et les Anglais, en avant de la Corogne, et dans laquelle le général en chef de l'armée anglaise Moore avait été tué; ce jour, dis-je, les transports de l'armée anglaise n'étaient pas encore arrivés. L'empereur ne put être maître d'un mouvement d'humeur; il renouvela encore sa plainte de n'avoir pas été prévenu comme il aurait dû l'être de la présence des Anglais à Salamanque et à Zamora; il aurait été à eux avant d'aller à Madrid, et il les aurait combattus avec une supériorité de quatre contre un. Il gronda les uns et les autres, mais il le faisait toujours en riant, et jamais il n'était si près d'accorder une marque de bonté à quelqu'un que lorsqu'il venait de lui bien laver la tête.

C'est aussi pendant qu'il était à Valladolid qu'il apprit du ministre de la guerre l'arrivée à Toulon des généraux Dupont et Marescot, les mêmes qui avaient signé la capitulation de Baylen. Cela lui échauffa de nouveau la bile, et il donna des ordres sévères à leur égard.

Le général Legendre, qui était le chef d'état-major de ce corps d'armée, était revenu en France quelque temps avant, et n'avait pas craint de venir trouver l'empereur à Valladolid. L'empereur le reçut à une parade, et ne voulut pas le voir auparavant; c'était le 17e régiment d'infanterie qui était passé en revue ce jour-là. Il y avait trente généraux et plus de trois cents officiers présens, lorsque l'empereur fit approcher le général Legendre; il le traita sévèrement, et lui dit, entre autres choses: «Vous étiez un des colonels de l'armée que j'estimais le plus, et vous vous êtes rendu un des instrumens de cette honteuse transaction de Baylen! Comment, vous, ancien soldat de l'armée d'Italie! votre main n'a-t-elle pas séché avant de signer une pareille iniquité? et, pour couronner l'oeuvre, vous vous rendez l'organe d'une fourberie pour abuser votre camarade Videl qui était hors d'affaire, et le forcer à subir le déshonneur imposé à ses troupes, sans lui dire pourquoi vous veniez le chercher!»

Le général Legendre s'excusait du moins mal qu'il pouvait: il disait qu'il n'avait rien pris sur lui; qu'il n'avait fait qu'exécuter les ordres du général en chef. L'empereur eut l'air de se laisser persuader, mais sans être dupe; il se fâchait d'autant plus fort qu'il y avait un grand nombre d'officiers de tous grades qui l'écoutaient, et qui pouvaient d'un jour à l'autre se trouver dans la même position où s'étaient trouvées les troupes du général Dupont. Il ne punit pas le général Legendre, parce que tel était l'empereur: quand un homme lui était connu par plusieurs actions de courage, une faute ne le perdait pas dans son esprit, surtout lorsque cet homme n'était, à proprement parler, qu'un être obéissant. Un autre individu qui aurait eu pour lui plus d'actions de courage que le premier, mais qui, n'agissant qu'avec méditation et réflexion, aurait commis une faute semblable, il la lui aurait comptée en raison des moyens que son jugement, son éducation et sa position lui fournissaient pour l'éviter, en sorte que dans une circonstance pareille, commune à deux hommes différens, l'un était traité avec indulgence et l'autre perdu sans retour dans son esprit, c'est-à-dire que, sans le priver de ce que ses services lui avaient acquis, il ne fallait plus rien demander pour lui.

C'est à Valladolid que l'empereur reçut une députation considérable de la ville de Madrid. Elle venait lui demander de permettre que le roi Joseph entrât à Madrid; il était toujours resté au Pardo, parce que l'empereur voulait voir comment les affaires d'Espagne se dessineraient avant de faire entrer le roi dans une capitale d'où il aurait pu être dans le cas de sortir une seconde fois.

J'étais présent lorsqu'il reçut cette députation. Il avait pour interprète M. Hédouville, ministre de France près le prince primat d'Allemagne, qu'il avait fait venir à son quartier-général, parce qu'il parlait très-bien l'espagnol. Il aimait M. Hédouville, qu'il avait connu avant la révolution.

L'empereur demanda à la députation «si c'était une démarche libre et exempte de toute insinuation qu'elle faisait en ce moment, et ajouta que, si cette mission n'était pas la suite d'un mouvement sincère de leur part, elle ne pouvait lui être agréable, et qu'il leur rendait leur liberté.»

Il aurait fallu les voir tous se prosterner et jurer qu'ils étaient venus d'eux-mêmes, après s'être réunis entre eux à Madrid, avec l'approbation du roi, dont ils avaient l'autorisation, pour venir près de l'empereur exprimer leurs voeux.

L'empereur leur répondit: «Si c'est ainsi, votre démarche m'est agréable, et je vais m'expliquer avec vous.

«Si vous désirez avoir le roi parmi vous pour l'aider à éclairer vos compatriotes, et à éviter une guerre civile, pour le servir comme de bons Espagnols et ne pas faire comme ceux qui, après lui avoir prêté serment de fidélité à Bayonne, l'ont abandonné à la plus légère apparence d'un danger, je consens à ce qu'il aille demeurer avec vous; mais alors, messieurs, vous m'en répondez tous personnellement.

«Si, au contraire, vous ne demandez le roi que comme un moyen de vous soustraire aux charges inséparables de la présence d'une aussi grande armée, je veux vous désabuser. Tout ce que vous souffrez me fait d'autant plus de mal, que je voulais l'éviter en faisant par vous-mêmes les changemens que je suis obligé d'appuyer par les armes. La présence du roi à Madrid ne changera rien à cette position-là, à moins que vous ne vous hâtiez de lui rallier tous les hommes sensés de votre patrie, lesquels, une fois qu'ils se seront prononcés, produiront bientôt un grand changement et amèneront le calme, sans lequel il ne sera pas possible de rétablir l'ordre dans vos cités, en proie aux agitations et aux troubles.

«Réfléchissez-y bien, et ne vous exposez pas à quelques résultats fâcheux, si vous n'avez pas la ferme résolution de le servir.»

Tous protestèrent de leurs sentimens, et furent étonnés de la franchise du discours de l'empereur. Ils le supplièrent de croire à la sincérité avec laquelle ils serviraient le roi, ajoutant que jamais ils ne prendraient aucune part directe ni indirecte aux agitations politiques dont le pays était affligé: enfin ils renouvelèrent leurs instances pour avoir le roi.

L'empereur leur répondit qu'il se fiait à leur parole; qu'ils pouvaient s'en retourner et voir le roi au Pardo; qu'il allait lui écrire et lui faire connaître qu'il ne mettait plus aucun obstacle à son entrée à Madrid. Elle eut effectivement lieu, et l'administration espagnole se mit en devoir de s'établir et de faire respecter son autorité. Si, avant cela, on eût pu joindre l'armée anglaise et la forcer à une bataille qu'elle eût infailliblement perdue, l'administration du roi Joseph aurait fait plus de prosélytes; mais, faute de ce succès, les Espagnols restèrent froids. D'un autre côté, nos troupes devenaient tellement à charge par leur exigence et par les vexations de beaucoup d'officiers supérieurs, et même de généraux, que les habitans se livrèrent au désespoir.

Ils commencèrent par opposer de l'inertie à ce qu'on leur demandait; les difficultés de vivre et de communiquer, au lieu de s'aplanir, s'accrurent; les plus forts voulurent être obéis en conquérans, et les Espagnols, que l'on aurait pu persuader, ne voulurent point être asservis. On s'excita des deux côtés, et bientôt tout fut en armes. Il ne faut pas mettre en doute que la mauvaise conduite d'une bonne partie des officiers qui ont exercé des commandemens particuliers en Espagne, a plus contribué au soulèvement absolu du pays que les événemens de guerre qui nous ont été défavorables.

L'empereur attendit à Valladolid la nouvelle de l'entrée du roi à Madrid. Il y reçut plusieurs courriers de Paris qui lui donnèrent de l'humeur. Il me fit un jour appeler pour me questionner sur des choses dont il supposait que je serais informé.

C'est le cas de dire ici qu'avant de partir de Paris il avait eu plus d'un motif pour faire partir le grand-duc de Berg. Je partageais l'opinion de ceux qui lui supposaient le projet de succéder à l'empereur; son esprit avait assez de complaisance pour se laisser aller à cette illusion, et des intrigans en France n'auraient pas demandé mieux que de voir à la tête du gouvernement un homme qui aurait eu continuellement besoin d'eux, et dont ils auraient tiré tel parti que bon leur eût semblé. Je ne crois pas que le grand-duc de Berg se fût jamais prêté à quelque tentative sur la personne de l'empereur; mais comme les machinateurs d'intrigues avaient mis en principe que l'empereur périrait ou à la guerre ou par un assassinat, chaque fois qu'on le voyait partir pour l'armée, on tenait prêt quelque projet qui était toujours déçappointé par son heureux retour.

Lorsqu'on le vit partir pour l'Espagne, cela fut bien pis; ces mêmes hommes parlaient qu'il y serait assassiné avant d'avoir fait dix lieues; et comme ils savaient que l'habitude de l'empereur était d'être à cheval et partout, ils se plaisaient à n'entrevoir aucun moyen pour lui d'éviter un malheureux sort. En conséquence, ils mirent les fers au feu de plus belle. Voilà pourtant comment l'empereur était servi par des hommes dont le devoir était de rassurer l'opinion et de l'éclairer, au lieu de la laisser errer en lui donnant eux-mêmes l'exemple d'une vacillation qui ne put jamais s'arrêter.

Chaque fois qu'ils voyaient l'empereur revenir heureusement, ils ne trouvaient d'autre moyen de se tirer du mauvais pas où ils s'étaient mis qu'en se dénonçant réciproquement.

L'empereur me demanda si j'étais dans l'habitude de recevoir des lettres de Paris. Je lui répondis que non, hormis celles de ma famille, qui ne me parlait jamais d'affaires. C'est dans cet entretien qu'il me dit qu'on le servait mal; qu'il fallait qu'il fît tout, et qu'au lieu de lui faciliter la besogne il ne rencontrait que des gens qui avaient pris l'habitude de le traverser. Il ajouta: «C'est ainsi que ces gens-là entretiennent les espérances des étrangers, et me préparent sans cesse de nouveaux embarras, en leur laissant entrevoir la possibilité d'une désunion en France; mais qu'y faire? ce sont des hommes qu'il faut user tels qu'ils sont.»

Je lui disais tout ce que je pensais, et mon opinion sur cette matière était formée sur la manière de voir de plusieurs bons serviteurs qui désiraient autant que moi la continuation de ses succès, et auxquels je faisais part de mes craintes sur les résultats de toutes ces intrigues.

Il ne me dit pas un mot de son retour prochain à Paris. Il me dit qu'il allait envoyer un officier d'ordonnance à Saint-Pétersbourg; c'est ce qui me fit penser que ce retour à Paris avait été résolu dans sa rêverie de Benavente à Astorga, d'autant plus que le courrier dont il avait lu les dépêches sur le grand chemin était expédié par M. de Champagny. Je sus par le prince de Neuchâtel, qui avait reçu une lettre du roi de Bavière, que ce souverain avait mandé à l'empereur de se mettre en mesure vis-à-vis de l'Autriche, qui armait et préparait tous les ressorts de la monarchie; c'était la première fois qu'elle levait la landwehr. Il lui envoyait copie de la dépêche que lui avait adressée son ministre à Vienne. Je m'expliquai alors tout ce que j'avais remarqué depuis huit jours, et je devinai la cause de l'envoi d'un officier d'ordonnance à Saint-Pétersbourg.

L'empereur donna ses instructions sur la marche qu'il voulait que l'on suivît pour les opérations militaires tant en Navarre qu'en Aragon et en Catalogne; il organisa la formation de l'armée mobile, pour l'emploi de laquelle il laissa une instruction générale, et fit partir la garde pour Burgos, où elle devait rester jusqu'à de nouveaux ordres. Il ne l'emmena pas d'abord, parce qu'il ne savait encore rien de positif sur ce qu'il ferait; ses projets étaient subordonnés à ce qu'entreprendraient les ennemis.

Il fit mettre ses chevaux de selle en relais sur le chemin de Valladolid à Burgos, avec un piquet de chasseurs à chacun des relais, de manière à n'avoir que trois à quatre lieues d'un relais à l'autre. Ces dispositions se prenaient souvent et sans bruit chez l'empereur. Pour les comprendre, il faut savoir que son écurie de chevaux de selle était divisée par brigades de neuf chevaux, dont deux étaient pour lui, et les sept autres pour les personnes de son service qui ne le quittaient pas. L'écurie des chevaux de traits était divisée par relais; un relais était composé de trois attelages. Il y avait un piquet attaché à chaque brigade, comme à chaque relais. Ainsi, lorsque l'empereur avait vingt lieues à parcourir à cheval, c'était ordinairement six brigades qui allaient se placer sur le chemin à faire. Les chevaux des palefreniers portaient des porte-manteaux où étaient des rechanges complets et des portefeuilles avec papier, plume, encre et cartes de géographie; ils portaient aussi des lunettes d'approche. S'il fallait faire vingt lieues en calèche ou en voiture, c'étaient six relais qui marchaient au lieu de six brigades de chevaux de selle. Les uns et les autres étaient numérotés ainsi que les piquets d'escorte, et pouvaient s'assembler la nuit sans que cela causât le moindre mouvement.

Les aides-de-camp de l'empereur étaient tenus d'avoir dans ces cas-là un cheval à chaque brigade; mais lorsque l'on voyageait en voiture, ils y avaient place.

L'empereur partit donc ainsi de Valladolid de grand matin, par une belle gelée, et vint au grand galop de chasse jusqu'à Burgos. Il y arriva en cinq ou six heures: jamais souverain n'a fait autant de chemin à cheval aussi rapidement. Il avait également fait placer des relais d'attelage depuis Burgos jusqu'à Bayonne, en sorte qu'il n'arrêta qu'un moment à Burgos et alla à Bayonne sans sortir de sa voiture. Il n'y resta qu'une matinée, et partit de suite pour Paris. Il allait si vite, que personne ne put le suivre. Il y arriva seul vers les derniers jours de janvier. Son retour aussi subit fut un événement: on ne l'attendait pas de tout l'hiver; les plaisirs de cette saison y occupaient la société, et en général celle de Paris tourne peu ses regards vers les affaires; une comédie nouvelle y fait parler bien plus que dix batailles perdues ou gagnées. Un étranger apprend à Paris tout ce qu'il veut savoir, et un Français y peut ignorer tout ce qui l'intéresse, sans pour cela cesser d'avoir sa journée bien employée.

C'était M. le comte de Metternich qui était dans ce moment-là ambassadeur d'Autriche en France. Il était revêtu de ce caractère depuis à peu près 1806. Il y avait eu, entre la paix qui a terminé la campagne de 1805 et son arrivée, un intérim rempli par le général baron de Vincent. Je ne suis pas bien fixé sur l'époque à laquelle il présenta ses lettres de créance; mais il n'y avait pas fort long-temps qu'il était parmi nous, qu'il avait déjà une connaissance très approfondie de toutes les intrigues dont le pavé de Paris fourmille toujours. L'on eut beau appeler l'attention de M. Fouché sur les personnes qui fréquentaient les intimités des ambassadeurs; on n'en obtint rien, et j'ai connu tels ambassadeurs qui avaient à Paris un espionnage monté dans toutes les parties; politique, administration, opinion et galanterie, tout y était soigné. Ils s'en servaient habilement pour faire lancer des sornettes au ministre de la police, qui a été souvent leur dupe.

M. de Metternich avait poussé ses informations si loin, qu'il serait devenu impénétrable pour un autre que l'empereur. Il était parvenu à faire arriver à l'oreille du ministre de la police tout ce qu'il lui convenait de lui faire dire, parce qu'il disposait en dominateur d'une personne (la discrétion m'empêche de la nommer, ce serait une révélation inutile) dont M. Fouché avait un besoin indispensable.

De sorte que c'était souvent lui qui était l'auteur de quelques contes dont M. Fouché venait entretenir l'empereur. Il se persuadait qu'il le mettait dans une lanterne; mais il y avait longtemps que l'empereur ne croyait plus à ses informations. L'on ne tarda pas à voir l'aigreur se manifester dans nos relations avec l'Autriche; cette puissance fit paraître (je crois dans le courant de février ou vers la fin de ce mois) une sorte de manifeste dans lequel elle déclarait que, dans le but d'assurer son indépendance, elle allait prendre des mesures propres à la mettre à l'abri de toutes les entreprises qui pourraient être formées contre elle. Cette déclaration en pleine paix, lorsque la France venait de retirer ses armées de l'Allemagne, ne pouvait assurément pas reposer sur des motifs d'inquiétude raisonnables; elle paraissait plutôt être le signal d'une nouvelle croisade dans une circonstance que l'on considérait comme favorable au recouvrement de ce que cette puissance avait perdu dans les guerres précédentes. C'est ainsi que cela fut envisagé.

CHAPITRE IV.

Réception du corps diplomatique.—Paroles de l'empereur à M. de Metternich.—Protestations de la cour de Saint-Pétersbourg.—Degré de confiance qu'y ajoute l'empereur.—Préparatifs de guerre.—Opinion publique.

Cette déclaration de l'Autriche venait de paraître depuis très-peu de temps, lorsqu'arriva un des jours d'étiquette où l'empereur était dans la coutume de recevoir le corps diplomatique.

Toutes les personnes qui le composaient avaient l'habitude de se former en cercle dans la salle du trône, dans laquelle elles entraient selon leur date de résidence à Paris (usage adopté entre les envoyés des grandes puissances), et l'empereur commençait par sa droite à en faire le tour, en causant successivement avec chacun des ambassadeurs, ministres, envoyés, etc. Ce jour-là, en arrivant à M. de Metternich, il s'arrêta, et comme l'on s'attendait à quelque scène, d'après la connaissance que tout le monde avait de la déclaration du gouvernement autrichien, il régna un silence profond lorsqu'on vit l'empereur en face de M. de Metternich. Après le compliment d'usage, il lui dit: «Eh bien! voilà du nouveau à Vienne; qu'est-ce que cela signifie? est-on piqué de la tarentule? qui est-ce qui vous menace? à qui en voulez-vous? voulez-vous encore mettre le monde en combustion? Comment! lorsque j'avais mon armée en Allemagne, vous ne trouviez pas votre existence menacée, et c'est à présent, qu'elle est en Espagne, que vous la trouvez compromise! Voilà un étrange raisonnement. Que va-t-il résulter de cela? c'est que je vais armer, puisque vous armez; car enfin je dois craindre, et je suis payé pour être prudent.»

M. de Metternich protestait que sa cour n'avait aucun projet semblable, que ce n'étaient que des précautions que l'on prenait dans une circonstance où la situation de l'Europe paraissait le commander, mais que cela ne couvrait aucun autre projet.

L'empereur répliqua: «Mais où avez-vous pris ces inquiétudes? Si c'est vous, monsieur, qui les avez communiquées à votre cour, parlez, je vais vous donner moi-même toutes les explications dont vous aurez besoin pour la rassurer. Vous voyez qu'en voulant porter votre cour à affermir sa sécurité, vous avez troublé la mienne, et en même temps celle de beaucoup d'autres.»

M. de Metternich se défendait, et il lui tardait de voir rompre cet entretien, lorsque l'empereur lui dit: «Monsieur, j'ai toujours été dupe dans toutes mes transactions avec votre cour; il faut parler net, elle fait trop de bruit pour la continuation de la paix et trop peu pour la guerre.»

Il passa ensuite à un autre ambassadeur, et acheva ainsi l'audience, à la suite de laquelle il y eut assurément plus d'un courrier expédié. Celui de M. de Metternich à sa cour fut sans doute pressant, car l'Autriche rassemblait déjà ses armées, tandis que l'empereur n'avait pas encore les premiers élémens de la sienne à sa disposition. On appela sur-le-champ une conscription; on l'habilla à la hâte, et on la fit partir en voiture. La garde, qui était encore à Burgos en Espagne, eut ordre de se rendre en Allemagne.

Jamais l'empereur n'avait été pris si fort au dépourvu. Il ne revenait pas de cette guerre; il nous disait: «Il faut qu'il y ait quelques projets que je n'aperçois pas, car il y a de la folie à me faire la guerre. Ils me croient mort, nous allons voir comment cela ira cette fois-ci. Et puis ils diront que c'est moi qui ne peux rester en repos; que j'ai de l'ambition, lorsque ce sont leurs bêtises qui me forcent d'en avoir. Au reste, il n'est pas possible qu'ils aient songé à me faire la guerre seuls; j'attends un courrier de Russie: si les choses y vont comme j'ai lieu de l'espérer, je la leur donnerai belle.»

Ce courrier attendu de Russie ne tarda pas à arriver; il apportait la réponse aux dépêches dont l'officier d'ordonnance qui avait été expédié de Valladolid était chargé. Alexandre renouvelait l'assurance de ses sentimens, apprenait succinctement à l'empereur Napoléon ce qui avait eu lieu entre lui et l'Autriche au sujet des projets de cette dernière puissance. Notre ambassadeur, M. de Caulaincourt, écrivait d'une manière plus positive encore. Il racontait que l'Autriche avait envoyé M. le prince Schwartzemberg[1] à Saint-Pétersbourg pour solliciter une alliance et faire entrer la Russie dans un nouveau projet de guerre contre la France, mais que l'empereur Alexandre avait rejeté toutes ces propositions, et se montrait ferme dans la résolution qu'il avait prise de rester dans les sentimens qu'il avait manifestés à l'empereur Napoléon. Bien plus, il déclarait qu'il ne resterait pas indifférent à l'agression à laquelle son allié pourrait être exposé par suite du refus qu'il exprimait à l'ambassadeur d'Autriche. M. de Caulaincourt était fort rassurant: ce qu'il voyait, comme ce qu'on lui disait, lui inspirait une sécurité parfaite. Le colonel Boutourlin nous a appris plus tard combien tout cela était cependant peu sincère. «L'empereur Alexandre, nous dit-il, ne pouvait méconnaître l'esprit des dispositions du traité de Tilsit; mais les circonstances malheureuses où se trouvait l'Europe à l'époque où il l'avait souscrit, lui avaient prescrit d'éloigner à tout prix la guerre. Il s'agissait surtout de gagner le temps nécessaire pour se préparer à soutenir convenablement la lutte que l'on savait bien être dans le cas de se renouveler un jour.» Voilà dans quelles dispositions Alexandre avait traité, la bonne foi avec laquelle il avait posé les armes. Sa conduite ne fut pas plus franche dans l'alliance qu'elle ne l'avait été dans la négociation, et s'il ne viola pas, presque au sortir d'Erfurth, les engagemens qu'il avait pris, s'il ne fit pas cause commune avec l'Autriche, ce fut par suite de l'impossibilité où l'avait mis la dispersion de ses armées, occupées contre la Suède et la

Turquie, de soutenir efficacement cette puissance[2]. Mais l'enthousiasme qu'il avait affecté durait encore. On était bien loin d'exagérer la profonde duplicité que nous a révélée Boutourlin. Il est vrai cependant qu'il y a une règle naturelle où tout se mesure, et qui est comme la pierre de touche à laquelle on reconnaît les fausses monnaies: cette règle, que l'ambassadeur n'eût pas dû méconnaître, est le bon sens et la droiture.

Il y avait à peine quatre mois que l'entrevue d'Erfurth avait eu lieu: on ne pouvait avoir oublié tout ce qui y avait été dit. Or, que nous fallait-il pour nous donner le temps de finir, si ce n'était de maintenir la paix en Allemagne? Qui est-ce qui le pouvait, ou du souverain qui venait d'en retirer son armée, ou de celui qui y avait tout le poids de sa puissance physique et morale? surtout quand cette même puissance avait suffi en 1805 pour décider l'Autriche à une guerre à laquelle elle a déclaré qu'elle n'avait pas pensé auparavant. Était-ce une chose déraisonnable de supposer que cette puissance (la Russie), réunie d'intention et d'efforts avec la France, empêcherait l'Autriche d'entrer seule en campagne, lorsque cette même Autriche avait eu besoin, quatre ans auparavant, d'être stimulée par la Russie pour entrer dans la coalition contre la France? Ce serait choquer le bon sens que de vouloir persuader que les Autrichiens eussent osé commencer la guerre, si les Russes leur avaient déclaré positivement qu'ils entreraient aussitôt en campagne avec nous, ou qu'ils eussent même paru disposés à le faire. Si donc les Autrichiens ont commencé, c'est qu'ils ont été assurés au moins d'une neutralité armée, semblable à celle qu'eux-mêmes avaient observée après la bataille d'Eylau. Voilà ce qu'il était si important à l'empereur de savoir, et ce qu'il ne sut que trop tard par l'expérience des faits.

Ce qui commença à donner de l'inquiétude, c'est que l'on apprit que dans le conseil de guerre qui fut tenu à Vienne au retour du prince Schwartzemberg de Saint-Pétersbourg, la guerre fut résolue, malgré les objections du général Meyer, membre de ce conseil, qui déclara net que faire la guerre à la France sans le concours de la Russie était une folie. L'opinion du général Meyer était de quelque poids à cette époque-là, et pour que l'on ne s'y rendît pas, il fallait que l'on eût quelques espérances dont on n'avait pas entretenu le conseil.

L'empereur se flattait toujours, d'après ce que lui avait mandé M. de Caulaincourt, que la Russie ne s'en tiendrait pas à observer la neutralité, et que ses menaces seraient suivies de quelques effets qui retiendraient l'Autriche. Mais il fut désabusé en apprenant par son ambassadeur à Vienne, ce qui s'était passé au retour du prince Schwartzemberg. Il prit bien vite son parti, c'est-à-dire la résolution de ne compter que sur lui; et tout ce qui lui avait été promis à Tilsitt et à Erfurth se réduisit de la part de la Russie, à faire paisiblement ses affaires avec ses ennemis, et à nous laisser le soin de nous arranger avec les nôtres, supposant sans doute que c'était nous faire une grande grâce que de ne pas se joindre à eux. Je n'ai jamais vu l'empereur aussi calme qu'en apprenant ces détails. Il disait: «Nous allons voir si la Russie est une puissance, et si elle marchera pour moi comme elle a marché pour les Autrichiens en 1805. Je suis son allié; on m'attaque; je réclame son secours; nous verrons comment je serai secouru.»

Il se plaignait de la manière dont il était servi, et il avait bien quelque raison; mais il n'y avait pas de temps à perdre pour se mettre en mesure; il demanda au plus vite les contingens des souverains et princes confédérés; ces troupes devaient former la majeure partie de son armée. Il donna ses ordres en Italie, en même temps prépara en France tout ce qui devait précéder et s'exécuter après son départ.

Cette levée de boucliers de la part de l'Autriche fut un coup d'assommoir pour l'opinion publique. On se voyait de nouveau dans des guerres interminables, et comme la session du corps-législatif était terminée, on ne put se servir de ce moyen pour éclairer les esprits sur cet événement et calmer les inquiétudes que causait cette guerre inattendue. Lorsque l'opinion en France n'est point dirigée, elle divague et devient le jouet des intrigues qui la font servir à quelques projets. C'est ce qui arriva dans ce cas-ci. Faute d'avoir fait connaître la conduite de l'Autriche, la malveillance lui donna tous les honneurs de cette nouvelle guerre, dont on eut soin de rattacher la cause à l'entreprise sur l'Espagne.

L'ambassadeur d'Autriche, qui était resté à Paris, d'où il servait très-bien les projets de sa cour, eut grand soin de profiter d'une disposition d'opinion qui lui était si favorable, en se servant des moyens dont j'ai parlé plus haut pour faire croire que l'Autriche ne se dévouait que pour la cause de l'Espagne, qui était celle de toutes les puissances. Il l'avait tellement dit qu'il le faisait répéter par le ministre de la police lui-même, dont il avait fait sa dupe. Il m'a été rapporté au ministère de la police même, des choses extraordinaires à cette occasion, et qui m'ont, avec plusieurs autres, démontré que M. Fouché n'avait jamais persuadé que des hommes connus pour être crédules, et qu'il avait toujours été dupé par tous ceux un peu clairvoyans qu'il avait cru jouer. Il fit à l'empereur un tort notable cette année en laissant établir cette opinion qui n'avait d'autre but que de le dépopulariser, lorsqu'au contraire il aurait dû lutter contre elle, l'éclairer, ou au moins en combattre les effets.

Cela lui aurait été d'autant moins difficile que la guerre que commençait l'Autriche n'avait pas pour motif l'entreprise de la France sur l'Espagne; mais au contraire c'était dans cette entreprise, où elle savait toute l'armée française engagée, qu'elle puisait l'espérance des succès qu'elle se flattait d'obtenir, et au moyen desquels elle aurait justifié son agression.

Il est au moins juste d'observer que, quoi que l'on eût pu dire ou faire, on n'eût pas calmé les esprits, ni ramené cette faveur d'opinion dont l'empereur jouissait après le traité de Tilsitt. On avait obtenu à cette époque une paix qui avait coûté tant de sacrifices, que l'on ne put s'accoutumer à l'idée de voir évanouir si promptement toutes les espérances qui s'y étaient déjà rattachées. On n'avait plus la guerre qu'avec l'Angleterre, et on ne pouvait pas comprendre qu'il fallût passer par Madrid pour arriver aussi à faire une paix avec ce pays-là. On ignorait que l'affaire d'Espagne avait, par un concours particulier d'événemens, pris une autre tournure que celle qu'on voulait lui donner d'abord, si les choses avaient été conduites comme elles devaient l'être, et l'on ne pardonnait pas qu'un projet médité et préparé eût eu pour résultat de remettre en question tout ce qui semblait devoir être immuablement fixé après le traité de Tilsitt.

Si l'on avait été heureux tout aurait été trouvé le mieux du monde; on ne le fut pas, et tout fut blâmé. Je ne répéterai pas ici tout ce qui fut dit à ce sujet. La plupart des personnes qui parlaient d'affaires en déraisonnaient. Il suffira de dire qu'après le traité de Tilsitt nous n'avions plus de paix à conclure qu'avec l'Angleterre, et que dix-huit mois après nous avions de plus la guerre avec l'Espagne et l'Autriche, ce qui, pour la politique anglaise, était la même chose que si nous avions continué à l'avoir avec la Russie et la Prusse; et, tout bien considéré, cette situation était plus désavantageuse pour nous que si nous eussions continué la guerre au lieu de faire la paix à Tilsitt, parce que nos deux adversaires alors étaient épuisés, tandis que les deux nouveaux étaient en très-bon état, frais et dispos. En effet, c'était la même chose pour le peuple en France, c'est-à-dire que c'était encore des conscriptions et autres charges publiques, qui étaient toujours mises en contraste avec les prospérités et les accroissemens des autres intérêts nationaux, qui étaient si encourageans. Il y avait mille bons raisonnemens à faire pour entretenir l'esprit national, l'empêcher de se détériorer et de s'abandonner au découragement comme cela arriva.

Il n'y avait qu'à rapporter les choses comme elles s'étaient passées; on ne pouvait rien y perdre, et peut-être au contraire y eût-on gagné; mais en s'entêtant à garder le silence, on laissa le champ libre à la malveillance, qui, petit à petit, détacha de l'empereur l'intérêt national. Il ne s'abusait pas; il voyait bien la différence de sa situation présente d'avec celle de Tilsitt, et il aurait bien voulu en être encore à ce point-là; mais tout cela était indépendant de lui, et il ne dut songer qu'à ne pas être victime de ses ennemis ni de la confiance qu'il avait mise en des alliés, sur l'attachement desquels il avait compté jusqu'alors. Il avait besoin d'être rassuré sur ce dernier point. Il semblait qu'un sentiment secret lui disait qu'il ne devait pas beaucoup en espérer. Cependant il s'arrêtait avec plaisir à l'idée que cette circonstance allait resserrer l'alliance entre lui et l'empereur de Russie.

Un jour que j'avais l'honneur d'être dans sa voiture seul avec lui, il me dit: «Il paraît que cela va bien en Russie[3]; ils font marcher cinquante mille hommes en Pologne pour m'appuyer; c'est quelque chose, mais je comptais sur davantage.»—Je lui répondis: «Ainsi la Russie fait pour nous à peu près ce que fit la Bavière. Certes ce ne sont pas ses cinquante mille hommes qui empêcheraient les Autrichiens de commencer[4]; il y a plus, dis-je, c'est que je crois que, s'ils ne donnent que ce nombre-là, cette armée n'agira pas, et je ne serais pas étonné que cela fût convenu d'avance parce que cela est trop ridicule, lorsqu'ils ont mis en 1805 plus de deux cent mille hommes contre nous.»

L'empereur me répondit: «Aussi je compte plus sur moi que sur eux.»

Il était cependant bien cruel d'être obligé de se rendre à d'aussi tristes pensées, après avoir eu son ennemi à sa discrétion en 1807, et ne lui avoir imposé de condition que celle de devenir son ami. Que l'on se rappelle tout ce que l'empereur pouvait faire au lieu de conclure la paix à Tilsitt; on va voir tout ce qui lui en a coûté pour avoir été généreux envers ses ennemis. La Russie avait une armée occupée en Finlande contre les Suédois; mais les Suédois ne menaçaient point Pétersbourg. Elle avait une autre armée en Moldavie contre les Turcs: ceux-ci étaient aussi bien éloignés de prendre l'offensive, et, même en supposant qu'ils eussent pu la prendre, les armées turques ne peuvent jamais être dangereuses pour une armée européenne lorsqu'elles ont de longues marches à faire. Malgré tout cela la Russie devait encore faire plus qu'elle n'a fait pour remplir son alliance avec nous. Elle pouvait bien lever du monde; elle a su le faire toutes les fois que cela lui est devenu nécessaire. Des démonstrations seules eussent suffi pour arrêter les Autrichiens et nous donner le temps d'avancer prodigieusement les affaires d'Espagne. Mais il fallut y renoncer; l'empereur donna pour instruction dans ce pays de faire le siége de Sarragosse et des places de Catalogne, de pacifier la Castille, mais de ne pas pénétrer dans le sud au-delà de la Manche. Il reçut à la fin de février la nouvelle de la reddition de Sarragosse après une défense dont l'histoire offre peu d'exemples. Il ne se passait pas un jour qu'il ne fit quelques créations nouvelles pour augmenter l'armée qu'il devait emmener en Allemagne et qui n'existait encore que sur le papier.

CHAPITRE V.

Rappel des Français qui servent à l'étranger.—Motifs de cette mesure.—Situation de l'armée.—Mesures diverses.—L'empereur passe le Rhin.—Le garde forestier et sa fille.—Arrivée à l'armée.—Position critique de Davout.—Berthier.—Mission que je reçois.—Je réussis à franchir les avant-postes ennemis.—Défense de Ratisbonne.—Le maréchal Davout fait son mouvement.—Situation dans laquelle se trouve l'empereur.

Au mois de mars l'empereur fit partir le maréchal Berthier pour aller réunir sur le Danube les divers contingens des troupes des princes confédérés. Pour lui, il avait encore quelques affaires qui le retenaient à Paris.

C'est à cette époque qu'il faisait prendre une mesuré législative pour obliger tous les Français de naissance, ou ceux qui l'étaient devenus par la réunion de quelque nouveau territoire, à quitter le service militaire étranger. L'empereur observait qu'en Prusse, comme en Russie et en Autriche, la plupart des officiers à talens étaient Français, et il trouvait inconvenant que, quand la patrie ne repoussait pas un citoyen, il allât porter chez ses ennemis le fruit de l'éducation qu'il avait reçue dans les institutions de son pays.

On a beaucoup crié contre cette mesure, qu'il n'a cependant étendue qu'aux militaires; les négocians ou artisans ont toujours été les maîtres d'aller où bon leur semblait. Il faisait courir dans tous les dépôts des régimens pour que l'on en fît partir tous les hommes en état de faire la campagne, et qu'on les envoyât en poste à Strasbourg. Tout cela se faisait à peu près comme il l'ordonnait; il partait des hommes des dépôts; il en arrivait à l'armée; mais déjà l'administration militaire, tant de l'intérieur que de l'armée, n'avait presque plus de ces hommes à grandes ressources qui trouvent toujours ce dont ils ont besoin. On les avait éparpillés en faisant des conquêtes, de sorte que l'armée éprouva des besoins dans tout ce qui était particulièrement confié aux soins de ces messieurs. L'empereur fut obligé d'y pourvoir lui-même, et d'ajouter aux combinaisons du général les embarras du munitionnaire[5]. Ces choses-là paraissent des misères, mais l'on ne tarde guère à reconnaître que c'est un point capital.

L'empereur voulait s'étourdir sur les observations qu'on lui en faisait, et d'ailleurs il n'avait pas de remède à y apporter; il était pris au dépourvu, et s'il n'avait pas été là lui-même jamais on n'eût tiré une armée des ressources qu'il avait. Le moment de l'employer arriva beaucoup plus tôt qu'il n'aurait fallu. Il est nécessaire de dire d'abord que le seul corps français que nous eussions alors en Allemagne était celui du maréchal Davout, que l'on avait fait venir du duché de Varsovie (où il était resté), par la Saxe et les pays neutres et confédérés, jusque sur les bords du Danube, à Ratisbonne. Les troupes venant de France formèrent les corps du maréchal Masséna et du général

Oudinot. Les Bavarois donnèrent trois belles divisions; les Wurtembergeois une très-forte; les Badois de même, et le reste des troupes des petits princes formèrent une autre division.

Les ordres que l'empereur avait donnés au prince de Neuchâtel, en l'envoyant à l'armée, étaient ceux-ci:

«Si les ennemis n'entreprennent rien, vous laisserez les troupes dans leurs positions jusqu'à mon arrivée; mais s'ils commencent les hostilités, vous réunirez bien vite l'armée derrière le Lech[6].»

Il était dans une pleine sécurité à Paris, lorsqu'il reçut un courrier du roi de Bavière, qui lui apprenait que les Autrichiens avaient passé l'Inn (rivière qui sépare l'Autriche de la Bavière), ayant toutefois publié une déclaration par laquelle ils annonçaient qu'ils entraient en Bavière, et ayant, je crois, sommé quelques unes de nos troupes qui s'y trouvaient de se retirer.

L'empereur était tranquille, quoique cette déclaration vînt un peu trop tôt. Il expédia un courrier à Saint-Pétersbourg pour prévenir qu'il marchait, et recommandait à son ambassadeur de faire en sorte que son alliance avec ce pays ne lui fût pas inutile. Il expédia aussi en Italie pour que l'on se préparât à prendre l'offensive; mais, comme on le verra, les Autrichiens y prévinrent le vice-roi, qui y commandait notre armée. Ayant donné ses derniers ordres à Paris, l'empereur partit le 11 avril 1809, et alla sans s'arrêter jusqu'à Strasbourg, où il se fit rendre quelques comptes, puis il passa le Rhin. Il descendit à Kehl pour visiter les travaux de fortifications qu'il y faisait exécuter[7], et recommanda aux ingénieurs beaucoup d'activité. Il alla de là par Rastadt à Durlach, où il vit le prince et la princesse de Baden, qui y étaient venus pour lui rendre hommage à son passage. Il ne s'y reposa que deux heures, et partit pour Stuttgard. Le roi de Wurtemberg envoya à sa rencontre jusqu'à sa frontière, et le fit accompagner jusqu'à Louisbourg, résidence d'été, où la cour de Wurtemberg était déjà établie.

L'empereur ne s'y arrêta qu'une nuit; il venait d'apprendre que le roi de Bavière, avec toute sa famille, avait été obligée de se retirer de Munich, et se trouvait à Dillingen, sur le Danube, et que les troupes bavaroises étaient vers Abensberg, pour se mettre en communication avec le maréchal Davout, qu'il sut par là être encore à Ratisbonne, car il l'en croyait parti. Il ne pouvait pas s'expliquer comment ce maréchal était encore là, ou comment le roi de Bavière avait été obligé de quitter sa capitale: ces deux idées étaient incohérentes. Cela le tourmenta, et il partit de suite pour se rendre à l'armée. Le prince de Neuchâtel avait son quartier-général à Donawert, où l'empereur lui avait dit de l'établir.

En partant de Louisbourg, nous ne prîmes pas la route qui mène à Ulm, nous prîmes la même que nous avions suivie en 1805, et nous vînmes déboucher des montagnes (où le Neker prend sa source) à Dillingen. L'empereur ne s'était point arrêté depuis Louisbourg. Il soupa ce soir chez un officier forestier du roi de Wurtemberg, où le grand-maréchal avait fait préparer un repas. L'empereur aimait à causer avec les propriétaires de toutes les maisons dans lesquelles on le faisait descendre. Cet officier forestier était un fort brave homme. L'empereur lui fit beaucoup de questions sur sa famille, et il apprit qu'il n'avait qu'une fille en âge d'être mariée, mais qu'il était sans fortune. L'empereur dota cette demoiselle d'une manière proportionnée à sa condition, en sorte que ce jour vit luire pour elle l'espérance d'un avenir heureux, dont elle vouera sans doute la reconnaissance à son bienfaiteur.

Nous arrivâmes à Dillingen la nuit, et nous descendîmes chez le roi de Bavière, qui était couché, n'ayant pas été prévenu de l'arrivée de l'empereur. Il se leva, et ils causèrent une heure ensemble, puis nous repartîmes à l'instant pour Donawert. Nous y trouvâmes le prince de Neuchâtel; mais peu après nous vîmes l'empereur dans une colère que nous ne pouvions pas nous expliquer: il disait à Berthier: «Mais ce que vous avez fait là me paraît si étrange, que, si vous n'étiez pas mon ami, je croirais que vous me trahissez; car enfin Davout se trouve en ce moment plus à la disposition de l'archiduc Charles qu'à la mienne.»

Cela était vrai par le fait; le prince de Neuchâtel avait interprété l'ordre de l'empereur d'une manière particulière, qui faillit nous amener un grand désastre tout en commençant la campagne.

On se rappelle que l'empereur lui avait écrit en ces termes: «Si les ennemis commencent les hostilités, vous rassemblerez l'armée derrière le Lech.»

Mais ce prince n'avait pas pris pour un commencement d'hostilités le passage de l'Inn, celui de l'Iser, et l'occupation de la moitié de la Bavière par les Autrichiens (à la vérité il n'y avait pas eu un coup de canon de tiré); en sorte qu'il avait laissé le corps du maréchal Davout à Ratisbonne et les Bavarois à Abensberg.

L'empereur partit de suite pour Neubourg, présageant déjà quelque fâcheux événement. Il passa par Raïn, où il faisait construire une tête de pont sur le Lech, et où se rassemblaient les contingens de plusieurs princes d'Allemagne; il s'y arrêta un moment pour voir en quel état elle était, et continua jusqu'à Neubourg, où il arriva en même temps que les divisions de cuirassiers qui étaient aussi restées en Allemagne. Le soir il reçut du maréchal Lefèvre (auquel il avait donné le commandement des Bavarois) l'avis que la communication entre lui et le maréchal Davout était coupée; qu'il venait de lui arriver un officier de hussards avec un piquet, qui avait laissé le maréchal coupé en arrière de Ratisbonne. Cet officier voulant venir avec son piquet par le grand chemin, avait été mené vivement par des chevau-légers autrichiens jusqu'aux portes d'Abensberg. Ce rapport donna de vives inquiétudes à l'empereur; il m'envoya chercher et me donna l'ordre suivant: «Lisez ce rapport de Lefèvre que je viens de recevoir. Il faut, coûte que coûte, que vous me trouviez un moyen de pénétrer chez le maréchal Davout, que Berthier a laissé à Ratisbonne: voici ce que je désire qu'il fasse, mais qui est subordonné à ce qui se passe autour de lui, dont je n'ai pas de nouvelles assez certaines pour donner un ordre précis. S'il pouvait garder sa position de Ratisbonne en restant en communication avec moi, jusqu'à ce que je sois joint par Masséna, Oudinot et les autres troupes confédérées, ce serait un grand avantage, parce qu'en gardant Ratisbonne il empêche la réunion du corps autrichien qui est en Bohême (commandé par le général Klenau[9]) avec l'armée de l'archiduc Charles, et me donne par là une force double pour battre celui-ci, surtout si, comme je l'espère, je parviens à lui couper sa retraite sur l'Inn: ce serait là le mieux. Mais je ne crois pas que Davout puisse m'attendre; il sera attaqué avant que je puisse aller à son secours: c'est là ce qui m'occupe. S'il peut garder Ratisbonne, c'est une chose immense pour les suites de la campagne, mais s'il ne le peut pas, qu'il rompe le pont de manière à ce que l'on ne puisse pas le raccommoder et qu'il vienne se mettre en communication avec moi; de cette manière la réunion du général Klenau à l'archiduc n'aura pas lieu, et nous verrons après; mais qu'il se garde bien de rien risquer ni d'engager ses troupes avant de m'avoir rejoint.»

L'empereur était à Neubourg lorsqu'il m'expédia. Je partis de suite et vins par Ingolstadt joindre le quartier-général du maréchal Lefèvre, où celui du prince royal de Bavière, qui commandait une division de l'armée de son père, était établi. Je demandai au maréchal une escorte pour Ratisbonne, et pour réponse il me mena en avant d'Abensberg et me montra effectivement les postes autrichiens, qui étaient placés à une portée de canon d'Abensberg sur le chemin même de Ratisbonne. Néanmoins je m'arrangeai de telle sorte qu'à l'aide d'une escarmouche que le prince royal de Bavière fit engager et d'un détachement de cinquante chevau-légers de son propre régiment qui devaient me servir d'escorte, je me jetai à gauche dans les bois qui bordent le Danube. J'y laissai respirer les chevaux un moment, et m'abandonnant à la conduite d'un des chevau-légers bavarois qui était natif des environs, il me mena déboucher juste à l'entrée de la plaine qui se trouve au bord du Danube, entre le bois que nous venions de traverser et le bourg appelé Abbach, sur la grande route, à deux milles allemands de Ratisbonne.

Avant de sortir du bois j'entendais un tiraillement qui me donnait de l'inquiétude sur la rencontre que j'allais faire de l'autre côté. Effectivement un des chevau-légers qui étaient en avant revint me dire que l'on voyait des piquets de cavalerie qui tiraillaient dans la plaine en avant d'Abbach. J'y courus, et je vis des troupes opposées les unes aux autres, sans pouvoir distinguer quelles pouvaient être les nôtres. J'attendis dans cette incertitude une bonne demi-heure que l'escarmouche m'apprît quelque chose, et je vis effectivement déboucher d'Abbach des hussards habillés en blanc. Comme les Autrichiens n'en avaient pas de vêtus ainsi, je jugeai que ce ne pouvaient être que des hommes de notre 5e régiment, que je savais être au corps du maréchal Davout.

Je courus à eux, et je ne m'étais pas trompé; mais ils ne savaient rien du maréchal Davout, en sorte que je fus obligé d'aller à Ratisbonne. J'y trouvai le 65e régiment d'infanterie, commandé par le colonel Coutard, homme du premier mérite, comme on va en juger.

Il m'apprit que le maréchal Davout était parti le matin avec toute l'armée sur l'avis d'un mouvement de l'archiduc Charles tendant à le tourner par sa droite; que l'on avait fait des efforts pour détruire le pont, mais que c'était une maçonnerie indestructible[10]; qu'il avait fallu abandonner cette idée, de sorte que le maréchal Davout ayant eu peur de livrer ce passage au corps autrichien de M. de Klenau qui serait venu aussitôt l'attaquer, n'avait laissé ce colonel à Ratisbonne avec son régiment uniquement que pour défendre le pont.

La ville est tout entière sur la rive droite; elle est entourée d'un bon fossé et d'une muraille à la romaine, mais d'un développement beaucoup trop étendu pour être défendu par un seul régiment. D'ailleurs, l'armée manoeuvrant sur la rive droite du Danube, il ne paraissait pas que ce serait par là qu'il serait forcé.

Ce colonel avait fait des dispositions admirables pour défendre son pont et pour employer son régiment de la manière la plus avantageuse possible. Je restai deux heures avec lui pour lui expliquer les intentions de l'empereur, dont il devenait l'exécuteur, puisque le maréchal Davout les avait prévenus en ce qui concernait son corps d'armée. On commençait à entendre le canon au loin dans la campagne; je me dirigeai sur le bruit, et ne tardai pas à trouver le maréchal Davout engagé avec son corps d'armée contre toute celle de l'archiduc Charles. L'affaire se passait à la hauteur d'Abbach, à une lieue sur la droite du chemin, en allant d'Abbach à Ratisbonne; je crois que le village s'appelle Tanereberg. Je le joignis sur le champ de bataille, au moment où il remportait un avantage, et je lui appris l'arrivée de l'empereur à l'armée, en lui faisant connaître ce dont il m'avait chargé pour lui; il avait déjà manoeuvré comme s'il en avait été informé. À la vérité, ne sachant pas l'arrivée de l'empereur, il ne comptait pas faire de mouvement par sa droite; il projetait au contraire ne pas trop s'éloigner de Ratisbonne, tant pour porter secours aux troupes qu'il y avait laissées que pour empêcher la jonction du général Klenau avec l'archiduc Charles.

Mais l'empereur voulait tirer encore un parti de plus de ce même corps d'armée; en conséquence, le maréchal Davout fit de suite ses dispositions. Il envoya d'abord des cartouches d'infanterie au régiment qui était dans Ratisbonne. Malheureusement la route était déjà interceptée, et ces munitions furent prises. Ce petit accident, qui ne semble qu'une bagatelle, eut des conséquences bien malheureuses, comme on va le voir.

Le maréchal Davout fit marcher son armée par son flanc droit, ayant en tête les deux divisions Morand et Gudin, avec une division de cuirassiers, et vint le soir de ce même jour se mettre en communication avec les Bavarois, en prenant position à portée de canon d'Abensberg. J'étais revenu avec mon détachement de chevau-légers bavarois, par le même chemin que j'avais pris le matin, et du quartier du maréchal Lefèvre je vins la nuit trouver l'empereur à Ingolstadt. Il était couché sur un banc de bois, les pieds près d'un poêle dans lequel il y avait du feu, et la tête sur un havre-sac de soldat, ayant une carte de géographie étendue à côté de lui. Le maréchal Duroc seul était dans la même pièce que lui.

L'empereur attendait avec impatience des nouvelles du maréchal Davout. Il avait reçu toutes sortes de rapports sur la canonnade que l'on avait entendue toute la matinée, et ne croyait pas que j'aurais pu parvenir jusque là.

Il commença d'abord par me gronder d'avoir entrepris, à ce qu'il disait, cette extravagance; mais bref il fut bien aise d'avoir des nouvelles du maréchal Davout, tellement que j'avais à peine achevé de lui dire ce que j'avais vu, qu'il monta à cheval et partit au galop à travers toutes les troupes confédérées, et arriva lui-même à Abensberg.

CHAPITRE VI.

L'armée prend les armes.—Le prince royal de Bavière.—Distribution des forces autrichiennes.—Affaire d'Abensberg.—Prise de Landshut.—Bataille d'Eckmuhl.—Masséna.—Prise de Ratisbonne.—Le prince Charles réussit à s'échapper.

Selon sa coutume, l'empereur commença sa visite par les bivouacs des troupes, qui, de la droite à la gauche, l'eurent bientôt vu et reconnu; en sorte qu'aucun soldat ne doutait plus de la campagne. Il fit de suite prendre les armes à l'armée bavaroise, et la forma en avant d'Abensberg. Il n'était escorté et accompagné que d'officiers et de troupes bavaroises; le prince royal de Bavière était à côté de lui dans ce moment-là. L'empereur lui frappant sur l'épaule, lui dit: «Eh bien, prince royal, voilà comme il faut être roi de Bavière, quand ce sera votre tour, et ces messieurs vous suivront toujours; autrement, si vous restez chez vous, chacun ira se coucher; alors, adieu l'état et la gloire.»

Les officiers bavarois qui parlaient français le répétèrent en allemand, et cela courut parmi les soldats bavarois, qui, comme ceux des autres nations, jugent bien de la vérité.

Les deux divisions Gudin et Morand étant prêtes, l'empereur en fit pour le moment un corps d'armée dont il donna le commandement au maréchal Lannes, qui, la veille ou l'avant-veille, était arrivé de Sarragosse. Il joignit à ce corps une brigade de chasseurs à cheval avec la division de cuirassiers du général Saint-Sulpice. Les Bavarois, c'est-à-dire deux divisions, celle du prince royal et celle du général Deroy, marchèrent avec le maréchal Lefèvre, à la suite du reste du corps du maréchal Davout, qui avait encore avec lui les deux divisions Saint-Hilaire et Friant.

La division bavaroise du général Wrede étant plus à droite, elle suivit la direction du corps du maréchal Lannes. C'est de ce jour-là que l'empereur à commencé les manœuvres qui eurent un si brillant résultat.

Les Autrichiens avaient commencé la campagne avec quatre armées; savoir: une en Italie, sous l'archiduc Jean; une en Gallicie, sous l'archiduc Ferdinand; une en Bohême, sous M. de Klenau; la grande armée, sous l'archiduc Charles, en Bavière, et un petit corps détaché pour appuyer les insurgés du Tyrol, était commandé par M. de Bellegarde.

La grande armée, sous l'archiduc Charles, avais pris sa ligne d'opérations par Vienne, Wels, Braunau, et était venue passer l'Iser à Landshut, d'où elle avait jeté un corps passablement fort sur Abensberg, puis avait pris la route de Ratisbonne avec toutes ses forces pour y attaquer le maréchal Davout. À la suite de l'armée de l'archiduc, se trouvait la réserve de grenadiers, commandée par le prince Jean Lichtenstein, puis les équipages de ponts, etc., etc.

Indépendamment des troupes régulières, ils avaient levé et armé la landwehr (garde nationale), ce qui leur donnait un personnel de troupes considérable.

Le mouvement de l'archiduc sur Ratisbonne avait eu pour but de rallier à lui le corps de Bohême, et au moyen de ce qu'il aurait occupé la ville qui couvre le pont, tous les événemens de la campagne se seraient passés autour de cette ville, par l'occupation de laquelle il aurait couvert Vienne. Pendant que l'archiduc travaillait à l'exécution de cette partie de son plan d'opérations, l'empereur fit forcer et mener l'épée dans les reins le corps autrichien qui était venu de Landshut sur Abensberg; on le culbuta et on le mit dans une déroute complète; la nuit seule empêcha qu'il ne fût entièrement pris ce jour-là. On recommença le lendemain de très bonne heure à le poursuivre, et l'on entra pêle-mêle avec lui dans Landshut. Il voulut en défendre le pont; il s'engagea une fusillade d'un bord de l'Iser à l'autre, et nous aurions infailliblement vu le pont de l'Iser brûlé, si le général Mouton, aide-de-camp de l'empereur, ne fût venu l'enlever de vive force avec un bataillon du 57e régiment.

On prit à Landshut des bagages et des parcs à l'infini, des ponts de bateaux, en un mot, un matériel immense.

Mais nous y apprîmes que toute la réserve de grenadiers, aux ordres du prince Jean de Lichtenstein, était partie de Landshut deux jours avant pour Ratisbonne, en sorte que toute l'armée de l'archiduc Charles se trouvait réunie et en état d'agir. Comme elle était beaucoup plus forte que le maréchal Davout, il se trouvait dans un danger imminent. L'empereur, heureusement, fut rejoint à Landshut par le maréchal Masséna[11], auquel il avait écrit ces paroles flatteuses: *Activité, activité, vitesse, je me recommande à vous*. Le maréchal, dont ces mots avaient stimulé le zèle, avait précipité son mouvement, et était arrivé sur le champ de bataille comme l'action finissait. Il n'amenait que de bien jeunes soldats, ainsi que le général Oudinot; mais encore c'était un assez bon renfort. Ils venaient l'un et l'autre d'Augsbourg.

Les Wurtembergeois arrivèrent aussi. L'empereur passa la journée à Landshut, ne faisant qu'y questionner tout le monde. Il s'impatientait de ne pas voir arriver ses secrétaires, ni le matériel de son cabinet. Il était venu depuis Paris avec une telle rapidité que rien n'avait pu le suivre. Il vivait comme un soldat, et avait à peine de quoi se changer. Il n'avait pour chevaux de monture que ceux que le roi de Bavière lui avait prêtés, les siens étant fort loin en arrière; ils n'étaient pas même arrivés à Strasbourg.

Son habitude de juger les Autrichiens était si extraordinaire, qu'il arrivait toujours à point nommé lorsqu'il ordonnait un mouvement contre eux. Il calcula qu'il n'avait pas de temps à perdre pour manoeuvrer sur l'archiduc Charles, qui aussitôt qu'il aurait su sa ligne d'opérations sur Landshut coupée, ne ménagerait rien, soit pour forcer Ratisbonne, soit pour écraser le maréchal Davout.

En conséquence, il ne laissa qu'un faible corps; il donna le commandement de ce corps au maréchal Bessières (duc d'Istrie), parce que la garde, qui venait d'Espagne à marches forcées, devait arriver à Landshut peu de jours après. Le maréchal Bessières la commandait en chef en avant de Landshut, pour observer le corps des Autrichiens, commandé par le général Hiller, qu'on venait de déloger, et il partit avec le reste de l'armée par la route de Ratisbonne, le lendemain du jour où il était parti d'Abensberg pour venir à Landshut.

Un peu avant d'arriver à Eckmuhl, distant de cinq lieues de Ratisbonne, nous trouvâmes les avant-postes de l'aile gauche de l'armée de l'archiduc Charles, qui était appuyée au bourg d'Eckmuhl même, et dont tout le front était couvert par une petite rivière que l'on nomme le Laber.

L'empereur ne prit que le temps de les reconnaître pendant que l'on formait les troupes à mesure qu'elles arrivaient sur le bord de la rivière. Dans le même temps, le maréchal Davout se mettait en communication avec nous en prenant position sur le prolongement de notre gauche; il y avait trois jours qu'il était dans une horrible situation, depuis le jour où j'avais été lui porter les ordres de l'empereur, et qu'il avait dû se séparer des divisions Gudin et Morand. À la vérité, il avait avec lui le maréchal Lefèvre, avec deux divisions bavaroises, pouvant être enlevé d'un moment à l'autre.

On ne dépensa pas son temps à manoeuvrer, on attaqua de suite, en débordant la gauche des ennemis. Ils avaient flanqué le village d'Eckmuhl de beaucoup d'artillerie; le village lui-même était garni d'infanterie. On fit passer la rivière par l'infanterie de notre droite, au moyen d'une quantité de moulins et autres usines, dont le cours d'eau est bordé, et qui ont presque toutes un moyen de passer d'un bord à l'autre.

Ce mouvement seul déconcerta l'infanterie qui était dans le village d'Eckmuhl, et c'est dans ce même instant que l'empereur m'envoya porter au général Saint-Sulpice l'ordre de former sa division en colonne par division, et de forcer le passage d'Eckmuhl, de manière à enlever toute l'artillerie autrichienne qui flanquait le village.

Le général Saint-Sulpice eut pendant deux cents toises à essuyer un feu de canon qui lui aurait causé un mal effroyable s'il n'avait pas mené sa cavalerie si rapidement. Son premier escadron eut à souffrir, mais les autres n'eurent rien; il enleva toute l'artillerie ennemie, et repoussa sa cavalerie fort loin, sans lui laisser reprendre aucun avantage dans le reste de la journée. Le général qui commandait sa première brigade, et qui comme tel se trouvait à la tête de la colonne, était le général Clément; il aurait dû y être tué mille fois, et ne perdit qu'un bras. Le colonel du régiment de cuirassiers qui formait la tête de la colonne était M. de Berkeim.

L'empereur fut fort content de la hardiesse de ce mouvement, qui facilita le débouquement de toute l'armée par le village d'Eckmuhl. Le reste de l'après-midi se passa en manoeuvres pour déborder successivement toutes les positions que les ennemis prenaient en se retirant.

Il n'y avait plus moyen pour les Autrichiens d'éviter une grande bataille; ce à quoi l'empereur voulait les amener, ou bien à repasser le Danube s'ils avaient un pont, ce que l'on ignorait encore. On les serra le plus près que l'on put, et jusqu'à la nuit on les fit charger par notre cavalerie jusque dans les plaines de Ratisbonne.

Une bataille était inévitable pour le lendemain; nous y comptions lorsque nous apprîmes par les prisonniers faits dans la journée que la ville de Ratisbonne s'était rendue depuis deux jours par capitulation, et que le 65e régiment avait été fait prisonnier et conduit en Bohême.

Cette nouvelle dérangea nos espérances, soit que l'archiduc Charles livrât bataille, parce qu'alors il aurait avec lui le corps du général Klenau, soit qu'il ne voulût pas la livrer, parce qu'il avait le pont de Ratisbonne pour se retirer, et que la ville seulement pouvant être défendue, elle nous aurait occupés long-temps. Nous nous en approchâmes tant que nous pûmes, et l'empereur vint mettre son quartier-général ce soir-là, 22 avril, (onzième jour de son départ de Paris) dans un château où l'archiduc Charles avait eu le sien toute la journée. Il n'avait même abandonné le projet d'y passer encore cette nuit que fort tard dans l'après-midi, car nous soupâmes avec les mets qui avaient été préparés pour lui et sa suite.

Ce mouvement nous donna à craindre qu'il n'eût adopté le parti de la retraite. L'empereur, selon sa coutume, ne voulut prendre aucun repos qu'il ne sût où chaque division de son armée avait pu se placer après la marche et les travaux de la journée, et il ordonna que l'on se tînt prêt pour commencer le lendemain à la pointe du jour, si l'ennemi était dans sa position.

Comme on ne vit pas beaucoup de feux la nuit, on jugea qu'ils étaient en mouvement, et effectivement le lendemain nous ne trouvâmes plus dans la plaine que leur cavalerie avec quelques pièces d'artillerie; on se porta dessus sans les tâter, et après deux charges de cuirassiers on les avait tellement acculés à la ville que tous leurs canons ne purent y entrer. Ils les abandonnèrent après en avoir dételé les chevaux, qu'ils emmenèrent, et fermèrent les portes avec précipitation dans la crainte que nous ne pénétrassions en ville avec eux.

C'est dans ces deux charges que nous vîmes qu'indépendamment du pont de Ratisbonne, ils avaient jeté un pont de bateaux au-dessous du pont de pierre, et c'est par ce pont que se retira toute la cavalerie ennemie.

La ville était encore encombrée de troupes tant à pied qu'à cheval; aussi fut-elle défendue toute la journée, et l'on fut obligé d'attendre l'arrivée de nos colonnes d'infanterie pour en commencer l'attaque.

Ainsi que je l'ai dit, Ratisbonne est entourée d'une muraille soutenant une banquette à sa partie supérieure, et ayant ses portes flanquées de tours. Les Autrichiens avaient garni les unes et les autres de soldats d'infanterie, ce qui rendait l'approche de la muraille dangereuse et empêchait d'enfoncer les portes. On fut obligé d'avoir recours à l'emploi de l'artillerie. Tout le monde était si fatigué, et l'empereur entre autres, que chacun s'endormait, et quelqu'ordre qu'on eût pu donner, il aurait été mal exécuté.

On fit approcher des pièces de douze bavaroises si près, que dans moins de deux heures elles eurent abattu un pan tout entier de la muraille d'enceinte de la ville.

CHAPITRE VII.

Attaque de Ratisbonne.—L'empereur est blessé.—Alarmes des soldats.—Le colonel Coutard.—L'empereur suit l'ennemi.—Affaires d'Italie.—Le général Cohorn.—Bataille d'Ebersperg.—Horrible aspect du champ de bataille.—Paroles de l'empereur.—Arrivée à Saint-Polten.

L'empereur était impatient d'entrer dans Ratisbonne; il se leva de dessus le manteau sur lequel il était étendu, pour ordonner l'attaque; il était à pied à côté du maréchal Lannes. Il appelait le prince de Neuchâtel, lorsqu'une balle tirée de la muraille de la ville vint lui frapper au gros orteil du pied gauche; elle ne perça point sa botte, mais malgré cela lui fit une blessure fort douloureuse, en ce qu'elle était sur le nerf, qui était enflé par la chaleur de ses bottes, qu'il n'avait pas quittées depuis plusieurs jours.

J'étais présent lorsque cela est arrivé. On appela de suite M. Yvan, son chirurgien, qui le pansa devant nous et tous les soldats qui étaient aussi présens: on leur disait bien de s'éloigner; mais ils approchaient encore davantage. Cet accident passa de bouche en bouche; tous les soldats accoururent depuis la première ligne jusqu'à la troisième. Il y eut un moment de trouble, qui n'était que la conséquence du dévouement des troupes à sa personne; il fut obligé aussitôt qu'il fut pansé de monter à cheval pour se montrer aux troupes. Il souffrait assez pour être obligé d'y monter du côté hors montoir, étant soutenu par dessous les bras. Si la balle eût donné sur le cou-de-pied, au lieu de donner sur l'orteil, elle l'aurait infailliblement traversé; l'heureuse étoile fit encore son devoir cette fois-ci. Après ce petit accident, l'ouverture faite à la muraille ayant été reconnue praticable, on disposa l'assaut. De plus, on trouva dans le fond du fossé une petite porte de jardin qui communiquait dans la ville; on profita des deux moyens: on descendait des deux fossés par beaucoup d'échelles, et on entrait en ville par l'ouverture faite à la muraille et par la porte du jardin.

Pendant toute cette attaque, l'artillerie foudroyait les parties de la muraille ainsi que les tours d'où il partait de la mousqueterie autrichienne, et l'artillerie bavaroise entre autres se fit remarquer.

L'attaque réussit complétement; on pénétra dans Ratisbonne, on s'empara d'un grand nombre de soldats autrichiens qui étaient encore dans les rues et de tous ceux qui garnissaient les remparts, ainsi que des réserves destinées à les soutenir qui ne purent pas regagner le pont du Danube. On fit de suite passer ce fleuve à quelques troupes pour suivre les Autrichiens; mais le reste de l'armée, sans perdre de temps, s'achemina vers Straubing. L'empereur s'établit à Ratisbonne, où il resta quelques jours, pour disposer un autre mouvement, et donner de l'avance à l'armée pendant qu'il guérissait son pied.

Nous trouvâmes dans Ratisbonne le colonel du 65e régiment, qui avait trouvé moyen de ne pas être emmené prisonnier, et qui s'était caché en ville jusqu'à l'entrée de nos troupes. Il nous apprit que, dans l'après-midi du jour où le maréchal Davout avait quitté les hauteurs en avant de la ville, il avait été attaqué au pont du Danube par le corps de M. de St-Siran, qui avait fait de vains efforts ce jour-là et le lendemain pour forcer le passage, et qu'au contraire lui, colonel du 65e régiment, l'avait tellement repoussé, qu'il lui avait fait huit cents prisonniers, mais qu'il avait presque totalement brûlé ses munitions; au point qu'il fit distribuer à son régiment les cartouches qui se trouvèrent dans les gibernes des prisonniers et des morts. Néanmoins il serait encore parvenu à défendre le pont contre le général Klenau, lorsque la réserve de grenadiers commandée par le prince Jean de Lichtenstein, arrivant de Landshut par la route d'Eckmuhl, menaça de donner l'escalade à la ville, et de passer tout au fil de l'épée, s'il n'entrait pas de suite en capitulation; une résistance était impossible, il n'avait pas de quoi garnir le quart de la muraille. Après avoir soigné la défense du pont, il fut donc obligé d'en passer par des conditions dures pour lesquelles il n'était pas fait; sa glorieuse résistance était digne d'un meilleur sort.

Ceci se passait à Ratisbonne, moins de soixante-douze heures avant l'arrivée de l'empereur avec toute son armée; que l'on juge maintenant de ce qui serait arrivé ou de ce qui aurait pu arriver, si, au lieu d'avoir eu un régiment dans Ratisbonne, le maréchal Davout avait pu y mettre une brigade avec des munitions; à coup sûr la ville aurait été défendue en même temps que le pont; alors comment aurait fui l'archiduc Charles, qui n'avait que ce point de retraite?

On n'est pas fondé à croire qu'il aurait livré bataille, n'étant pas rejoint par le corps de M. de Klenau, puisqu'il n'a pas cru devoir le faire après que ce général eut opéré sa jonction. Il n'aurait pas pu jeter un pont de bateaux sous les murs de Ratisbonne; d'ailleurs de la ville on l'aurait détruit en lançant des radeaux chargés de pierres au courant du fleuve. On ne peut rien avancer sur ce qui n'est pas arrivé; mais si l'archiduc Charles n'avait pu s'ouvrir un chemin à travers nos rangs, il aurait été réduit à la plus triste des extrémités pour un général d'armée. Que l'on compulse l'histoire et que l'on y trouve une combinaison aussi hardie, menée à point nommé d'aussi loin, et exécutée le douzième jour du départ de Paris, avec une armée dont la moitié des soldats étaient encore un mois auparavant dans leurs champs, la pioche à la main, et ne comprenaient rien à tout ce qu'ils avaient fait depuis si peu de temps.

Cette manoeuvre est un des chefs-d'oeuvre des immortels travaux de l'empereur.

Il fit, comme je viens de le dire, marcher l'armée par Straubing, Scharding et Etturding. Elle se trouvait avoir moins de chemin à faire pour arriver à

Vienne que l'archiduc Charles, et l'on ne rencontra pas d'arbustes jusqu'à la Traun, au-delà de Lintz.

L'empereur revint de Ratisbonne à Landshut, où il trouva la garde à pied et à cheval réunie, arrivant d'Espagne. Il marcha de suite de Landshut à Muhldorf, où il passa l'Iser, et vint s'arrêter à Burckhausen, sur la Salza. Il avait fait marcher à sa droite la division bavaroise du général Wrede, pour repousser le corps autrichien du général Bellegarde, qui était dans le pays de Salzbourg, et qu'il voulait empêcher de se jeter sur Vienne, en l'obligeant à parcourir un grand arc de cercle, dont la division Wrede ne parcourait que la corde, et cela réussit effectivement. Le corps ne put arriver à Vienne, et fut obligé d'aller gagner le Danube beaucoup plus bas.

Nous trouvions les ponts brûlés partout. Cela nous fit perdre du temps pour les raccommoder; heureusement le bois est extrêmement commun dans ces pays-là, sans quoi les difficultés nous seraient devenues bien préjudiciables; nous en surmontions beaucoup à l'aide de l'équipage des pontons autrichiens que nous avions pris à Landshut.

Le général autrichien Hiller, qui commandait le corps qui depuis les bords de l'Iser se retirait devant nous, avait toujours le temps de s'établir, et nous le trouvions tout reposé lorsque nous arrivions; il reprenait ensuite de l'avance pendant que nous rétablissions un pont.

Pendant le séjour de quarante-huit heures que l'empereur fit à Landshut, avant d'en partir pour venir sur Vienne, il reçut du vice-roi d'Italie la fâcheuse nouvelle que les Autrichiens, au début de la campagne, avaient eu sur lui des avantages marqués. Il avait d'abord passé l'Adige et marchait aux ennemis, qui étaient sur le Tagliamento, lorsqu'il fut attaqué à Sacile, où il éprouva des pertes qui l'obligèrent à se retirer derrière la Piave.

Les Autrichiens ne purent pas donner beaucoup de suite à leurs succès, parce qu'ils apprirent presque aussitôt la marche de l'empereur sur Vienne, et qu'ils furent obligés par ce mouvement d'évacuer toute l'Italie; en sorte que l'armée d'Italie, sous les ordres du vice-roi, reprit l'offensive presque aussitôt, et n'eut plus que des succès pendant tout le reste de la campagne.

On eut beaucoup de peine à réparer les passages de la Salza, mais on regagna le temps perdu au moyen de ce que l'on eut deux ponts pour la passer, savoir: celui de la ville que l'on avait raccommodé, et celui de bateaux que l'on avait jeté. On croyait être retardé à Braunau; mais, à notre grande satisfaction, les ennemis en avaient détruit les fortifications depuis la guerre; ainsi nous arrivâmes à Wels, sur la Traun, sans nous arrêter, et en même temps que l'armée, qui avait passé par Scharding, et arrivait sur cette même rivière par Lintz. Le point où elle devait la traverser se nomme Ebersberg; en cet endroit, la rivière est divisée en une quantité de bras, qui ont obligé de construire un pont d'une longueur égale à celle des plus larges fleuves, et fort étroit, et, pour surcroît de contrariété, la rive autrichienne, c'est-à-dire la droite, était escarpée au point de nous découvrir de fort loin, même avant d'arriver à l'entrée du pont sur la rive gauche.

En débouchant de Lintz pour s'approcher de la rivière, le maréchal Masséna avait la tête de la colonne.

L'empereur était resté à Wels, pour voir si l'on parviendrait à forcer le passage d'Ebersperg; dans le cas contraire, il aurait fait déboucher par Wels et marcher sur l'Ems (l'Ems coule dans la même direction que la Traun, à quelques lieues plus loin vers Vienne), mais malheureusement cela ne devint pas nécessaire: le maréchal Masséna fit forcer le pont d'Ebersperg, où il se passa un fait d'armes qu'on peut regarder comme une des plus grandes extravagances de courage dont les histoires militaires offrent l'exemple.

Il y avait dans le corps d'armée un général Cohorn, descendant du fameux ingénieur de ce nom, qui, à la tête de sa brigade, passa au pas de course toute la longueur de ce pont sous le feu de six pièces de canon placées à l'extrémité et sous une grêle de mitraille et de mousqueterie qui lui était tirée de plusieurs étages de l'autre rive, et qui devenait plus meurtrière à mesure qu'il approchait de la rive droite. Il y avait de quoi reculer d'effroi en voyant la difficulté naturelle; mais rien ne pouvait intimider cet intrépide général, dont le caractère se raidissait au danger; il arrive malgré tout à la rive opposée. Les ennemis n'avaient pas eu le temps de brûler le pont, ils en avaient seulement ôté quelques solives auprès de la porte de la ville; mais le général Cohorn pénètre partout, et parvient jusqu'à l'intérieur d'Ebersperg, repoussant devant lui tout ce qui lui avait disputé le passage du pont.

Les ennemis vont se rallier à quelques centaines de toises dans la plaine au-delà, et Cohorn, ne consultant que son courage, va les attaquer, au lieu de rester embusqué dans les haies et jardins dont la ville était entourée du côté de la campagne, et d'attendre dans cette position que le maréchal Masséna eût fait passer assez de troupes pour l'appuyer. Cette témérité lui coûta cher: il fut repoussé et ramené en déroute jusque sur la porte d'Ebersperg; on n'observait plus de rangs; chaque soldat allait par le chemin qu'il croyait le plus court; la compagnie qui était de garde à la porte de la ville imagine de fermer la porte pour arrêter par-là la déroute et sauver le pont.

Elle fit bien en cela, mais cette opération devint funeste à la brigade de Cohorn, qui, s'étant enfilée dans un chemin creux fort profond, ne put pas se servir de sa mousqueterie, et resta ainsi fusillée de la partie supérieure pendant quelques minutes, jusqu'à ce qu'elle fût dégagée par les troupes que le maréchal Masséna avait fait passer à gauche de la ville pour venir prendre à dos celles qui faisaient tant de mal au général Cohorn. Sans ce mouvement, il était perdu sans ressource.

Les Autrichiens en se retirant canonnèrent les vergers d'Ebersberg, dans lesquels nos troupes s'établissaient, et mirent ainsi le feu à la ville, qui fut réduite en cendre jusqu'à la dernière maison; tous les malheureux blessés qui s'y étaient réfugiés furent brûlés. Nous en trouvâmes deux ou trois de vivans au milieu de la place, où les flammes n'avaient pu les atteindre; mais le reste des rues et des maisons présentait le plus hideux spectacle des maux que souffre l'humanité pour les querelles des rois, et il n'y a pas d'amour de la gloire qui puisse justifier un pareil massacre. Pour achever le tableau, il suffira de dire que l'incendie était à peine achevé que l'on fut obligé de faire passer les cuirassiers d'abord, puis l'artillerie à travers la ville pour les porter sur la route de Vienne. Que l'on se figure tous ces hommes morts, cuits par l'incendie, foulés ensuite aux pieds des chevaux, et réduits en hachis sous les roues du train d'artillerie. Pour sortir de la ville par la porte où le général Cohorn avait perdu tant de monde, on marchait dans un bourbier de chair humaine cuite qui répandait une odeur infecte. Cela fut au point que pour tout enterrer, on fut obligé de se servir de pelles comme pour nettoyer un chemin bourbeux.

L'empereur vint voir cet horrible tableau; en le parcourant il nous dit: «Il faudrait que tous les agitateurs de guerres vissent une pareille monstruosité; ils sauraient ce que leurs projets coûtent de maux à l'humanité.»

Cohorn avait avec lui un régiment d'infanterie légère, composé de Corses, qui avait tenu la tête de la colonne pendant son attaque. L'empereur passait à côté d'eux et leur parlait en italien pour voir s'ils n'étaient pas démoralisés par la perte qu'ils avaient éprouvée. Un d'eux lui répondit: «Oh! il y en a encore pour deux fois.»

Il parla ensuite au général Cohorn avec bonté de son trait de courage, mais lui fit observer que s'il n'avait pas été aussi emporté et qu'il eût attendu les troupes qui le suivaient avant d'attaquer, toute cette perte n'aurait pas eu lieu; néanmoins Cohorn resta dans son esprit recommandé comme un homme d'une grande valeur.

L'armée se mit en marche de suite, et arriva de bonne heure à Ems. Cette ville est sur la rive gauche de la rivière de ce nom, laquelle est encore très-forte, et a un pont en bois que le général Hiller avait aussi brûlé. Nous fûmes obligés de rester là deux jours pour le raccommoder et en faire un de bateaux. Après que l'on eût passé la Salza à Burckhausen, on se contenta du pont sur pilotis qui y était, on rechargea sur les haquets les pontons autrichiens avec lesquels on avait fait le pont de bateaux. Ils servirent à en faire un à Ens, ainsi que quelques bateaux que l'on trouva au bord du Danube, à l'embouchure de l'Ens, qui n'est pas à une lieue de là.

De cette manière on faisait passer l'armée sur les deux ponts à la fois, et on réparait ainsi le temps perdu pour la marche à la reconstruction de tous ces ponts.

De Ens, petite ville à cinq lieues de Lintz, l'empereur alla sans s'arrêter jusqu'à Moelck; il logea à l'abbaye, et y resta un jour plein, tant pour donner à toutes les troupes le temps d'arriver, que pour faire prendre de l'avance à celles qui étaient déjà en avant.

De Moelck il vint jusqu'à Saint-Polten, où il apprit que le corps du général Hiller avait pris en totalité ou au moins en grande partie le chemin de Krems. Il s'arrêta à Saint-Polten pour voir ce que devenait le mouvement, et s'il ne se liait pas avec l'arrivée de l'armée de l'archiduc Charles, quoiqu'il ne fût guère présumable qu'elle pût être déjà arrivée à cette hauteur, en ce qu'elle avait plus de chemin à faire et de très-mauvaises routes.

Ce fut moi que l'empereur envoya pour observer le mouvement sur Krems. Il m'expédia de Saint-Polten avec une brigade de cuirassiers, une compagnie d'artillerie à cheval, et un régiment d'infanterie.

Je vins m'établir à Mautern, où j'appris qu'effectivement la veille, les troupes du général Hiller avaient repassé le Danube, sur le pont qui était reconstruit à neuf depuis la dernière guerre; mais je fus frappé en remarquant que le général Hiller ne l'avait pas brûlé, et avait seulement retiré les madriers de deux arches à notre bord; on avait même laissé les poutres, de sorte qu'en deux heures de travail, une compagnie d'ouvriers aurait rétabli le pont d'autant plus aisément que par la nature du terrain, le feu de la rive gauche l'aurait protégé contre celui de la rive droite.

Les gens de l'endroit où j'étais, qui avaient été la veille à Krems (à l'autre bord) me rapportèrent qu'on y attendait dans peu de jours l'archiduc Charles, et je ne doutai point qu'on ne gardât le pont de Krems que pour lui faciliter un passage lorsqu'il serait arrivé, et lui donner par-là les moyens de couvrir Vienne. J'envoyai un de mes aides-de-camp faire ce rapport à l'empereur, qui était encore à Saint-Polten. Il me le renvoya de suite avec ordre de brûler le pont et de revenir le joindre à Vienne.

Je fis tirer quelques coups de canon sur les postes qui étaient à l'autre bord, et je fis prendre les armes à mes troupes. Les ennemis crurent que j'allais entreprendre le passage, ils allumèrent eux-mêmes le pont, qui fut consumé en quelques heures sans qu'il en restât vestige; il faut croire qu'ils avaient prévu ce cas, et qu'ils avaient fait des dispositions pour l'incendier.

Après cette opération je remis mes troupes en marche pour Vienne, où j'arrivai le lendemain.

CHAPITRE VIII.

L'empereur à Schoenbrunn.—Siége de Vienne.—Passage d'un bras du Danube.—Bombardement.—Capitulation.—Position des armées.—Passage du
Danube la nuit.—J'accompagne le premier débarquement.—Construction des
ponts.—L'armée passe le fleuve.

L'empereur était pour la seconde fois au château de Schoenbrunn, où il avait eu son quartier-général en 1805. Il avait fait occuper les faubourgs de Vienne, mais la ville avait fermé ses portes, et avait même envoyé quelques coups de canon des remparts.

L'archiduc Maximilien y était enfermé; mais il n'y avait d'autres troupes que quelques dépôts et la bourgeoisie, à laquelle on avait distribué les fusils de l'arsenal.

Vienne a une bonne enceinte régulière et moderne, des fossés d'une très-grande profondeur, un chemin couvert, mais point d'ouvrages avancés. Le glacis est bien découvert, et les faubourgs sont bâtis à la distance voulue par les réglemens militaires. Les faubourgs sont très-grands, et depuis l'irruption des Turcs on les a entourés d'un retranchement revêtu en maçonnerie, ce qui forme un vaste camp retranché, qui ferme avec de bonnes barrières, et que l'on ne pourrait pas escalader. L'empereur vit bien que si Vienne ne se rendait pas sous peu de jours, l'archiduc Charles arriverait, et que rien ne l'empêcherait d'accumuler son armée dans cette vaste enceinte des faubourgs, d'où elle déboucherait sur nous par autant de points qu'elle voudrait, et nous mettrait par-là dans une position d'autant plus fâcheuse que l'empereur comptait sur les ressources qu'il allait trouver dans Vienne, et dont il voulait augmenter ses moyens. Il fit le tour de cette immense enceinte, et, avant de rentrer chez lui, il ordonna au général d'artillerie Andréossi, qui était avec lui, et qui auparavant était notre ambassadeur à Vienne, de faire réunir le soir de ce même jour tous les obusiers de l'armée, et de les placer comme il le jugerait convenable pour qu'à commencer de dix heures du soir il ouvrît un feu de bombardement, qu'il ne cesserait que lorsque la ville aurait demandé à parlementer. Il fit en même temps sommer l'archiduc de remettre la place[12]. Ce prince ne répondit pas d'une manière satisfaisante; le général Andréossi exécuta l'ordre, et réunit, je crois, trente-deux obusiers, qui furent placés dans un lieu reconnu à l'avance, et d'où, à très-petite portée, on pouvait faire sillonner les obus dans la plus grande largeur de la ville.

Indépendamment de cette disposition, l'empereur alla lui-même, avec une des divisions du corps de Masséna, faire exécuter à l'extrémité de la promenade du Prater le passage du bras du Danube qui sépare cette île de la terre ferme; le point était défendu par quelques milices qu'on éloigna à coups de canon, et au moyen de bateaux que l'on alla détacher à la nage de l'autre bord[13], on passa d'abord les troupes, puis on construisit un pont. Dès lors nous étions les maîtres d'incendier le grand pont, appelé du Tabor, parce que rien ne pouvait s'opposer à ce que nous pénétrassions jusque-là.

L'empereur ordonna de faire passer dans l'île du Prater la division du général Boudet, et il revenait à son quartier-général à Schoenbrunn la nuit lorsqu'en passant à hauteur des faubourgs de Vienne, nous vîmes commencer le feu des obusiers, qui était un véritable bouquet d'artifice; il y avait toujours dix ou douze obus en l'air; aussi le feu éclata-t-il presque aussitôt dans plusieurs endroits. Cela, joint à l'occupation de l'île du Prater, ayant sans doute démontré aux généraux ennemis que l'armée de l'archiduc Charles arriverait en vain; qu'elle trouverait le pont du Tabor détruit, et qu'il était par conséquent inutile d'exposer Vienne à un incendie total, ils se déterminèrent à parlementer. Ils firent la nuit même repasser le Danube au peu de troupes qu'ils avaient; l'archiduc Maximilien donna ses pouvoirs pour que l'on entrât en capitulation pour la ville, et il suivit les troupes sur la rive gauche du Danube, en faisant brûler le pont du Tabor aussitôt après son passage.

Le lendemain Vienne se rendit, sans autres conditions que celles que l'on stipule ordinairement pour les villes de guerre, et le 12 mai, à un mois du départ de l'empereur de Paris, nos troupes en prirent possession.

On y trouva des ressources en tout genre, et en un mot nous nous trouvâmes riches d'une capitale de laquelle nous pouvions disposer comme de Paris.

Dès les premiers jours de l'occupation de Vienne, nous apprîmes l'arrivée de l'armée de l'archiduc Charles de l'autre côté de Danube. Elle était bien plus nombreuse que la nôtre, et elle aurait pu nous donner de l'inquiétude si elle avait entrepris de suite un passage du fleuve; c'était le seul moyen de nous faire évacuer Vienne sur-le-champ, et je crois que c'est là la principale raison qui a déterminé l'empereur à tant hâter son passage du Danube, afin de tenir l'archiduc Charles sur la défensive. Les frondeurs ont beaucoup parlé sur une opération de cette importance entreprise avec aussi peu de moyens, mais ils n'ont pas observé tous les motifs que l'empereur avait de s'y décider; c'est le cas de dire que la critique est aisée, mais l'art difficile.

Effectivement, l'empereur n'avait pas le tiers des moyens qui étaient indispensablement nécessaires au passage du Danube, soit en bateaux, soit en cordages et autres apprêts. Il avait, dès que la guerre lui avait paru inévitable, chargé le ministre de la marine de lui expédier des marins de la flottille[14], mais notre marche avait été si rapide, qu'ils n'avaient pas eu le temps d'arriver. L'empereur avait des officiers d'artillerie et du génie si laborieux et créateurs de ressources, qu'il lui a suffi de leur dire qu'il était déterminé à l'exécuter pour qu'ils trouvassent les moyens de faire réussir cette entreprise. On peut dire ici que si l'armée russe avait fait une diversion en notre faveur, nous n'eussions pas été obligés de passer le Danube; à la vérité, elle n'était pas prête; mais pourquoi ne l'était-elle pas? Elle n'avait pas plus de chemin à faire que nous, qui avions amené des troupes depuis Burgos.

Nous voyions arriver toutes les semaines un officier de l'empereur de Russie à notre quartier-général; il y avait un commerce de lettres fort actif entre la Russie et nous; c'était un commerce de bataillons qu'il nous aurait fallu, mais enfin l'on en était privé, et il n'y eut de ressources que celles que l'on pouvait trouver en soi-même.

L'armée était postée depuis les environs de Saint-Polten jusqu'en face de Presbourg; l'empereur avait été obligé d'envoyer un petit corps d'observation dans la vallée de Neustadt, pour défendre le défilé qui conduit en Italie. Les esprits de la population étaient plus portés à la résistance, et même disposés à l'exaltation, que dans la guerre précédente; en sorte que la position de l'armée avait cet inconvénient de plus, lequel aurait pu devenir grave, en cas qu'elle eût éprouvé un revers.

L'armée autrichienne de Gallicie venait d'entrer dans le duché de Varsovie et avait pénétré jusqu'à la capitale, que la brave petite armée polonaise avait été obligée d'évacuer en passant sur la rive droite de la Vistule, dans l'espérance qu'elle y serait bientôt jointe par l'armée russe (l'armée autrichienne était arrivée par la rive gauche). Le prince Poniatowski, qui commandait les Polonais, déploya dans cette campagne un grand courage et un grand talent.

L'empereur, maître de Vienne, était entouré de difficultés sans nombre; il avait en outre à craindre l'armée autrichienne d'Italie, qui, en se retirant, pouvait lui faire un mal incalculable avant qu'il pût être rejoint par l'armée du vice-roi. C'eût été bien pis si dans ces conjonctures l'armée de l'archiduc Charles eût passé le Danube.

Ce sont toutes ces considérations qui ont forcé l'empereur à le passer lui-même. Il eut encore dans cette occasion du courage pour tout le monde; car personne n'augurait bien de cette opération, qui paraissait légère, à laquelle on n'osait rien objecter à cause de l'empereur, dont on craignait de combattre les décisions. Enfin, le 19 mai au soir, il fit descendre de Vienne tous les moyens de navigation qui avaient été réunis dans le bras du Danube qui entoure le Prater; nous n'avions qu'une compagnie de pontonniers, il en aurait fallu six.

Tous ces moyens furent rassemblés ainsi que les troupes au bord du fleuve, à quelques centaines de toises au-dessus du village d'Elbersdorf, lequel est lui-même à près de deux lieues au-dessous de Vienne.

Il était presque nuit, au moins on ne pouvait pas être aperçu de la rive ennemie, lorsque l'empereur lui-même fit embarquer les premiers bataillons qui devaient aller prendre poste à la rive gauche; il faisait lui-même placer les soldats dans les bateaux, où il les arrangeait de manière à ce qu'il en tînt le plus grand nombre possible; il fit devant lui distribuer des cartouches, et parla presque à chaque soldat. Il fit suivre le transport, d'un bateau disposé pour recevoir deux pièces de canon qu'il y fit embarquer sans leurs caissons, mais avec un nombre de gargousses et de boîtes à mitraille suffisant pour ce qu'on allait entreprendre. Le convoi quitta la rive droite du Danube à la nuit close, le 19 mai, et aborda à la rive gauche du fleuve, dans une vaste île appelée la Lobau, qui avait été reconnue et jugée d'avance convenable à cet objet. Elle se trouve précisément en face du village d'Elbersdorf à la rive droite; elle est très-grande, et était alors toute couverte de bois comme une forêt. Elle est traversée dans sa plus grande longueur de deux petits bras du Danube, qui peuvent avoir chacun dix-huit ou vingt pieds de large. Lorsque le Danube est bas, ils n'ont qu'un filet d'eau, guéable partout pour des enfans; mais du jour au lendemain ils sont eux-mêmes de petits fleuves; après les deux bras on trouve celui qui sépare définitivement l'île de Lobau de la rive gauche; il est aussi fort que la Moselle en France, très rapide et sans gué. Les Autrichiens avaient un fort poste dans l'île. Ils le relevaient tous les jours au moyen d'un bateau qui était placé en face de la petite ville d'Euzerfdorf (à la rive gauche) qui jouissait des pâturages de l'île. Ce poste ne mettait que deux ou trois sentinelles sur le bord du grand fleuve, et se tenait à une cahutte appelée la Maison du Garde-Chasse, qui conservait les faisans dont l'île entière était pleine.

L'empereur m'ordonna d'accompagner le premier débarquement et de revenir dans la nuit lui dire comment cela aurait été. Je me mis dans une nacelle conduite par deux pontonniers, et j'arrivai avec tout le convoi à la rive ennemie. Les sentinelles donnèrent l'alerte, mais on ne nous opposa aucune résistance, et toute la nuit fut employée à passer de nouvelles troupes dans l'île de Lobau, en même temps que les officiers d'artillerie faisaient construire le pont. Ce dernier devait être d'une longueur immense, et divisé en deux parties, parce qu'il se trouvait un îlot de sable au milieu du fleuve; mais les deux ponts ensemble formaient une longueur de deux cent quarante toises. On employa toute la journée du 20 mai à achever cette construction, pendant laquelle l'empereur ne quitta pas le bord du fleuve, veillant lui-même à ce que le passage des troupes en bateaux ne discontinuât point pendant que l'on achevait les ponts.

Dans la matinée du 20 on vint rendre compte à l'empereur que les ennemis avaient effectué un débarquement au-dessus de Vienne à un village appelé Nusdorf, qui est, à proprement parler, un des faubourgs de la ville, tant il en est près. Il ne craignait pas un grand événement à la suite de ce passage, parce que les troupes qui se rendaient de Saint-Polten à Vienne, pour se trouver au passage du Danube, arrivaient précisément à cette hauteur-là dans le moment du passage des Autrichiens, aussi n'eut-il aucune suite; il se réduisit à nous donner de l'inquiétude pendant deux heures. L'empereur était si soigneux de ne rien laisser derrière lui qui pût compliquer son entreprise, qu'il profita du moment où l'on faisait les ponts pour m'envoyer à Nusdorf avec une brigade de cuirassiers, afin d'être rassuré sur ce que pouvait devenir le débarquement, que je trouvai repassé à la rive gauche. Je n'eus donc qu'à aller et revenir joindre l'armée.

Le 21, les ponts étaient entièrement achevés; ils n'avaient coûté tant de peines que parce que l'on manquait de moyens, et que, pour remplacer les ancres, par exemple, on avait été obligé de se servir de fardeaux, tels que des pièces de canon autrichiennes que l'on fixait à l'extrémité des câbles, mais ces fardeaux tombant sur un fond de gravier ne s'y enfonçaient pas assez pour résister à la chasse du courant, en sorte que les bateaux descendaient malgré tout ce que l'on faisait pour les tenir en position fixe. Les officiers d'artillerie qui travaillèrent à ce pont firent un tour de force en le mettant en état de passer l'armée.

L'armée défila toute l'après-midi du 20 et la journée du 21 mai; on jeta le pont sur le dernier bras du Danube avec les pontons autrichiens pris à Landshut. Ils étaient sur des haquets et pouvaient se transporter partout. À la faveur d'un rivage fourré de bois d'une assez grande profondeur, on déboucha à la rive gauche, entre les villages d'Essling et d'Aspern, cependant un peu plus près de ce dernier que du premier. On les occupa comme points de défense en utilisant les clôtures de muraille, les cimetières et les jardins. À mesure que les troupes débouchaient on se développait en prenant du terrain en avant.

CHAPITRE IX.

Affaire d'Ebersdorf.—Ardeur des troupes.—Ordre de bataille de l'armée.—Bataille d'Essling.—Le pont sur le Danube est rompu.—Belle conduite du général Mouton.—Le maréchal Lannes mortellement blessé.—Douleur et regrets de Napoléon.—Mort du général Saint-Hilaire.—Retraite.—Napoléon tient conseil au bord du fleuve avec Masséna et Berthier.

Le corps du maréchal Masséna était déjà passé ainsi que deux divisions de cuirassiers, lorsque les Autrichiens, qui occupaient une position non loin de là, arrivèrent. Depuis le 19, ou au moins le 20, c'est-à-dire la veille, ils ne pouvaient plus avoir d'incertitude sur le point de notre passage; ils avaient donc eu le temps de rassembler leur armée et de marcher; néanmoins ils ne furent pas entreprenans, et je crois que si nous n'avions pas cherché à nous étendre trop ce soir-là, ils ne nous auraient pas attaqué, et nous aurions évité une mauvaise affaire, dans laquelle nous avons éprouvé des pertes qui nous ont fait faute le lendemain.

Le soleil se couchait, lorsqu'on fit déboucher d'entre les villages d'Essling et d'Aspern. On ne marcha pas cent toises dans cette vaste plaine, que l'on y fut sillonné de coups de canon qui venaient dans toutes les directions. On voulut écarter cette foudroyante artillerie en faisant charger la cavalerie à outrance. On parvint effectivement à se donner du large à notre droite, mais à notre gauche nous fûmes acculés jusqu'au village d'Aspern, dont les ennemis occupèrent la moitié sans que nous pussions les en déloger. La nuit fit cesser le combat qui avait été meurtrier pour nous. Nous y éprouvâmes une perte en tués et blessés qui n'allait guère moins qu'à cinq ou six mille hommes; mais surtout nous y consumâmes une grande quantité de munitions. Nous passâmes la nuit à une petite portée de fusil des Autrichiens, et les sentinelles étaient, dans certains endroits, à moins de trente pas les unes des autres. Dans cette position, il était difficile qu'une des deux armées fît un mouvement sans que l'autre en fût avertie aussitôt, d'autant plus qu'elles n'étaient séparées par aucun obstacle et se trouvaient sur le même terrain.

L'empereur vint passer la nuit au bivouac sur le sable, au bord du Danube, qu'il ne repassa pas; il était ainsi à moins de trois cents toises de l'armée autrichienne. Toute la nuit fut employée à faire passer les troupes de la rive droite à la rive gauche; cela allait lentement parce qu'à chaque instant il arrivait des accidens au pont. Ce fut avec beaucoup de peines et de soins que l'on parvint à faire arriver sur la rive gauche tout le corps du maréchal Oudinot et du maréchal Lannes, la garde à pied et quelques troupes de réserve. On fut en mouvement toute la nuit pour se trouver en mesure contre une attaque que l'on craignait de la part des ennemis pour le lendemain à la pointe du jour. C'était le 22 mai; le jour commençait à deux ou trois heures du matin;

l'empereur était déjà à cheval, et allait parcourir les lignes de son armée; chaque fois qu'il paraissait, il y excitait le délire: on commença à crier *Vive l'empereur!* et comme l'on était à portée de fusil de l'armée ennemie, elle prit aussi les armes et commença la première à nous envoyer quelques coups de canon, à travers les brouillards qui nous masquaient, et qui règnent toujours le long des bords du Danube. Un de ces coups de canon tua le cheval du général Monthion, dans le groupe de l'empereur.

Les généraux pressaient l'empereur pour qu'il leur permît de commencer l'attaque, afin, disaient-ils, de profiter du premier élan des soldats. Il ne le voulait pas trop, parce qu'il attendait le corps du maréchal Davout qui était encore de l'autre côté du Danube, ainsi que la division de cuirassiers du général Nansouty, avec la majeure partie de la garde à cheval et beaucoup de troupes alliées; mais on le poussa tant, qu'il se rendit, et laissa commencer les mouvemens offensifs à trois heures et demie du matin. Le maréchal Masséna déboucha à la gauche par le village d'Aspern; il avait avec lui les divisions des généraux Molitor, Legrand, Carra-Saint-Cyr, et une division de réserve, commandée par le général Démont. Le maréchal Lannes déboucha à la droite du maréchal Masséna, entre Aspern et Essling; il avait avec lui la division Saint-Hilaire et la division du général Oudinot, et en réserve, la division du général Boudet. Derrière, en deuxième ligne, était la garde à pied, composée de deux régimens de fusiliers, de deux régimens de tirailleurs et de deux régimens de la vieille garde; savoir: un de grenadiers et un de chasseurs. En cavalerie, nous avions une brigade de cavalerie légère aux ordres du général Marulaz; deux autres sous les ordres du général Lasalle; la division de cuirassiers que commandait avant le général d'Espagne (tué la veille), et la division du général Saint-Sulpice; quelques escadrons de la garde, Polonais, chasseurs et dragons. Sur la rive droite, prêt à passer, se trouvait le maréchal Davout avec la division du général Friant et celles des généraux Morand et Gudin qui étaient rentrés à son corps d'armée; le général Vandamme avec les Wurtembergeois, la division Nansouty et le reste de la garde à cheval. Les Bavarois avaient été envoyés dans le Tyrol pour combattre les insurgés et couvrir Munich; je crois qu'ils avaient une de leurs divisions, celle du général Wrede, vers Lintz: l'empereur aimait le général Wrede, et le tenait près de lui toutes les fois qu'il le pouvait.

Nous perçâmes, dans cet ordre, par notre gauche et par notre centre, nous tenant en observation à notre droite, où était placée notre cavalerie. Je marchais avec le maréchal Lannes, qui se tenait à la division Saint-Hilaire. Comme nous traversions une plaine immense, toutes les troupes étaient formées selon l'ordre profond, les unes en carrés et les autres en colonnes.

La canonnade commença presque aussitôt que nous fûmes ébranlés; elle était meurtrière parce que, outre que nous étions près, nous présentions des masses. Les ennemis étaient aussi formés en carrés par échiquier et commencèrent un feu de mousqueterie qui ne nous faisait pas autant de mal qu'il aurait pu nous en faire s'ils avaient eu quelques bataillons déployés, comme, de notre côté, nous les eussions bien maltraités, si, au lieu d'avoir eu des troupes composées de soldats aussi neufs, nous eussions eu des troupes exercées comme l'étaient celles du camp de Boulogne que l'on pouvait hardiment ployer et déployer sous le feu sans craindre le désordre. Nous persistions à pénétrer dans cette ligne d'échiquier lorsque la mitraille et la mousqueterie décomposant nos colonnes, nous forcèrent d'arrêter et d'engager un feu de canon et de mousqueterie, avec le désavantage du nombre. Chaque quart d'heure que nous passions dans cette position rendait encore le désavantage plus grand. Il fut dès lors facile de prévoir que non-seulement la journée ne pouvait pas avoir une issue heureuse, mais qu'au contraire elle se terminerait probablement par quelqu'événement fâcheux; on essaya de balancer tous ces désavantages par des charges de cuirassiers que l'on fit donner successivement dans plusieurs directions; mais il avaient à peine percé la ligne d'infanterie des Autrichiens qu'ils étaient ramenés battant par leur cavalerie trois fois supérieure. À tous ces inconvéniens se joignit celui du manque de munitions, qui fut général vers huit heures et demie du matin. À cette heure on voyait courir par tout le champ de bataille des officiers qui demandaient où était le parc aux munitions, et il était encore de l'autre côté du Danube. On éprouvait de même le besoin de troupes nouvelles; on attendait avec impatience le corps du maréchal Davout, lorsque des officiers qui avaient été envoyés pour le chercher vinrent apprendre que le grand pont du Danube était rompu.

Les ennemis, en nous repoussant la veille, avaient pris, au bord du fleuve, une position d'où ils découvraient notre pont d'un bout à l'autre; ils s'imaginèrent de remplir de pierres les plus gros bateaux qu'ils purent se procurer, et de les lancer au courant du fleuve. Ce moyen leur réussit trop bien, car, de nos deux ponts, un fut enlevé en entier et l'autre détruit dans une bonne moitié de sa longueur. L'insuffisance de barques et de pontonniers de notre côté nous avait empêché de construire une estacade pour couvrir notre pont, et cela nous devint funeste. Cet événement, qui fut bientôt connu des troupes qui combattaient, leur fit perdre l'espérance d'être secourus, et l'on vit petit à petit la retraite des divers corps s'opérer successivement. Dans le fait, on ne pouvait pas exiger d'eux que, sans munitions, ils restassent dans une position où leur destruction était certaine.

L'empereur ordonna la retraite et la dirigea lui-même en restant au milieu d'une canonnade à laquelle nous ne répondions plus; elle devenait plus incommode à mesure que nous nous retirions sur le pont qui communiquait à l'île de la Lobau, lequel faisait le centre d'un cercle dont l'artillerie occupait la circonférence. Notre gauche ainsi que notre centre ne rendaient le terrain que pied à pied, et n'étaient pas encore rentrés entre les villages d'Essling et d'Aspern, d'où ils avaient débouché le matin, lorsque les ennemis firent une attaque de vive force à notre droite et enlevèrent le village d'Essling qui était défendu par la division Boudet. Le salut de notre retraite était dans la reprise prompte de ce poste duquel les ennemis seraient arrivés à notre pont bien avant les maréchaux Masséna et Lannes. La situation était des plus critiques; le désordre allait commencer, lorsque l'empereur donna l'ordre à son aide-de-camp, le général Mouton, de prendre la brigade des fusiliers de la garde et d'attaquer sur-le-champ. Le général Mouton, qui avait bien jugé de l'importance de son succès, ne perd pas un moment, se met lui-même à la tête des fusiliers et les fait entrer au pas de charge dans le village d'Essling, sans s'inquiéter du nombre de troupes auquel il avait affaire, et il emporte le village où l'on se maintint jusqu'à ce qu'on eut l'ordre de l'évacuer. Ce coup de vigueur nous donna les moyens de faire notre retraite. Le brave général Mouton, grièvement blessé, fut forcé de quitter le champ de bataille.

Le maréchal Lannes rentra dans la position de laquelle il était parti le matin pour attaquer; il essaya de la garder, et il avait mis pied à terre, parce que le canon des ennemis s'était tellement rapproché qu'il y avait de la témérité à rester à cheval; la cavalerie avait depuis long-temps repassé le bras du Danube, et était dans l'île de Lobau; l'empereur venait lui-même de quitter le champ de bataille où il avait donné ses derniers ordres sur la manière dont on devait repasser le pont, et il était occupé à faire placer de l'artillerie dans l'île de Lobau pour protéger la retraite de nos colonnes, lorsqu'on vint lui annoncer que le maréchal Lannes venait d'avoir les jambes emportées d'un coup de canon. Il en fut vivement affecté et versa des larmes. Pendant qu'on lui racontait les détails de cet événement, il aperçut le brancard sur lequel on rapportait le maréchal Lannes du champ de bataille. Il le fit diriger à l'écart, et voulut être seul auprès de lui; il l'embrassa en fondant en larmes; le maréchal Lannes, épuisé par une grande perte de sang, lui dit d'une voix basse: «Adieu, sire; vivez pour tous, et accordez quelque souvenir à un de vos meilleurs amis, qui dans deux heures n'existera plus.» Cette scène fut touchante et causa une vive émotion à l'empereur. Peu de temps auparavant on avait rapporté le général Saint-Hilaire, blessé aussi d'un coup de canon au pied; il en mourut quinze jours après. La perte du maréchal Lannes fut sentie de toute l'armée: elle mettait le complément aux malheurs de la journée.

Les ennemis ne furent point entreprenans dans notre retraite, ils nous laissèrent toute l'après-midi entre Aspern et Essling, et ce ne fut que vers les quatre heures du soir que nous nous retirâmes dans le bois qui couvre l'extrême bord du fleuve, que nous repassâmes la nuit sans être inquiétés. On reploya le pont de bateaux qui était sur le bras du fleuve. On jeta sur des haquets les pontons dont il était formé, ainsi que les ancres, poutrelles, cordages, madriers, et on les envoya au pont du grand bras, où ils servirent à remplacer les bateaux que le courant avait emportés[15]. Dès le 24 au matin, toute l'armée se trouvait dans l'île de Lobau, infanterie, cavalerie, artillerie, état-major, blessés, en un mot tout. Le 22, à la nuit close, l'empereur y était lui-même encore; il vint sur le bord du grand fleuve dont le pont était détruit: le Danube était enflé, parce que nous étions dans la saison de la fonte des neiges du Tyrol, en sorte que, même les deux petits bras qui traversaient l'île et que l'on avait toujours passés à pied sec ou au moins à gué, étaient devenus des torrens dangereux, sur lesquels il fallut construire des ponts en chevalets.

L'empereur les passa en nacelle; j'étais avec lui ainsi que le prince de Neuchâtel. Nous ne pûmes pas faire passer nos chevaux, et fûmes obligés de continuer notre marche à pied. Arrivés au bord du Danube, l'empereur s'assit sous un arbre en attendant le maréchal Masséna qu'il avait envoyé chercher. Il arriva bientôt, et l'empereur forma un petit conseil pour avoir les opinions de ce qui était là, sur ce qu'il convenait de faire dans la situation où l'on était.

Que l'on se figure l'empereur assis entre Berthier et Masséna au bord du Danube, regardant le pont dont il restait à peine quelques débris. Le corps du maréchal Davout de l'autre côté du grand fleuve et toute l'armée derrière eux dans cette île de Lobau, séparés des ennemis par un seul bras du Danube de trente ou quarante toises de large, et n'ayant aucun moyen de l'en retirer: il fallait bien une âme comme la sienne pour ne pas en être découragé. Il s'attendait bien aux opinions que l'on allait lui émettre, de repasser le Danube comme l'on pourrait, abandonnant ce que l'on n'aurait aucun moyen d'enlever, c'est-à-dire toute l'artillerie, les chevaux, etc., etc.

L'empereur écouta toutes les raisons qu'on voulut lui donner, puis il dit: «Mais, Messieurs, c'est comme si vous me donniez le conseil d'aller à Strasbourg: si je repasse le Danube, il faut que j'évacue Vienne, parce que les ennemis vont le repasser après moi, et dès lors ils me mèneront peut-être à Strasbourg. Dans l'état où je suis, la seule défense que j'aie contre eux maintenant, c'est de pouvoir passer sur la rive gauche du fleuve s'ils passaient sur la rive droite, de manoeuvrer ainsi autour de Vienne, qui est ma capitale et le centre de mes ressources. Si je repasse le Danube, et que l'archiduc aille le passer à Lintz par exemple, il faudra que je marche à Lintz, au lieu que dans la position où je suis, s'il l'entreprend, je passerai et le suivrai jusqu'à ce qu'il soit revenu sur moi. Il est impossible que je m'éloigne de Vienne sans y laisser une perte de vingt mille hommes, dont dix mille rentreront dans leurs rangs avant un mois.»

Il ramena tout le monde à son opinion, et quoique l'on n'eût pas été fâché de pouvoir aller se reposer au-delà du Danube, il fallut faire son sacrifice et rester dans l'île. Le maréchal Masséna prit le commandement de toutes les troupes qui s'y trouvaient; l'empereur lui donna une instruction écrite sur la défense qu'il voulait qu'il fît, si, comme il le croyait, il venait à être attaqué.

CHAPITRE X

L'empereur repasse le fleuve.—Arrivée de douze cents marins de la garde.—Stratagème des Autrichiens pour détruire nos ponts.—Prodigieuse activité de l'empereur.—Construction d'un pont sur pilotis.—L'empereur expédie des ordres au prince Eugène, en Italie, et à Marmont, en Dalmatie.—Dispositions générales.—Gratifications distribuées dans les hôpitaux.—Reconnaissance des blessés.

Cette disposition prise, il fit embarquer sur les débris du pont les ingénieurs et sapeurs qui se trouvaient dans l'île, pour les faire repasser à la rive droite, et lui-même s'embarqua avec le prince de Neuchâtel et moi pour la même destination. Nous traversâmes le Danube vers minuit; l'empereur était exténué de fatigue; je lui donnai le bras pour marcher jusqu'à la maison qu'il occupait au village d'Ebersdorf avant le passage du fleuve. Son esprit travaillait, mais n'était point agité; en arrivant, il se jeta sur de la paille et prit quelques momens de repos. Il n'y avait pas deux heures qu'il faisait jour, que déjà il était à cheval, parcourant les bivouacs des troupes qui n'avaient pu se trouver à l'affaire, à cause de la rupture du pont.

La méchanceté s'est plu à représenter l'empereur comme un homme méfiant, et dans cette circonstance, où des hommes malintentionnés pouvaient entreprendre sur sa personne tout ce qu'ils auraient voulu, il n'eut pour garde, à son quartier-général, que la légion portugaise, qui le soignait avec autant d'exactitude qu'auraient pu le faire des vétérans de l'armée d'Italie.

La première chose dont il s'occupa fut de réunir quelques bateaux pour envoyer des subsistances dans l'île Lobau; on fut assez heureux pour réussir à en pourvoir l'armée.

On s'occupa de faire descendre de tous les points du Danube des bateaux et des agrès pour reconstruire des ponts, et l'on y parvint. Ils étaient déjà rétablis, et on allait faire repasser la cavalerie, lorsque les Autrichiens recommencèrent à nous lancer des bateaux chargés de pierres, qui les rompirent de nouveau. Heureusement que cela arriva en plein jour, et que l'on put faire courir après les débris du pont avec des nacelles qui, en descendant plus rapidement, rattrapaient les débris, les conduisaient à la rive gauche, d'où, avec beaucoup d'efforts, on les remontait jusqu'aux ponts. Ce pénible travail aurait encore été sans résultat si nous n'avions vu arriver un corps de douze cents matelots, venant d'Anvers, commandés par des officiers de la marine. Ce corps était suivi d'un bataillon d'ouvriers de toutes professions, aussi de la marine; cet envoi nous sauva. Les matelots furent sur-le-champ réunis aux pontonniers; on tint en croisière, dans le courant du fleuve, une quantité de très-petites nacelles, toutes montées par un nombre proportionné de ces matelots. Les nacelles se tenaient sur les bancs de sable qui bordent les îles dont le cours du Danube est parsemé, et lorsqu'elles voyaient arriver un bateau ou radeau, elles forçaient de rames pour le joindre, les matelots montaient à bord et conduisaient l'embarcation à bon port, en sorte que les mêmes bateaux qui détruisaient nos ponts la veille finirent par nous donner des moyens de les réparer. Dès-lors ils ne furent plus rompus, et l'on put faire repasser à la rive droite toute la cavalerie, l'artillerie, ainsi que tout ce qui était inutile; les chevaux n'avaient vécu que de l'herbe et des feuilles de l'île depuis le jour de la bataille.

C'était un grand avantage que d'avoir rétabli les ponts et de les avoir mis à l'abri d'une rupture au moyen de toutes les nacelles garnies de matelots, et desquelles on avait formé une estacade.

L'empereur renvoya les troupes dans les cantonnemens qu'elles occupaient avant cette malheureuse opération; il ne laissa dans l'île que le maréchal Masséna avec son corps. Il ne concevait pas que, le lendemain de la bataille, les Autrichiens n'eussent pas approché toute leur artillerie sur le bord du bras du Danube qui les séparait de l'île, et qu'ils n'eussent pas fait un feu de canon dont pas un coup n'aurait été perdu; ils auraient eu d'autant plus beau jeu que nous n'avions pas de quoi leur répondre, et que nous étions les uns sur les autres dans cette île. Cela nous fit présumer qu'ils méditaient un passage du fleuve sur un point plus haut que Vienne.

L'empereur plaça son armée de manière à pouvoir la réunir en un jour; il garda près de lui toute l'infanterie qui avait repassé de l'île sur la rive droite et la fit camper. Il travailla à la réorganisation de son artillerie; c'est à cette occasion qu'il nomma le général La Riboissière premier inspecteur de l'artillerie, à la place du général Songis, atteint d'une maladie mortelle. On prit également des mesures pour procurer des chevaux de remonte à la cavalerie; tous les ordres qu'il avait à donner pour cela furent expédiés dans une soirée, et il songea dès le lendemain à recréer les matériaux nécessaires pour effectuer un nouveau passage, qu'il voulait exécuter, disait-il, dans un mois. Il n'avait eu qu'un pont sur le bras du Danube qui le séparait des ennemis, et il voulut en avoir quatre, quoiqu'il n'eût pas le premier bateau pour la construction des trois qu'il demandait. Il fit établir dans l'île de Lobau le bataillon des ouvriers de la marine avec les ingénieurs de ce corps qui étaient venus avec eux; il y fit conduire de Vienne des bois de toute grandeur et de toute espèce.

En très-peu de jours, tous les bateaux dont il avait besoin furent sur leur quille, et bientôt après lancés à l'eau, dans un des petits bras qui traversent l'île. Ce travail fit beaucoup d'honneur aux ingénieurs-constructeurs de la marine. En même temps que l'on faisait ces pontons dans l'île de Lobau, l'empereur faisait exécuter la construction d'un pont sur pilotis, sur toute la largeur du Danube. Ce fut le général Bertrand, son aide-de-camp, qui exécuta ce magnifique ouvrage; Bertrand était, en sa qualité d'officier du génie, un des meilleurs que la France ait eus depuis M. de Vauban; il s'établit lui-même avec tous les officiers du génie et les bataillons de sapeurs, aux bords du fleuve.

On avait trouvé dans l'inépuisable arsenal de Vienne des bois en profusion destinés à la réparation des ponts de Vienne et de Krems; des cordages, des ferrures, et enfin quarante moutons à sonnettes pour frapper les pilotis. Tout cela fut amené à Ebersdorf, et on changea les environs de ce village en chantiers de construction semblables à ceux d'un grand port. On travaillait tout à la fois à enfoncer les pilotis, à scier les bois, les planches et à faire des bateaux. Jamais l'intelligence humaine n'embrassa autant de détails à la fois. Pendant que l'on s'occupait des moyens de franchir le fleuve, on ne négligeait pas ceux de défendre l'île de Lobau, qui devaient aussi être ceux qui protégeraient le passage à la rive gauche. On borda le bras du Danube d'épaulemens et d'embrasures, que l'on garnit de pièces d'artillerie autrichiennes, tirées de l'arsenal de Vienne, dont le général La Riboissière avait réuni tous les ouvriers, lesquels étant très-malheureux, avaient consenti à travailler pour avoir la ration du soldat. Cette partie de l'administration de l'armée créa des prodiges, et mit sur pied une artillerie immense de tout calibre. L'activité que l'on déploya pour créer des ressources ne pouvait à peine se concevoir par ceux même qui en étaient les témoins, et, à plus forte raison, ne peut se peindre par une narration qui aurait toujours l'air exagéré.

En même temps qu'il faisait travailler dans les arsenaux et les chantiers, l'empereur songea à recomposer un personnel tellement nombreux, qu'il ne fût plus exposé à une mauvaise journée comme celle du 22 mai, ni même à une affaire douteuse. Ce que son génie imagina, et ce que son esprit eut d'obstacles à surmonter n'est pas croyable. Il envoya d'abord ordre au vice-roi, qui commandait l'armée d'Italie, de ne pas perdre de temps pour lui amener son armée, ce que ce prince fit sur-le-champ; il avait quatre belles divisions. Il manda également au général Marmont, qui commandait en Dalmatie, de venir le rejoindre sans perdre un moment; ce général avait avec lui deux divisions, et ne pouvait arriver à Vienne qu'à travers un nombre infini de difficultés, presque toutes capitales. L'événement d'Essling avait été répandu avec soin et profusion par les agens de l'Autriche, qui ne négligeaient rien de ce qui pouvait soutenir l'espérance des sujets de leur monarchie; en sorte que le général Marmont, en traversant toutes ces provinces, ne rencontra partout que soulèvement et mauvaise volonté. Il fallait être animé par un sentiment plus fort que celui de l'amour du devoir, pour vaincre toutes ces difficultés et amener un corps de vieilles troupes en bon état; ce service fut senti par l'empereur, qui aimait Marmont, et fut bien aise d'avoir une occasion de lui témoigner qu'il était content de lui.

Au commencement de la campagne, il avait envoyé des maréchaux ou généraux français pour commander les contingens des différens princes confédérés; cela était ainsi convenu, sans préjudice à l'autorité des généraux de ces princes, qui commandaient tout ce qui était relatif aux détails militaires et à la discipline des corps. Il n'avait mis ces généraux à la tête de ces contingens que parce qu'ils étaient plus accoutumés à sa manière de vouloir être obéi, et pour correspondre avec le prince de Neuchâtel, dans la même forme que les autres généraux français. C'est ainsi que le maréchal Bernadotte avait été envoyé pour prendre le commandement de l'armée saxonne, qui formait deux belles divisions d'infanterie et une de cavalerie. Avant que l'armée autrichienne qui était en Bohême fût réunie à celle de l'archiduc Charles, le corps saxon couvrait Dresde; mais depuis que cette jonction avait eu lieu, et qu'il n'y avait plus que quelques partisans qui entraient en Saxe, l'empereur avait appelé à lui ce corps saxon, qui arriva le dernier, à cause des détours qu'il eut à faire. Il manda aussi au roi de Bavière de faire quelques efforts extraordinaires de plus contre les insurgés du Tyrol, afin de pouvoir en retirer une division bavaroise, pour l'appeler à lui au besoin. Tous les ordres nécessaires à la recomposition du personnel de son armée étaient donnés et expédiés dans les premiers jours qui suivirent le 22 mai. Il ne lui restait plus qu'à soigner les troupes qu'il avait avec lui et à les empêcher de se fondre, comme cela arrive d'ordinaire dans des circonstances de guerre difficiles. Il s'attacha aux hôpitaux; il les faisait visiter régulièrement par ses aides-de-camp. Après la bataille, il fit porter par les mêmes officiers une gratification de 60 fr. en écus à chaque soldat blessé, et depuis 150 jusqu'à 1,500 fr. aux officiers, selon les différens grades; il en envoya de plus considérables aux généraux qui étaient dans cet état. Pendant plusieurs jours, les aides-de-camp de l'empereur n'eurent que cela à faire: pour mon compte, j'ai été employé deux jours entiers pour faire cette distribution dans trois hôpitaux. L'empereur avait recommandé qu'on ajoutât tout ce qui était fait pour consoler ces malheureux blessés. Par exemple, on procédait à ces visites d'hôpitaux en grand uniforme, accompagné du commissaire des guerres, des officiers de santé et du directeur. Le secrétaire de l'hôpital marchait en avant avec le registre des malades; il les nommait, ainsi que le régiment auquel ils appartenaient, et l'on mettait douze écus de cinq francs à la tête du lit du blessé; pour cela, on était suivi de quatre hommes de la livrée de l'empereur, qui portaient des corbeilles pleines d'argent; l'argent de ces gratifications n'était pas pris dans les caisses de l'armée: c'était celui de la cassette particulière de l'empereur qui y fournissait.

On aurait fait un recueil bien précieux pour l'histoire et pour la gloire de l'empereur de toutes les expressions de la reconnaissance de ces braves gens, ainsi que de celles qu'ils employaient pour exprimer leur amour et leur dévouement à sa personne. Quelques-uns ne devaient même pas dépenser ces douze écus; mais aux portes du tombeau, de grosses larmes disaient encore qu'ils étaient sensibles à ce souvenir de leur général. L'empereur en toutes choses ne me parut jamais si admirable que quand il s'occupait de ses soldats; c'était lui dilater le coeur que de leur faire du bien et de lui dire qu'il en était aimé. On l'a accusé de ne les avoir pas ménagés! mais ils n'ont jamais eu à affronter aucun danger qu'il ne fût à leur tête; il faisait tous les métiers en un jour, et il n'y a que la plus lâche malveillance qui puisse calomnier le sentiment qui lui était le plus naturel, et qui est un des mille droits que ses immenses travaux lui donnent aux hommages de la postérité. Les soldats le chérissaient, et il les aimait tous; aucun ne peut lui avoir conservé plus d'attachement qu'il n'en avait pour eux[16].

Il passa un mois de juin excessivement laborieux. Il était encore à Ebersdorf, où il avait le projet de rester jusqu'au moment de passer le Danube, lorsqu'il fut obligé d'en partir pour venir remettre son quartier-général à Schoenbrunn; il restait à Ebersdorf parce qu'il se persuadait que les ennemis ne le laisseraient pas tranquille, et il voulait être prêt à saisir ce que la fortune lui présenterait d'heureux.

CHAPITRE XI.

Fâcheuse impression que fait la bataille d'Essling.—Détresse des Viennois.—L'empereur d'Autriche persiste à intercepter les arrivages.—Détails sur la mort du maréchal Lannes.—Conduite de la Russie.—Réorganisation de l'armée.—L'archiduc Jean menace de déboucher par Presbourg.—Dispositions pour attaquer la place.—Le prince Charles demande qu'on les suspende.—Les proclamations des archiducs.

La bataille d'Essling semblait avoir volcanisé toutes les têtes allemandes; en Prusse particulièrement, on voulait éclater, et si l'on n'avait regardé un second succès comme indubitable de la part des Autrichiens, on n'eût été retenu par rien; on voulait agir à coup sûr. L'opinion était telle, qu'un colonel d'un régiment de hussards, nommé Schill, ne craignit pas de sortir de sa garnison, à la tête de son régiment, et de l'emmener faire le vagabond et le partisan dans des contrées où il n'y avait pas de troupes françaises. Le roi de Prusse désavoua la conduite de ce colonel; mais l'on est autorisé à penser que, si le colonel Schill n'avait pas connu les sentimens secrets du prince et de la nation, il n'eût pas osé agir ainsi, et compromettre de nouveau la monarchie prussienne. On le fit poursuivre par des troupes westphaliennes, et il fut tué vers Stralsund.

L'effet moral avait agi tout-à-fait contre nous; il avait suffi aux autorités allemandes de défendre dans tout le pays, d'apporter aucune subsistance à Vienne, pour qu'elles fussent obéies; on n'entendait parler que d'insurrection dans les pays que nos troupes évacuaient pour venir grossir l'armée. La position était difficile, et elle devint critique, parce que la disette se fit sentir. Il n'y eut plus de pain chez les boulangers; les groupes, les queues de populace s'attroupaient à leurs portes; on fut obligé d'y mettre des gardes. C'est alors qu'on vit l'empereur se promener à cheval dans les faubourgs et travailler avec l'intendant de l'armée à ramener l'abondance à Vienne, avec le même zèle que s'il avait travaillé pour la population de Paris. Cependant, que craignait-il pour ses troupes? les magasins de l'armée étaient pleins, et si la populace de Vienne avait voulu se révolter, il ne lui devait aucun ménagement.

Il nous disait quelquefois: «Par Dieu! l'empereur d'Autriche se ferait bien plus d'honneur en repassant le Danube et délivrant sa capitale, que d'affamer ses sujets, et me laisser le soin de les préserver des maux auxquels sa haine pour moi les expose.»

Il ne faut pas omettre de dire que, dans cette affligeante position, les magistrats de Vienne vinrent supplier l'empereur de leur permettre d'envoyer une députation à l'empereur d'Autriche, pour obtenir de lui qu'il lui donnât des ordres pour laisser passer sur le Danube et par la frontière de la Hongrie des subsistances dont ses sujets de Vienne avaient besoin.

L'empereur leur accorda leur demande, et les fit conduire aux avant-postes. Ils allèrent effectivement au quartier-général de leur souverain; mais, soit que le prince ait cru que c'était une ruse de notre part pour avoir des subsistances, soit qu'il ait eu d'autres motifs pour ne pas accorder à la députation tout ce qu'elle demandait, elle revint avec la douleur de n'avoir pas obtenu ce qu'elle avait désiré; ce ne fut qu'un peu plus tard que l'empereur d'Autriche donna une latitude entière à cet égard, et nous connûmes que ce ne fut qu'après qu'il eut appris que nous n'étions pas les premiers intéressés à cet acte d'humanité.

Pendant le séjour que l'empereur fit à Ebersdorf, il allait tous les jours après midi voir le maréchal Lannes, qui n'avait pu être transporté plus loin que dans une maison du village. Un jour, on vint lui dire que le maréchal Lannes voulait le voir; il y courut. Le délire commençait à prendre cet infortuné général, dont les esprits se ranimèrent en voyant l'empereur. Il avait rêvé qu'on voulait l'assassiner, et lui disait que ne pouvant pas marcher, il l'avait prié de venir pour qu'il puisse le défendre. L'empereur fut affligé de le voir en cet état; les médecins le prièrent de sortir parce que le malade était au plus mal; il revint chez lui tout triste. Deux heures après, on vint encore lui dire que le maréchal Lannes voulait lui dire adieu. Il y alla; mais en arrivant, le médecin, M. Yvan, vint à sa rencontre pour lui dire qu'il était mort depuis quelques minutes. Ainsi finit un des hommes les plus braves qui aient été dans nos armées. Il eut une carrière trop courte pour ses amis, mais sans égale pour l'honneur et la gloire.

L'empereur fut très sensible à cette perte sous beaucoup de rapports. Il partit d'Ebersdorf le soir même: nous étions dans les premiers jours de juin, la chaleur était excessive; pour éviter l'incommodité de la poussière, l'empereur fit rester derrière tout ce qui l'accompagnait, c'est-à-dire à peu près une cinquantaine de personnes de tous les grades.

Il m'emmena seul en avant; je me doutais qu'il voulait me parler de Russie, et effectivement c'était ce qui l'occupait. Il me demanda ce que je pensais du tour qu'on lui avait joué dans ce pays-là, en ajoutant: «Bien m'a valu de ne pas compter sur des alliés comme ceux-là; que pouvait-il m'arriver de pis en ne faisant pas la paix avec les Russes? et quel avantage ai-je à leur alliance, s'ils ne sont pas en état de m'assurer la paix en Allemagne? Il est plus vraisemblable qu'ils se seraient aussi mis contre moi, si un reste de respect humain ne les eût empêché de trahir aussitôt la foi jurée; il ne faut pas s'abuser: ils se sont tous donnés rendez-vous sur ma tombe, mais ils n'osent s'y réunir.

«Que l'empereur Alexandre ne vienne pas à mon secours, c'est concevable; mais qu'il laisse envahir Varsovie à la face de son armée, on peut en croire tout ce que l'on veut; ce n'est pas une alliance que j'ai là, et j'y suis dupé. Il croit peut-être me faire une grande grâce en ne me faisant pas la guerre; parbleu! si j'avais pu me douter de cela avant de commencer les affaires d'Espagne, je m'inquiéterais peu du parti qu'il pourrait prendre. Et puis, on dira que je manque à mes engagemens et que je ne peux pas rester tranquille!»

Il m'adressait ensuite la parole pour me demander ce que je croyais de St-Pétersbourg; ma réponse fut celle-ci: «Je crois, Sire, que tout sentiment personnel de l'empereur de Russie pour V. M. étant mis à part, il n'est pas fâché de vous voir occupé, et que les Autrichiens n'auraient jamais commencé la guerre injuste dans laquelle nous voilà engagés, s'ils n'avaient été assurés au moins de l'inaction des Russes. Mais je crois aussi que dans toute la Russie, l'empereur est encore le seul qui tienne encore à l'alliance avec nous; que de tous côtés on le tiraille pour le faire déclarer, et que, si nous lui en fournissons le prétexte, ce sera lui ôter le peu de force qu'il oppose encore à l'opinion de tout ce qui l'entoure, et conséquemment lui donner beau jeu. Il est bien vrai aussi que nous ne gagnons rien à cette alliance, sinon que la Russie ne nous fera pas la guerre; mais elle n'empêchera pas qu'on nous la fasse, et je crois que ce sera fort bien faire que de n'être pas dans le cas de compter sur ses efforts, quoiqu'il ne puisse guère se rencontrer une occasion dans laquelle nous en ayions plus besoin.»

L'empereur m'écouta, mais ne répliqua pas un mot; il continua à marcher au pas jusqu'à la porte des faubourgs de Vienne, où il prit le galop jusqu'à Schoenbrunn. Son quartier-général resta à ce château jusqu'au moment de rouvrir la campagne; mais tous les jours il venait visiter l'île de Lobau ainsi que les travaux du grand pont.

Chaque semaine qui s'écoulait ainsi dans le repos, lui donnait un avantage immense; les régimens se recomposaient, l'artillerie se réorganisait; les munitions de guerre autrichiennes nous furent d'un grand secours. L'empereur travaillait continuellement et chacun suivait son exemple. Les travaux les plus extraordinaires qu'on eût jamais faits en campagne furent ceux que le génie exécuta sur le Danube, cette année-là. Les armées romaines n'ont rien fait de pareil dans leurs immortels travaux. On n'attendait que l'entière perfection des nôtres pour commencer les opérations qui devaient mettre fin à la campagne. Les armées autrichiennes ne restaient pas oisives, mais elles n'allaient pas aussi vite que nous en besogne. La plus considérable, sous les ordres de l'archiduc Charles, qui avait réuni à lui celle du général Klenau, était campée presque perpendiculairement au Danube, ayant sa gauche au village de Margraff-Neusiedl, son centre à Wagram et sa droite vers Aderklaw. Cette armée avait une avant-garde le long du bord du Danube, en face de l'île de Lobau. Celle qui était dans le duché de Varsovie, quoique du double plus forte que l'armée polonaise du prince Poniatowski, ne put jamais la forcer à un engagement désavantageux à celle-ci, qui se couvrit d'honneur dans toutes les occasions où elle était obligée d'accepter le défi. Si elle eut été aidée en la moindre chose, elle eût pris l'offensive en grand et aurait indubitablement obtenu des succès dignes de son patriotisme et du courage particulier aux militaires de cette nation. Mais les Russes promettaient sans cesse de marcher, et ne bougeaient jamais. Ces assurances de secours n'avaient pour but que de les compromettre[17].

La grande armée autrichienne faisait faire quelques préparatifs d'un passage à Presbourg. Il y avait un équipage de pont, et les Autrichiens venaient de s'emparer, en face de cette ville, d'une petite île très rapprochée de la rive droite dont elle n'était séparée que par un très-petit bras du Danube, en sorte qu'ils auraient pu établir leur grand pont tout à leur aise. Si ce passage leur avait réussi, la position de l'empereur aurait été critique, parce que la jonction des armées autrichiennes aurait été opérée par ce seul fait, et, comme il n'y a que six lieues de Presbourg à Vienne, tous nos travaux d'Ebersdorf auraient été abandonnés, malgré l'importance dont il était pour nous de les continuer.

L'empereur ordonna au maréchal Davout de forcer les ennemis à évacuer cette île, et cela fut aussitôt exécuté; il accompagna l'attaque qu'il en fit d'une centaine d'obus qu'il envoya dans Presbourg. Ces démonstrations suffirent: l'état-major autrichien se plaignit de voir cette grande ville exposée aux ravages de l'incendie, et demanda qu'elle fût épargnée. L'empereur y consentit[18]; dès ce moment, les projets de passage furent abandonnés.

L'armée autrichienne qui venait d'évacuer l'Italie était arrivée sur le plateau en avant de la ville de Raab, sur la rivière de ce nom, en même temps que l'armée sous les ordres du vice-roi d'Italie venait de traverser les montagnes qui séparent l'Allemagne de l'Italie.

Le vice-roi avait marché contre l'armée qui était en avant de Raab. Il eut un peu de peine à se maintenir sur le plateau, mais en payant de sa personne, il ramena les troupes à la charge, et non seulement il parvint à s'y maintenir, mais il entama l'armée autrichienne et la força à repasser la Raab après avoir mis une garnison dans la ville de ce nom, dont il fit le blocus sur-le-champ. L'empereur était pressé d'avoir cette place pour qu'il ne restât plus de passage aux ennemis sur cette rivière, et qu'il pût appeler le vice-roi à prendre part aux grands événemens qu'il préparait et dont le moment approchait.

On pressa tant les travailleurs qu'en peu de jours l'on put ouvrir le feu de la tranchée. Les ennemis ne voulurent sans doute point sacrifier une ville importante en pure perte, puisqu'ils avaient adopté une autre manière d'employer l'armée qu'ils avaient dans cette partie. Ils la rappelèrent sur la rive gauche du Danube et elle vint se placer à Presbourg, d'où elle se tint en communication avec l'archiduc Charles par les ponts établis sur la Marche, rivière qui sépare la Hongrie de la Moravie.

Les Autrichiens étaient alors vraiment en mesure; ils auraient même pu rappeler les corps qu'ils avaient en Pologne; les Polonais n'étaient point à craindre pour une masse comme celle qu'ils avaient alors. En supposant même que les Russes eussent été franchement contre eux, ils étaient si éloignés qu'ils n'auraient pu arriver qu'après l'événement. Mais au lieu de cela, ils attendaient que l'empereur fût prêt; la frayeur que son nom leur inspirait était telle qu'ils ne songeaient qu'à ce qu'il allait faire, sans envisager ce que leur force permettait d'entreprendre.

L'empereur ne manquait pas un seul jour de passer la revue de quelques troupes, d'examiner lui-même si les ordres qu'il avait donnés avaient été exécutés; il allait tous les après-midi dans l'île de Lobau visiter les constructions; c'est dans ces revues qu'il faisait le contrôle des ordres qu'il avait donnés. Lorsqu'il était ainsi au milieu des officiers d'artillerie et du génie on ne pouvait plus l'en arracher, et il était toujours nuit close lorsque nous rentrions à Schoenbrunn.

Le moment tant désiré arriva enfin. En vingt-deux jours d'un travail sans exemple, le génie de l'armée, sous les ordres du général Bertrand, mit à perfection un pont sur pilotis d'une rive du Danube jusqu'à l'autre, c'est-à-dire d'une longueur de deux cent-quarante toises; ce pont servait d'estacade à celui de bateaux qui resta au-dessous; et au-dessus de celui sur pilotis, il y en avait un autre sur pilotis, de huit à dix pieds de large, qui servait à la fois d'estacade au grand et en même temps au passage pour les petites communications continuelles qui auraient pu interrompre celui des colonnes qui défilaient sur les deux grands ponts. Indépendamment de ces moyens-là, il y avait trois larges ponts sur chevalets pour passer les deux petits bras qui traversaient l'île de Lobau, et enfin, dans une espèce de cloaque qui communiquait au bras qui nous séparait des ennemis, se trouvait: 1° l'équipage des ponts qui avaient servi au passage du 20 mai, plus trois autres équipages neufs que l'empereur avait fait construire dans l'île sur le bord de ce cloaque. Ils étaient ainsi rangés: les deux qui étaient dans le fond étaient formés par fraction de deux bateaux garnis de leurs agrès, déjà recouverts de leurs poutrelles et madriers, de manière que, pour construire le pont, cela se réduisait à assembler cinq ou six de ces pièces ainsi disposées. Celui qui était à l'embouchure du cloaque était tout composé, recouvert de ses madriers, et devait être ainsi lancé d'une seule pièce, quoiqu'il eût deux cent quarante pieds de long. C'est un officier du corps du génie de la marine qui en fut l'inventeur et qui se chargea de le mettre en place. Cet ouvrage a paru si extraordinaire que l'artillerie en a pris le modèle que j'ai vu depuis à Paris dans la salle du Conservatoire des objets d'art de ce corps. Le pont qui avait servi au premier passage fut rechargé sur des haquets, et de plus encore un pont fait en bateaux du commerce, fut disposé dans le grand Danube, de manière à pouvoir être jeté à l'embouchure du bras que nous avions à franchir. Le bord de ce dernier bras du fleuve était dans toute sa longueur garni d'un grand nombre de pièces d'artillerie autrichiennes, auxquelles on avait fait faire des affûts neufs à l'arsenal de Vienne. La plupart de ces pièces étaient d'un très-gros calibre, et se trouvaient auparavant sur les remparts de Vienne, sans affûts ou dans les fossés. On avait réuni à Ebersdorf des subsistances pour toute l'immense armée qui allait s'y rendre; l'administration de l'armée était préparée aussi sous le rapport des hôpitaux.

Le mois de juin s'était écoulé sans orage ni au loin ni autour de nous; l'empereur fit expédier à tous les corps les ordres de réunion à Ebersdorf; ils étaient écrits et signés depuis plusieurs jours; ils portaient la date précise de leur expédition et l'heure du jour à laquelle il fallait être rendu à Ebersdorf. Les officiers qui devaient les porter étaient retenus au quartier-général, d'où ils ne pouvaient pas s'absenter. Toutes ces dispositions étant prises, l'empereur resta encore un ou deux jours à Schoenbrunn, où il travailla avec M. Maret, qui lui apportait régulièrement les portefeuilles des ministres, lesquels arrivaient chaque semaine à l'armée par un auditeur au conseil d'état, comme je l'ai déjà dit.

CHAPITRE XII.

L'armée se concentre dans l'île de Lobau—Disposition d'attaque.—Le parlementaire autrichien.—Pont d'une seule pièce.—Violent orage.—L'empereur est à cheval toute la nuit.—Le corps d'Oudinot engage l'action.

L'empereur partit de Schoenbrunn le 2 juillet dans l'après-midi, pour venir mettre de nouveau son quartier-général à Ebersdorf; il me donna l'ordre d'y faire venir le lendemain le reste des bagages de tout le grand quartier-général, et de ne laisser aucun Français à Schoenbrunn.

Le 3, à la pointe du jour, il monta à cheval, et donna des ordres pour que toute sa suite se rendît à ses tentes, qui étaient dressées dans l'île de Lobau.

Dès l'après-midi de la journée du 2 juillet les troupes commencèrent à arriver dans toutes les directions, dans la nuit du 2 au 3, dans la journée du 3, dans la nuit du 3 au 4 et enfin dans la journée du 4. Elles défilèrent sur les deux ponts pour être placées dans l'île de Lobau. Cent cinquante mille hommes d'infanterie, sept cent cinquante pièces de campagne et trois cents escadrons de cavalerie composaient l'armée de l'empereur. Les différens corps d'armée se plaçaient dans l'île selon l'ordre dans lequel ils devaient passer les ponts du dernier bras, afin d'éviter les encombremens.

Le général Oudinot prit l'extrême droite, derrière lui était le corps du maréchal Davout, à la gauche, derrière le corps de Masséna, était l'armée d'Italie, à côté d'elle le corps de Marmont qui arrivait de Dalmatie, à sa gauche était Bernadotte qui venait d'arriver avec les Saxons. Je ne me rappelle pas où étaient placés les Wurtembergeois; je crois qu'ils ne devaient arriver qu'en réserve.

La cavalerie fut placée derrière l'infanterie. On était tellement serré dans cette île qu'on s'y touchait en tous sens.

Le 4, l'empereur fit rejeter à la même place qu'au 20 mai le pont qui avait servi au premier passage, et le maréchal Masséna fit de suite occuper les bois fourrés qui bordent le cours du bras du Danube dans cette partie, mais rien de plus. Vraisemblablement cela donna un grand éveil aux ennemis, puisque le même jour ils envoyèrent un officier-général en parlementaire, sous un prétexte dont je ne me souviens plus, mais au fait pour tâcher de savoir ce que nous faisions dans cette île. On amena ce parlementaire à l'empereur, qui ordonna de lui débander les yeux et lui dit: «Monsieur, je me doute pourquoi l'on vous a envoyé ici: tant pis pour votre général s'il ne sait pas que demain je passe le Danube avec tout ce que vous voyez. Il y a cent quatre-vingt mille hommes; les jours sont longs; malheur aux vaincus! Je ne puis vous laisser retourner à votre armée, on va vous conduire à Vienne dans votre famille, où vous resterez jusqu'à l'issue de l'événement.»

L'empereur savait que ce général, qui s'appelait Wolf, était frère de Mme de Kaunitz, laquelle était du nombre des dames qui n'avaient pas eu le temps de sortir de Vienne à notre approche, et il le fit effectivement conduire chez elle.

On a peine à concevoir comment l'armée autrichienne, au centre de son pays, ignorait nos dispositions au point de n'avoir pas eu la précaution d'appeler l'armée qui était à Presbourg, d'où elle aurait dû être partie le 2 au plus tard. Mais la fortune couronnait les veilles et les travaux de l'empereur; elle voulut que son armée fût prête la première. Cette île de Lobau était une vallée de Josaphat; tels qui s'étaient quittés depuis six ans sans jamais s'être rencontrés depuis, se retrouvaient là sur le bord du Danube. Le corps du général Marmont, qui arrivait de Dalmatie, était composé de quelques corps qu'on n'avait pas vus depuis le camp de Boulogne.

Le 4 après midi tout était prêt, et l'on n'apercevait sur la rive ennemie aucune disposition extraordinaire. Aussitôt que la nuit fut arrivée, l'empereur étant à cheval fit commencer lui-même l'opération par la droite où était le corps du général Oudinot; tout était si bien disposé que le pont fut jeté dans un instant; que ces troupes y passèrent et occupèrent le point qu'elles étaient chargées d'enlever. J'ai omis de dire que dans la matinée du 4, il fit jeter un second pont pour le corps du maréchal Masséna, à deux cents toises environ au-dessous de celui qui avait servi au premier passage. Ce second pont fut canonné par les Autrichiens toute la journée, sans que non seulement aucun homme, mais encore aucun bateau ne fût touché. On avait formé ce pont avec les excédans des matériaux.

Après avoir vu établir le pont destiné au corps du général Oudinot, l'empereur vint faire jeter les trois ponts qui étaient réunis dans le cloaque dont je viens de parler. Comme on n'avait plus eu besoin du corps des matelots pour la conservation du grand pont de bateaux, on l'avait départi au service de tous ces différens ponts, en sorte qu'il y avait une surabondance de bras partout.

Le pont d'une seule pièce sortit le premier; il était précédé d'une nacelle montée par des pontonniers vigoureux. Ils avaient avec eux une ancre qu'ils allèrent jeter à la rive opposée, et sur laquelle d'autres pontonniers hâlaient le pont où ils étaient eux-mêmes placés. La cinquenelle qui devait le fixer était disposée d'avance, et il n'y eut plus qu'à l'amarrer aux deux extrémités; cette besogne fut si bien faite qu'à la dixième minute après la sortie de ce pont hors du cloaque, les troupes passaient dessus.

Les deux autres ponts furent jetés dans le même moment, mais demandèrent un peu plus de temps, néanmoins le tout réussit à point nommé. Les ennemis s'en étaient à peine aperçus d'abord: il fit cette nuit-là un orage qui avait trempé tout le monde, et les gardes se tenaient à l'abri d'une pluie qui tombait par torrens; elle était si violente, que personne n'aurait travaillé si l'empereur n'avait pas été là lui-même. Il était à pied au bord du fleuve, écoutant ce qui passait à la rive ennemie, examinant lui-même les pontonniers qui le reconnaissaient au milieu de l'obscurité, et mouillé comme s'il avait été trempé dans le Danube. À cet orage accompagné d'éclairs et de tonnerre se joignait le vacarme effroyable de toute cette artillerie qui garnissait les batteries le long du fleuve; elles vomirent pendant deux heures des boulets, des obus et de la mitraille sur la rive ennemie; aussi nos troupes y descendirent-elles sans rencontrer aucune difficulté.

Tous les ponts ayant été jetés, l'empereur ordonna que l'on fît passer les troupes, et pendant qu'elles défilaient il vint prendre un peu de repos, ayant été toute la nuit à cheval par cet orage; il n'y avait avec lui que le vice-roi d'Italie, le prince de Neuchâtel et moi. Il ne resta pas long-temps sans remonter à cheval; c'était alors le 5 au matin. Il passa sur la rive gauche, et commença à rectifier l'ordre de bataille de son armée, qui, après avoir passé, se trouva dans l'ordre suivant:

Masséna à la gauche, ayant sous ses ordres Molitor, Boudet, Legrand et Carra Saint-Cyr;

À sa droite Bernadotte avec les Saxons; à la droite de celui-ci Oudinot, et enfin à l'extrême droite le maréchal Davout avec les divisions Friant, Gudin et Morand;

En seconde ligne était à gauche le vice-roi avec les quatre divisions de l'armée d'Italie; à sa droite, Marmont avec deux divisions;

En réserve, la garde à pied, composée de six régimens;

En troisième ligne, la cavalerie, composée de quatre divisions de cavalerie légère, de trois de dragons, de trois de cuirassiers; de la garde, ayant quatre régimens, et enfin de la cavalerie saxonne. Le premier mouvement que fit toute cette armée, après avoir effectué son passage, c'est-à-dire à dix heures du matin, fut de changer de front sur l'extrémité de l'aile gauche, portant l'aile droite en avant. Ce mouvement fut très-long. La droite avait plus de deux lieues à faire pour arriver en ligne. L'empereur ne faisait que courir çà et là pour reconnaître le terrain, en attendant que son armée fût placée; il fit ce jour-là un chemin incroyable. Il avait encore sa brillante santé, et pouvait rester à cheval autant qu'il le voulait. Dans les soixante-douze heures des journées des 4, 5 et 6 juillet, il passa au moins soixante heures à cheval. Il était environ deux heures après midi lorsque son armée eut achevé son mouvement, et qu'il put la pousser en avant. Il s'attendait à rencontrer quelques obstacles dans la plaine de l'autre côté du Danube, comme des redoutes fermées qui auraient empêché le déploiement de ses colonnes; au lieu de cela, tout se retirait devant lui, et le seul moment où l'on pouvait le combattre avantageusement, celui du passage des ponts, ne lui coûta pas un homme. Il témoignait son étonnement de ne pas trouver l'armée autrichienne, et qu'on lui laissât ainsi franchir autant d'obstacles sans lui rien disputer. On ne savait pas encore d'une manière positive le parti qu'avait pris l'armée de l'archiduc qui était à Presbourg. L'empereur avait admis l'hypothèse où elle aurait rejoint l'archiduc Charles, qu'il supposait informé de son passage. Lorsque son armée fut prête, il la fit marcher droit devant elle, et ce ne fut que vers quatre heures du soir qu'elle arriva en vue de l'armée autrichienne, qui n'avait point bougé de sa position de Wagram[19]. À cette heure seulement nous apprîmes que le corps qui était à Presbourg ne l'avait pas rejoint. Or, comme il ne pouvait plus effectuer cette jonction sans faire un grand détour, l'empereur ne s'occupa point de lui, et ne songea qu'à faire attaquer l'archiduc Charles, dont la position, quoique fort bonne, était trop étendue pour ne pas présenter des points faibles.

Vers six heures du soir, la canonnade s'engagea au centre des deux armées; notre droite marchait encore, parce que la position de la gauche des ennemis refusait un peu, en sorte qu'il ne s'y passa rien ce soir-là.

Notre gauche eut affaire avec la droite des ennemis, mais ce ne fut que peu de chose: il n'y avait de part et d'autre que le projet de se placer pour le lendemain. Au centre, cela fut plus sérieux: l'empereur voyant l'armée ennemie si près, essaya de faire déboucher par notre centre, pour pénétrer s'il était possible et s'établir sur le plateau où se trouvait l'armée autrichienne, ne voulant toutefois mettre de l'opiniâtreté qu'à ce qu'il était possible d'obtenir.

On laissa reposer les troupes un moment. Le point où se trouvait le général Oudinot étant le plus avancé, il fut le premier en mesure d'attaquer; on le fit appuyer par une division de l'armée d'Italie. L'empereur avait ordonné que ces deux colonnes attaquassent ensemble: la division de l'armée d'Italie avait un peu plus d'espace à parcourir, en sorte qu'elles ne montèrent point ensemble. La division du général Oudinot se présenta la première à la crête du plateau, d'où elle fut presque aussitôt culbutée et repoussée dans un grand désordre, que l'on répara en établissant de la cavalerie pour rallier les soldats, qui, à la vérité, rentrèrent de suite dans leurs rangs malgré le feu du canon.

La division de l'armée d'Italie ne fut pas plus heureuse: elle avait en tête le 106e régiment; il fut chargé tout en se montrant sur le plateau et ramené battant jusqu'en bas, sous la protection de notre artillerie; il perdit un de ses aigles dans cette occasion.

L'empereur était présent dans ce moment de confusion, et ne voulut pas donner de suite à ces deux attaques, parce que la nuit approchait. D'ailleurs un événement décisif pour le lendemain était infaillible. On avait eu un exemple du mal que nous avait fait la perte du 21 mai au soir pour la bataille du lendemain 22. En sorte que l'empereur ordonna de prendre position, et de ne pas commencer d'hostilités, afin de passer la nuit tranquillement. Il établit son bivouac entre les grenadiers et chasseurs à pied de la garde, qu'il avait fait approcher jusqu'à la première ligne; il fit appeler les généraux qui commandaient en chef des corps d'armée, et passa une grande partie de la nuit avec eux à causer de tout ce qu'il était possible qui arrivât le lendemain.

Le maréchal Masséna avait fait la veille du passage du Danube une chute de cheval qui l'obligea de se faire conduire en calèche sur le champ de bataille. L'empereur avait voulu lui donner un successeur, mais il le supplia de n'en rien faire; néanmoins l'empereur prévoyant bien que dans une journée qui allait être aussi laborieuse, le maréchal Masséna ne pourrait pas se transporter en calèche partout où il pourrait aller à cheval, il mit près de lui un de ses aides-de-camp.

L'empereur avait d'abord eu la pensée de m'y envoyer; il m'en avait même parlé, quoique je fusse chargé près de lui du service de M. de Caulaincourt, et que je lui fusse très-nécessaire; mais il ne voulait pas désobliger le maréchal Masséna, qui dans ce cas aurait quitté son corps d'armée. Il préféra envoyer Reille, qui avait été aide-de-camp du maréchal, et accoutumé à lui obéir, afin qu'il eût avec lui quelqu'un de confiance.

Le corps du maréchal Masséna n'était pas encore en ligne avec nous; l'empereur en renvoyant le maréchal Masséna à ses troupes, lui dit de les amener le lendemain matin pour se réunir à la grande armée.

Il renvoya successivement à leurs corps tous les officiers-généraux; il n'y eut que le maréchal Davout qui demeura près de lui une grande partie de la nuit.

La plaine sur laquelle était bivouaquée l'armée était si dépouillée d'arbres et d'habitations, qu'il n'y eut pas un feu depuis la droite jusqu'à la gauche. On eut beaucoup de peine à trouver une couple de bottes de paille, et quelques débris de portes pour faire un très-petit feu à l'empereur; tout le monde coucha dans son manteau, et l'on eut grand froid toute la nuit.

Je la passai debout près du feu, parce que l'empereur m'avait chargé de veiller à ce qu'on répondît aux officiers et ordonnances, qui dans ces circonstances-là courent la nuit à travers les lignes, cherchant le plus souvent l'empereur et les généraux qui commandent les corps d'armée; il était soigneux des plus petites choses la veille d'une bataille, et voulait qu'on ne laissât passer personne sans lui donner les indications dont il avait besoin.

Il ne dormit pas beaucoup cette nuit-là; je m'étais mis devant lui pour lui garantir les yeux de l'ardeur du feu avec les pans de mon manteau, et soit qu'il eût froid, ou qu'il eût l'esprit trop occupé, il était debout avec le jour; il ne fit prendre les armes que vers quatre heures du matin: c'était le 6 juillet 1809.

CHAPITRE XIII.

L'ennemi commence l'attaque.—Notre gauche est défaite.—L'empereur parcourt la ligne deux fois au milieu d'une grêle de boulets.—Mort de Bessières.—Paroles de l'empereur.—Le général Reille.—Macdonald.—Résultats de la bataille de Wagram.—Pressentiment du général Lasalle avant la bataille.—Sa mort.

Les ennemis commencèrent l'attaque par leur gauche sur notre droite, c'est-à-dire sur le corps du maréchal Davout, qui se présentait au village de Margraff-Neusiedl. Du point où nous étions, nous appelions le village la Tour-Carrée, parce qu'il y a effectivement un vieux château féodal, surmonté d'une grosse tour carrée que l'on apercevait de tous les points de la plaine.

J'ai ouï dire que c'était le prince Jean de Lichtenstein qui conduisait l'attaque contre le maréchal Davout; elle fut menée avec assez de vivacité pour nous persuader qu'elle était une entreprise sérieuse de la part des ennemis sur ce point; nous pouvions leur supposer le projet de déborder notre droite pour communiquer avec le corps qui devait être en marche de Presbourg. Mais, quel que fût leur projet, l'empereur ordonna au maréchal Davout de les repousser vivement, et lui envoya la division de cavalerie de Nansouty qui avait une compagnie d'artillerie à cheval, pour lui aider à profiter d'un succès. Il est à observer que le maréchal avait déjà la division de cuirassiers du duc de Padoue, laquelle était, avant la bataille d'Essling, celle que commandait le général d'Espagne. Le combat fut bientôt engagé. L'empereur s'y porta, et fit marcher dans cette direction toute la garde à pied et à cheval, avec toute son artillerie, s'attendant à voir paraître le corps qui venait de Presbourg; mais à peine l'empereur était-il arrivé, que nous vîmes l'armée autrichienne en mouvement pour se retirer de devant le maréchal Davout, et faisant la manoeuvre opposée à la nôtre. L'empereur arrêta le mouvement de la garde, et se mit à observer ce que faisaient les ennemis. Le général Reille arriva du corps de Masséna dans ce moment-là, et nous annonça que les choses allaient mal de ce côté-là, que tout l'effort de l'armée autrichienne se portait sur ce point, et qu'il n'y avait pas un moment à perdre pour s'y porter, c'est-à-dire traverser le champ de bataille entier de la droite à la gauche. L'empereur commença par renvoyer avec le général Reille le prince de Neuchâtel, qui, un jour de bataille, ne se ménageait pas et observait bien; il fit faire à la garde le mouvement inverse à celui qu'elle venait de faire. Elle l'exécuta en faisant marcher en tête son artillerie composée de quatre-vingts bouches à feu. L'empereur passa le long du front de bandière de toutes les troupes et arriva à la gauche qui n'existait plus, c'est-à-dire, que le corps du maréchal Masséna était dans un état complet de dissolution, et les quatre divisions qui le composaient ne présentaient pas un seul corps réuni; en sorte que la gauche de notre armée était effectivement le corps des Saxons commandé par Bernadotte, qui, une heure avant, était à la droite du maréchal Masséna.

Voici comment cela s'était passé.

Le maréchal Masséna avait manoeuvré toute la matinée pour se rallier à la grande armée. Pendant qu'il faisait ce mouvement, l'armée autrichienne renforçait considérablement sa droite dans le projet d'attaquer notre gauche; il arriva de là que le maréchal Masséna fut écrasé dans un si court espace de temps, que l'on eut à peine le temps d'aviser à lui porter du secours. En effectuant son mouvement de jonction avec l'empereur, il avait dû faire attaquer le village d'Aderklaw; la division du général Carra-Saint-Cyr en fut chargée. Le 24e régiment d'infanterie légère, ayant la tête de la colonne, donna le premier et si vivement, qu'il emporta le village; la fortune semblait avoir pris le soin de faire trouver de l'autre côté de ce village d'Aderklaw un large chemin creux (celui qui mène à Wagram), où ce brave régiment aurait été à couvert jusqu'à hauteur des épaules des soldats. Le bon sens indiquait de se mettre dans ce chemin, qui était une redoute naturelle; mais, par une faute capitale de celui qui commandait là, on fit franchir le chemin creux au 24e régiment pour le poster à l'entrée du village, où, étant découvert de la tête aux pieds, il éprouva un feu de mousqueterie des plus meurtriers, fut chargé après avoir essuyé une grande perte, et dans le désordre de sa retraite, il entraîna le reste de la division de Saint-Cyr, qui avait beaucoup de troupes alliées, telles que les Badois, Darmstadt, etc., etc.

La déroute de ces troupes amena celle des troupes commandées par les généraux Legrand et Boudet. Ce dernier perdit toute son artillerie, et, en un mot, notre gauche n'était plus qu'une large trouée par laquelle la droite de l'armée autrichienne pénétrait si avant, que les b ies de l'île de Lobau, qui avaient protégé notre passage, furent obligées de recommencer leur épouvantable feu pour arrêter les colonnes ennemies, qui marchaient effrontément à nos ponts; la droite des ennemis prenait position perpendiculairement à l'extrémité de notre gauche, ce qui nous avait obligés de faire faire un coude à celle-ci, afin d'opposer du feu à celui des ennemis.

Ils avaient placé de l'artillerie qui tirait à l'angle, c'est-à-dire au coude, en même temps qu'ils nous canonnaient sur les deux côtés de l'angle.

Je ne sais pas ce qu'avait l'empereur, mais il resta une bonne heure à cet angle qui était véritablement un égout à boulets; comme il n'y avait point de mousqueterie, le soldat était immobile et se démoralisait. L'empereur sentait bien mieux que personne que cette situation ne pouvait durer long-temps, et il ne voulait pas s'éloigner afin de pouvoir remédier aux désordres; dans le moment du plus grand danger, il passa en avant de la ligne des troupes, monté sur un cheval blanc comme la neige (on appelait ce cheval l'Euphrate; il venait du sophi de Perse, qui lui en avait fait présent). Il alla d'un bout à l'autre de la ligne, et revint sur ses pas par le même chemin; je laisse à penser combien il passa de boulets autour de lui; je le suivais, je n'avais les yeux que sur lui, et je m'attendais à chaque instant à le voir tomber.

Lorsqu'il eut vu ce qu'il voulait voir, il fit ses dispositions; toute la garde venait d'arriver à cette périlleuse gauche.

Il ordonna à son aide-de-camp, le général Lauriston, qui en commandait les quatre-vingts pièces d'artillerie, de les porter dans une seule batterie sur le centre de l'armée ennemie.

Il fit suivre cette batterie par la division de la jeune garde, que commanda pour cette opération le général Reille, qui auparavant était près du maréchal Masséna. Il se plaça à la gauche de Lauriston, à la droite de cette même batterie, et fit marcher les deux divisions de l'armée d'Italie, qui étaient sous les ordres du maréchal Macdonald.

Ces trois masses s'avancèrent dans la direction d'Aderklaw; elles furent suivies de la cavalerie de la garde, dont l'empereur ne garda avec lui que le régiment des grenadiers à cheval.

Le reste de la cavalerie fut dirigé pour arrêter la marche de la droite des Autrichiens.

L'empereur avait ordonné qu'aussitôt que la trouée qu'il allait faire au centre serait exécutée, on fît charger toute la cavalerie, en prenant à revers tout ce qui avait pénétré à l'extrémité de notre gauche; il venait de donner des ordres en conséquence au maréchal Bessières[20], qui partait pour les exécuter, lorsqu'il fut abattu par le plus extraordinaire coup de canon que l'on ait vu: un boulet en plein fouet lui ouvrit sa culotte depuis le haut de la cuisse jusqu'au genou, en lui sillonnant la cuisse d'un zigzag comme si c'eût été la foudre qui l'eût frappé; il en fut jeté à bas de cheval au point que nous le crûmes tous tué roide; le même boulet emporta sa fonte de pistolet et le pistolet. L'empereur l'avait vu tomber aussi, mais ne le reconnaissant pas dans le premier moment, il avait demandé: «Qui est celui-là? (c'était son expression ordinaire) on lui répondit: «C'est Bessières, sire;» il retourna son cheval en disant: «Allons-nous-en, car je n'ai pas le temps de pleurer; évitons encore une scène.» (Il voulait parler des regrets que lui avait coûtés le maréchal Lannes.) Il m'envoya voir si Bessières vivait encore, on venait de l'emporter; la connaissance lui était revenue; il n'avait que la cuisse paralysée.

Ce malheureux coup de canon mit la cavalerie sans chef pendant le quart d'heure le plus important de la journée, et où l'on devait en tirer un parti immense. Immédiatement après cet accident, l'empereur m'envoya porter au général Nansouty l'ordre de charger ce qui était devant lui, c'est-à-dire la droite des Autrichiens qui s'étaient réunie en grosse masse. La division

Nansouty avait six régimens, parmi lesquels étaient les deux de carabiniers; il avait derrière lui celle du général Saint-Sulpice, qui en avait quatre.

Je le trouvai dans une situation peu propre à encourager; il était sous une canonnade extrêmement meurtrière; il reçut l'ordre de charger, et se mit en devoir de l'exécuter; il partit au trot; mais la canonnade des Autrichiens était tellement vive qu'elle arrêta cette division, qui perdit sur place douze cents chevaux emportés par le boulet; elle ne pouvait pas en perdre davantage en chargeant à fond, et si elle avait pu le faire elle aurait obtenu un résultat immense, en ce qu'elle aurait pris une bonne partie de la droite des Autrichiens. Pendant ce temps, l'artillerie de la garde faisait au centre des ennemis un ravage effroyable et tel que pouvaient le faire quatre-vingts pièces de canon de douze et de huit servies par l'élite de l'artillerie. Les troupes du général Reille s'avancèrent jusqu'à Aderklaw; et le général Macdonald, qui était à la droite de cette batterie, donna à toute l'armée le spectacle d'un courage admirable, en marchant à la tête de ses deux divisions formées en colonnes et les conduisant sous une pluie de mitraille et de boulets jusque dans les lignes ennemies, et cela en les faisant marcher au pas sans quelles éprouvassent le moindre désordre[21].

Le feu du canon et la marche de Macdonald ouvrirent le centre des ennemis, et séparèrent leur droite du reste de l'armée. L'empereur, qui était présent sur le terrain, voulut encore faire profiter la cavalerie de cette belle occasion; il envoya dire à la garde de charger; mais soit que l'ordre fût mal rapporté, il ne s'exécuta point; et cette immense et superbe cavalerie ne nous fit pas un prisonnier, tandis que si elle avait été entre les mains d'un homme vaillant et résolu, elle en aurait fait sans nombre. Il y eut un moment où un grand quart de l'armée autrichienne était à prendre: c'est dans cette occasion-là que nous avons regretté le grand-duc de Berg; c'était l'homme qu'il aurait fallu dans un moment comme celui-là.

L'empereur était fort mécontent de la cavalerie, et disait sur le terrain même: «Mais elle ne m'a jamais rien fait de pareil. Elle sera cause que cette journée sera sans résultat.» Il en a gardé rancune très long-temps aux généraux qui commandaient les régimens de cavalerie de sa garde, et sans d'autres services anciens et recommandables il les aurait punis exemplairement.

Malgré toutes ces fautes l'événement était décidé en notre faveur; à deux heures et demie après midi, la droite des ennemis était retirée, et cherchait à se réunir à son armée, en évitant la trouée que nous avions faite à son centre. À notre droite, le maréchal Davout était monté sur le plateau de Margraff-Neusiedl, et s'y maintenait avec succès.

L'empereur fit attaquer Wagram par le corps d'Oudinot, appuyé des deux autres divisions de l'armée d'Italie. Cette colonne pénétra aussi sur la position des Autrichiens, et s'y maintint toute la soirée; l'ennemi se mit en retraite sur tous les points, vers les quatre heures, nous abandonnant le champ de bataille, mais sans prisonniers ni canons, et après s'être battu d'une manière à rendre prudens tous les hommes à entreprise téméraire; on le suivit sans trop le presser, car enfin il n'avait pas été entamé, et nous ne nous soucions pas de le faire remettre en bataille avant d'en avoir détaché quelque lambeau. Le corps du maréchal Masséna s'était réorganisé et avait repris sa position.

Quoiqu'il n'y eût rien de douteux pour la gloire de nos armes, nous ne menâmes pas notre poursuite fort loin; car nous n'allâmes pas jusqu'à la grande route qui conduit de Vienne à Brême. Les Autrichiens marchèrent toute la nuit, et se retirèrent par la route de Vienne à Znaim, et par la traverse de Wolkersdorf aussi sur cette ville de Znaim. L'empereur coucha sur le champ de bataille au milieu de ses troupes. Sa tente était à peine dressée qu'il y eut une alerte qui se communiqua dans un instant par toute l'armée, où elle faillit mettre le désordre; elle commença par des maraudeurs, qui s'étant éloignés furent chassés par des partis de cavalerie de l'armée de l'archiduc Ferdinand, qui était arrivé sur la rivière de la Marche, et qui cherchait sans doute à se mettre en communication avec la grande armée. On courut aux armes de toutes parts, mais cette alerte n'eut aucune suite.

Ainsi se termina cette mémorable journée de Wagram, dont les résultats sur le champ de bataille ne répondirent pas aux laborieux travaux et aux savantes conceptions qui en avaient précédé les dispositions; il aurait fallu dans l'armée encore quelques-uns de ces hommes accoutumés à tirer parti d'un succès, et à enlever les troupes dans un moment décisif. C'est l'empereur seul qui y a tout fait, et qui, par sa présence a contenu tout au moment du désastre de notre gauche.

La population entière de Vienne monta sur les édifices de la ville et sur les remparts, d'où elle fut témoin de la bataille; le matin les dames y étaient dans l'espérance de notre défaite, et à deux heures après midi tout le monde à Vienne était dans la tristesse. On pouvait voir la retraite de l'armée autrichienne comme si l'on avait été sur le terrain même.

L'armée autrichienne nous tint tête presque partout; elle était très-nombreuse, elle aurait même dû avoir encore l'armée qui était à Presbourg, et quoiqu'elle eût beaucoup de landwehr médiocrement instruite, elle a eu dans la journée deux circonstances notables où elle pouvait mieux faire. La première était de ne pas abandonner l'attaque faite sur notre droite au commencement de l'action; par là elle aurait retenu ce grand mouvement de troupes que nous reportâmes de notre droite à notre gauche. La seconde était de donner suite au succès obtenu par sa droite sur le corps d'armée de Masséna, et de faire agir vivement son centre avant d'attendre que nous eussions amené sur le point où était Masséna, cent pièces de canon et autant d'escadrons avec trois divisions d'infanterie fraîche, qui ont réparé nos affaires. L'armée autrichienne n'avait aucune raison pour se retirer; elle était plus forte que nous, en ce qu'un tiers de notre armée était composé de troupes étrangères, dont l'amalgame avec les nôtres avait plus d'un inconvénient. Mais enfin elle s'est retirée, et elle n'a sans doute pas cru pouvoir s'exposer plus long-temps à d'autres événemens dans l'issue desquels elle n'avait pas de confiance.

L'empereur parcourait le champ de bataille le soir lorsqu'on vint lui annoncer la mort du général Lasalle, qui venait d'être tué par un des derniers coups de fusil qui avaient été tirés. Il en avait eu un singulier pressentiment le matin. Il s'était toujours plus occupé de sa gloire que de sa fortune. La nuit qui précéda la bataille il paraissait avoir pensé à ses enfans, il s'éveilla pour écrire à la hâte une pétition à l'empereur en leur faveur; il l'avait mise dans sa sabredache. Lorsque l'empereur passa le matin devant sa division, le général Lasalle ne lui parla pas; mais il arrêta M. Maret, qui passa un moment après, pour lui dire que, n'ayant jamais rien demandé à l'empereur, il le priait de se charger de cette pétition, en cas qu'il lui arrivât malheur: et quelques heures après il n'était plus.

L'empereur fut médiocrement content de la bataille de Wagram; il aurait voulu une seconde représentation de Marengo, d'Austerlitz ou de Iéna, et il avait soigné tout pour obtenir ce résultat; mais bien loin de là, l'armée autrichienne était entière; elle partait pour aller se jeter dans quelque position qui aurait nécessité encore de nouveaux efforts de conception pour l'amener à un engagement suivi d'un meilleur résultat. De plus, elle pouvait parvenir à réunir à elle l'armée qui venait de Presbourg, et nous n'avions de notre côté plus de renforts à attendre. Nous n'étions que trop persuadés qu'il ne fallait pas compter sur l'armée russe; tout ce que nous avions gagné de ce côté, c'est qu'elle ne se réunirait pas aux Autrichiens dans un moment qui ne semblait pas encore être celui de l'abandon des faveurs de la fortune envers nous; elle ne mit en mouvement qu'un corps de quinze mille hommes, et sa coopération se borna à essayer de gagner de vitesse les Polonais à Cracovie: ce qui a toujours paru suspect à l'empereur.

Les grands événemens de guerre sont toujours suivis d'un état moral qui forme l'opinion pour ou contre un des deux partis; la bataille d'Essling nous avait rendu l'opinion défavorable; celle de Wagram détruisit ce que la première avait produit de fâcheux, et nous rendit un peu de notre première popularité; ce qui acheva de nous ramener l'opinion, qui s'entêtait à douter de notre succès, c'est que nous suivîmes l'armée autrichienne dans sa retraite.

CHAPITRE XIV.

L'empereur à la recherche des blessés.—Paroles de l'empereur à la vue d'un colonel tué la veille.—Le maréchal des logis des carabiniers.—Paroles de l'empereur à Macdonald.—Bernadotte.—Ordre du jour secret de l'empereur, au sujet de ce maréchal.—Schwartzenberg propose un armistice.—L'empereur l'accepte.

Le lendemain, 7, l'empereur parcourut à cheval le champ de la bataille comme cela était sa coutume, et pour voir si l'administration avait fait exactement enlever les blessés; nous étions au moment de la récolte, les blés étaient fort hauts et l'on ne voyait pas les hommes couchés par terre. Il y avait plusieurs de ces malheureux blessés qui avaient mis leur mouchoir au bout de leur fusil, et qui le tenaient en l'air pour que l'on vînt à eux. L'empereur fut lui-même à chaque endroit où il apercevait de ces signaux; il parlait aux blessés, et ne voulut point se porter en avant que le dernier ne fût enlevé. Il ne garda personne avec lui, et il ordonna au maréchal Duroc de se charger de les faire relever tous et de faire activer le service des ambulances; le général Duroc était connu par son exactitude et sa sévérité, c'est pourquoi l'empereur aimait à lui donner quelquefois des commissions comme celle-là.

En parcourant le champ de bataille il s'arrêta sur l'emplacement qu'avaient occupé les deux divisions de Macdonald; il présentait le tableau d'une perte qui avait égalé leur valeur. La terre était labourée de boulets. L'empereur reconnut parmi les morts un colonel dont il avait eu à se plaindre. Cet officier, qui avait fait la campagne d'Égypte, s'était mal conduit après le départ du général Bonaparte et avait montré de l'ingratitude envers son bienfaiteur, croyant sans doute plaire au général qui lui avait succédé. Au retour de l'armée d'Égypte en France, l'empereur, qui avait eu des bontés pour lui dans la guerre d'Italie, ne lui témoigna aucun ressentiment, mais il ne lui accorda aucune des faveurs dont il comblait tous ceux qui avaient été en Égypte. En le voyant étendu sur le champ de bataille, l'empereur dit: «Je suis fâché de n'avoir pu lui parler avant la bataille, pour lui dire que j'avais tout oublié depuis longtemps.»

À quelques pas de là, il trouva un jeune maréchal-des-logis de carabiniers qui vivait encore quoiqu'il eût la tête traversée d'un biscayen; mais la chaleur et la poussière avaient coagulé le sang presque aussitôt, de sorte que le cerveau ne reçut aucune impression de l'air. L'empereur mit pied à terre; lui tâta le pouls, et, avec son mouchoir, il lui débouchait les narines, qui étaient pleines de terre. Lui ayant mis un peu d'eau-de-vie sur les lèvres, le blessé ouvrit les yeux, parut d'abord insensible à l'acte d'humanité dont il était l'objet; puis, les ayant ouverts de nouveau, il les fixa sur l'empereur, qu'il reconnut; ils se remplirent de larmes, et il aurait sangloté s'il en avait eu la force. Le malheureux devait mourir, à ce que dirent les chirurgiens qu'on appela.

Après avoir parcouru le terrain sur lequel l'armée avait combattu, l'empereur fut au milieu des troupes, qui commençaient à se mettre en marche pour suivre l'armée ennemie. En passant près de Macdonald il s'arrêta, et lui tendit la main en lui disant: «Touchez là, Macdonald! Sans rancune: d'aujourd'hui nous serons amis, et je vous enverrai, pour gage, votre bâton de maréchal que vous avez si glorieusement gagné hier.» Macdonald avait été dans une sorte de disgrâce depuis plusieurs années; on aurait eu de la peine à expliquer pourquoi, autrement que par l'intrigue et la jalousie à laquelle un noble caractère est toujours en butte. La méchanceté était parvenue à le faire éloigner par l'empereur, et la fierté naturelle de son âme l'avait empêché de faire aucune démarche pour se rapprocher d'un souverain qui le traitait moins bien qu'il croyait le mériter.

Les années de gloire se passaient et Macdonald ne prenait part à rien, lorsque la déclaration de guerre de 1809 détermina l'empereur à l'envoyer commander un corps d'armée sous les ordres du vice-roi d'Italie. La fortune couronna sa constance, et la victoire le remit à un poste qu'il s'est montré digne d'occuper dans des circonstances où tant d'autres le dégradaient à l'envi et perdirent l'estime de leurs compatriotes.

L'armée prit les deux routes de Vienne à Znaim et de Vienne à Brenn; l'empereur suivit cette dernière route jusqu'à Wolkersdorf, et fit prendre, de là, la traverse qui mène à Znaim.

Il coucha le 7 à Wolkersdorf, d'où il écrivit encore à l'empereur de Russie.

Le 8 il alla coucher en arrière de la position de ses troupes, qui étaient déjà arrivées à Znaim, où l'on avait atteint l'arrière-garde des Autrichiens.

Le 9, de grand matin, il expédia des ordres dans plusieurs directions, et eut une assez forte indisposition, résultat de tous ses travaux et de toutes ses veilles. Cela l'obligea à prendre un peu de repos pendant que les troupes marchaient.

Le maréchal Bernadotte vint dans ce moment-là pour voir l'empereur, qui avait défendu qu'on le dérangeât avant qu'il eût lui-même appelé; je refusai de l'introduire. J'ignorais encore ce qui l'amenait. J'avais vu la mollesse avec laquelle ses troupes avaient combattu; il n'avait cessé, dès le début de la campagne, de se plaindre du peu d'élan, de l'inexpérience de ses soldats[22], et du peu de confiance que montraient leurs chefs[23]. J'aurais épuisé toutes suppositions avant d'imaginer que, démentant tout à coup l'opinion fâcheuse qu'il avait donnée de leur courage, il avait rêvé que c'étaient eux qui avaient décidé la victoire que nous venions de remporter. L'empereur connut bientôt cet inconcevable ordre du jour, manda le trop avantageux maréchal, et lui retira ses troupes. La leçon ne suffit pas; Bernadotte, persistant à soutenir les ridicules félicitations qu'il avait adressées aux Saxons, les fit insérer dans les journaux. L'empereur fut outré de cette conduite; il ne pouvait tolérer qu'on inventât à la fois une inconvenance et un mensonge, mais ne voulait pas non plus blesser des hommes qui avaient exposé leur vie pour le servir. L'incartade était néanmoins trop forte, il ne crut pas pouvoir la laisser passer. Il donna un ordre du jour qu'il chargea le major-général de ne laisser connaître ni au public ni aux Saxons, dont il avait donné le commandement au général Reynier. «Mon cousin, lui écrivait-il, vous trouverez ci-joint un ordre du jour que vous enverrez aux maréchaux, en leur faisant connaître que c'est pour eux seuls; vous ne l'enverrez pas au général Reynier; vous l'enverrez aux deux ministres de la guerre; vous l'enverrez aussi au roi de Westphalie.

«Sur ce, je prie Dieu, etc., etc.»

* * * * *

Ordre du jour.

En notre camp impérial à Schoenbrunn, le 11 juillet 1809.

Sa Majesté témoigne son mécontentement au maréchal prince de Ponte-Corvo pour son ordre du jour daté de Léopoldau, le 7 juillet, qui a été inséré à une même époque dans presque tous les journaux, dans les termes suivans: «Saxons, dans la journée du 5 juillet, sept à huit mille d'entre vous ont percé le centre de l'armée ennemie, et se sont portés à Deutsch-Wagram, malgré les efforts de quarante mille hommes, soutenus par cinquante bouches à feu; vous avez combattu jusqu'à minuit, et bivouaqué au milieu des lignes autrichiennes. Le 6, dès la pointe du jour, vous avez recommencé le combat avec la même persévérance, et au milieu des ravages de l'artillerie ennemie, vos colonnes vivantes sont restées immobiles comme l'airain. Le grand Napoléon a vu votre dévouement; il vous compte parmi ses braves. Saxons, la fortune d'un soldat consiste à remplir ses devoirs; vous avez dignement fait le vôtre. Au bivouac de Léopoldau, le 7 juillet 1809. Le maréchal commandant le 9e corps, Bernadotte.» Indépendamment de ce que Sa Majesté commande son armée en personne, c'est à elle seule qu'il appartient de distribuer le degré de gloire que chacun a mérité—Sa Majesté doit le succès de ses armes aux troupes françaises et non à aucun étranger. L'ordre du jour du prince de Ponte-Corvo, tendant à donner de fausses prétentions à des troupes au moins médiocres, est contraire à la vérité, à la politique et à l'honneur national. Le succès de la journée du 5 est dû aux corps des maréchaux duc de Rivoli et Oudinot, qui ont percé le centre de l'ennemi, en même temps que le corps du duc d'Auerstedt le tournait par sa gauche.—Le village de Deutsch-Wagram n'a pas été en notre pouvoir dans la journée du 5; ce village a été pris, mais il ne l'a été que le 6 à midi par le corps du maréchal

Oudinot.—Le corps du prince de Ponte-Corvo n'est pas resté *immobile comme l'airain*; il a battu le premier en retraite; Sa Majesté a été obligée de le faire couvrir par le corps du vice-roi, par les divisions Broussier et Lamarque, commandées par le maréchal Macdonald, par la division de grosse cavalerie aux ordres du général Nansouty et par une partie de la cavalerie de la garde. C'est à ce maréchal et à ses troupes qu'est dû l'éloge que le prince de Ponte-Corvo s'attribue.—Sa Majesté désire que ce témoignage de son mécontentement serve d'exemple, pour qu'aucun maréchal ne s'attribue la gloire qui appartient aux autres.—Sa Majesté cependant ordonne que le présent ordre du jour, qui pourrait affliger l'armée saxonne, quoique les soldats sachent bien qu'ils ne méritent pas les éloges qu'on leur donne, restera secret, et sera seulement envoyé aux maréchaux commandant le corps d'armée. NAPOLÉON.»

Après quelques heures de sommeil, l'indisposition qui avait forcé l'empereur à s'arrêter se passa, et il partit de suite pour se diriger sur Znaim, où l'on entendait une assez vive canonnade.

Nous y arrivâmes en coupant la grande route de communication de Znaim à Brunn, et nous nous arrêtâmes au corps du général Marmont, qui était engagé avec l'arrière-garde ennemie. Un orage survint qui sépara un moment les combattans, et, de notre côté, il gâta les chemins au point que l'on ne pouvait plus faire avancer l'artillerie dans les terres fortes de la Moravie.

L'empereur, qui avait eu de la fièvre de fatigue toute la nuit, eut encore cette averse sur les épaules sans qu'il se trouvât là un toit pour le mettre à l'abri.

Marmont avait reçu le matin un parlementaire du prince de Schwartzemberg qui couvrait la retraite des Autrichiens; il lui proposait un armistice; Marmont n'étant pas autorisé à le conclure, ne put que répondre qu'il allait en référer à l'empereur, et qu'en attendant sa réponse il donnerait suite à ses opérations.

L'empereur avait reçu cet avis avant de partir de son quartier-général; il ne voulut point donner de réponse avant d'avoir vu lui-même l'état des choses, et ce que la fortune pourrait offrir d'avantageux à entreprendre.

Lorsqu'il fut arrivé sur le terrain, il reconnut que l'armée autrichienne était déjà en retraite, et qu'il allait être obligé d'entrer dans un système de manoeuvres compliquées pour la forcer à une nouvelle bataille, c'est-à-dire recommencer un calcul de probabilités, de chances pour et contre, et enfin remettre tout en problème.

Je suis fermement convaincu que s'il avait compté sur le secours de l'armée russe, il n'aurait pas balancé à chercher une nouvelle occasion d'amener les Autrichiens à un autre engagement; mais les Russes, qui lui donnaient de belles paroles, n'agissaient pas, et l'empereur dut craindre que s'il avait avec les Autrichiens une affaire malheureuse comme il n'avait pas de réserve, les Russes ne se réunissent à eux pour achever notre destruction.

Une foule de considérations de tout genre le déterminèrent à finir cette guerre, dans laquelle il avait été engagé bien malgré lui. On s'est plu à le peindre comme un homme qui ne pouvait vivre sans une guerre; et cependant, dans toute sa carrière, c'est lui qui a toujours fait la première démarche pacifique, et j'ai été mille fois le témoin de tout ce qu'il lui en coûtait de regrets quand il fallait recommencer la guerre. Avant la première et inouïe agression dont il fut l'objet en 1805, il croyait fermement à la foi jurée, et ne se serait jamais persuadé qu'aucun monarque cherchât à acquérir de la gloire par des moyens comme ceux qui furent employés contre lui cette année-là. Il regardait un traité comme inviolable tant que les conditions en étaient exactement observées, et ce n'est qu'après avoir été convaincu, dans trois occasions, que les monarques ne reconnaissaient point de bornes lorsque leur puissance leur permettait de les franchir, qu'alors il s'est de son côté déterminé à faire usage de la sienne.

Je viens de dire qu'il se détermina à finir cette guerre. Voici comment il s'y prit. Il saisit le prétexte de la réponse à faire au parlementaire du prince Schwartzenberg.

Il m'envoya porter au général Marmont l'ordre d'envoyer un de ses aides-de-camp dire au prince de Schwartzenberg, que l'empereur venait de l'autoriser à conclure l'armistice au sujet duquel il lui avait écrit le matin, si toutefois cela était encore dans ses intentions, ce dont il le priait de l'informer, afin qu'il pût prendre ses dispositions en conséquence, et en rendre compte à l'empereur.

Les troupes étaient encore en présence lorsque le parlementaire du général Marmont arriva chez les Autrichiens, et le prince de Schwartzenberg, qui était là, répondit de suite qu'il acceptait l'armistice, et nomma des commissaires pour régler les limites du pays que les deux armées allaient occuper; le soir même, au camp de l'empereur l'armistice fut signé entre le prince de Neufchâtel et les commissaires autrichiens. Notre armée reprit absolument les mêmes positions qu'elle avait occupées après la bataille d'Austerlitz, et dès le lendemain chaque corps de troupes partit pour un cantonnement, passant ainsi rapidement d'un état de guerre outré à celui d'un repos parfait. L'empereur nomma ce même soir trois maréchaux d'empire, qui furent les généraux Macdonald, Marmont et Oudinot. Pour le premier, cela parut juste.

De ce camp au-dessus de Znaim, l'empereur revint mettre son quartier-général à Schoenbrunn où il arriva le 10 ou le 11 au soir; il en était parti le 1er ou le 2, et avait mené pendant ces huit ou neuf jours une vie extrêmement fatigante. Au milieu des occupations que lui donnaient les affaires de l'armée, il ne laissait pas d'ouvrir les dépêches de Paris, et de prêter l'oreille à ce que les lettres des uns et des autres apprenaient.

CHAPITRE XV.

Nouvelles de Portugal.—Le maréchal Soult.—Bruits singuliers.—Expédition anglaise à Walcheren.—Prise de Flessingue par les Anglais.—La garde nationale est mobilisée pour couvrir Anvers.—Conduite de Fouché à cette occasion.—Le pape.—Troubles à Rome.—Cette ville est réunie à l'empire.—Soulèvement dans le Tyrol.—Hoffer.—M. de Metternich.—Le prince Jean de Lichtenstein.—Conférences pour traiter de la paix.—L'empereur fait camper l'armée.—Il passe la revue des différens corps.—Sentimens du maréchal Marmont pour l'empereur.—Paroles de Napoléon aux autorités de Brunn.—Singulier recours en grâce d'un soldat.—Clémence de l'empereur.

La bataille d'Essling avait glacé tout le monde, et nos intrigans ayant conçu de nouvelles espérances à Paris y avaient remis les fers au feu pour profiter de plusieurs circonstances qui leur parurent propres à favoriser leurs projets.

Les Anglais, qui avaient évacué l'Espagne au mois de janvier, y étaient retournés par Lisbonne, et avaient marché contre le maréchal Soult, qui, de la Corogne, s'était avancé à Oporto. Il fut obligé d'abandonner son artillerie et de se retirer par des chemins difficiles, à travers mille obstacles que son talent lui fit surmonter.

Il parvint jusqu'à Schoenbrunn des bruits tendant à faire croire qu'il se serait passé des choses extraordinaires dans ce pays-là, dont on supposait que le maréchal Soult voulait usurper la souveraineté; il est certain que l'on a fait là-dessus mille versions. Quelques-unes paraissaient mériter attention, parce que l'on avait généralement cru que l'empereur était perdu après la bataille d'Essling, et qu'ayant vu le grand-duc de Berg devenir roi de Naples, à la suite de faits d'armes glorieux, on pouvait supposer que chacun de ses contemporains était atteint de la même ambition. L'empereur traita tout cela de folie; cette affaire lui parut absurde; il en rit beaucoup. Néanmoins, il écrivit au maréchal Soult, *qu'il ne conservait que le souvenir d'Austerlitz*[24], parce que l'on en avait trop parlé autour de lui pour que le maréchal Soult pût se persuader que l'empereur avait tout ignoré, et si l'empereur avait gardé le silence, cela aurait inquiété le maréchal.

L'empereur ne conserva effectivement de ressentiment contre personne, il fit approfondir cette affaire, dont on ne connut jamais bien le fond; lui seul put en avoir une opinion motivée, mais je ne l'ai jamais entendu parler sur ce sujet. Depuis ce temps il est resté dans ma pensée qu'il avait accordé à ces bruits plus d'intérêt que nous n'avions cru d'abord, et que cela ne contribuerait pas peu à le déterminer à finir ses guerres le plus tôt qu'il pourrait.

L'information de cette affaire fut suivie de la mise en jugement d'un officier de dragons, qui fut convaincu d'avoir été plusieurs fois clandestinement à l'armée anglaise; il alléguait pour sa défense qu'il y avait été envoyé; mais comme il ne put pas en exhiber la preuve, il fut traité comme un transfuge, et subit la peine prononcée contre les coupables de ce crime.

Une autre expédition anglaise venait de débarquer dans l'île de Walcheren à l'embouchure de l'Escaut; j'ai dit plus haut que l'on avait pris tout ce qu'il y avait dans les dépôts pour composer l'armée que l'on était forcé de ramener encore une fois en Autriche. En sorte que l'on eut recours aux Hollandais pour défendre l'île et la place de Flessingue, où il n'y avait qu'une faible garnison française, commandée par le général Monnet, dans lequel l'empereur avait une grande confiance, quoiqu'il lui fût revenu sur son compte quelques rapports défavorables: on l'accusait d'avoir favorisé le commerce interlope, et d'avoir gagné de grosses sommes par ce moyen.

Au grand étonnement de l'empereur, Flessingue se rendit, ainsi que toute l'île de Walcheren; dès ce moment il crut à tous les rapports qu'on lui avait faits, mais il n'était plus temps, et il fallait s'occuper tout à la fois de reprendre l'île, et de couvrir le port d'Anvers dans lequel l'empereur avait déjà enfoui des millions en constructions, en approvisionnemens de toute espèce, et où de plus il avait une flotte. À cette même époque, les Anglais vinrent brûler une escadre française qui était à l'ancre dans la rade de l'île d'Aix. Nous y perdîmes cinq vaisseaux. L'empereur fut fort mécontent de la conduite de la marine dans cette occasion; il observait que quand on aurait voulu favoriser les Anglais, on n'aurait pas fait pis, parce que le bon sens indiquait pour dernière ressource de faire rentrer l'escadre dans la Charente.

Ce n'était pas de Vienne qu'il pouvait faire un mouvement de troupes en faveur de cette partie de la frontière; d'ailleurs la paix n'était pas faite, et il était loin d'avoir des troupes de trop. Si la guerre avait dû continuer, il aurait même été impolitique de paraître réduit à cette extrémité.

Il ordonna donc en France de prendre des mesures pour couvrir Anvers et former une armée à opposer à celle des Anglais. Le ministre de l'intérieur, qui était M. Cretet, venait de mourir, l'empereur n'avait pas eu le temps de pourvoir à son remplacement, et il avait chargé M. Fouché, ministre de la police, de soigner par intérim le travail du ministère de l'intérieur. Pour exécuter les ordres de l'empereur, il n'y avait pas d'autre moyen que de mobiliser une partie de la garde nationale, et l'on profita de la latitude que l'empereur avait donnée pour appeler aux armes les gardes nationaux, non-seulement dans les départemens voisins de la frontière menacée, mais encore dans toute la France, et jusque dans le Piémont. Celle de Paris fut prête la première, M. Fouché se mit à la tête de ce mouvement. L'empereur n'en était point inquiet, parce qu'il était en position de faire la paix, si cela était devenu nécessaire; mais on lui adressa beaucoup de rapports sur des projets que l'on supposait au ministre de la police, dans le cas où il surviendrait une occasion favorable à leur exécution. Dans le fait, il parut singulier à tout le monde de voir lever la garde nationale du Piémont pour marcher au secours d'Anvers contre une entreprise qui partait de Flessingue; cela donna à penser à l'empereur, surtout lorsqu'il sut que M. Fouché lui proposait pour commander les gardes nationaux qui se rassemblaient à Anvers, le maréchal Bernadotte, qui venait d'être renvoyé de l'armée; néanmoins il n'en fit aucune observation, mais il devint attentif. À ces inconvéniens il s'en joignit d'autres: l'Italie avait été entièrement évacuée de troupes qui toutes avaient été appelées à l'armée; on venait d'y demander une conscription qui avait excité de petits soulèvemens dans quelques endroits: la douceur n'ayant pas suffi pour les calmer, on employa des moyens coercitifs qui ne réussirent pas mieux.

D'un autre côté le pape, encouragé par les événemens qui se passaient, et qu'on lui exagérait, rompit tout-à-fait avec nous. La source de cette aigreur tenait à des circonstances politiques qui étaient déjà loin de l'époque dont il s'agit. La coalition de 1805 avait surpris un corps de quinze à vingt mille Français dans la presqu'île d'Otrante. Les Anglais croisaient dans la Méditerranée; les Russes étaient attendus à Naples; les alliés pouvaient d'un instant à l'autre se saisir de la citadelle d'Ancône qui était sur notre ligne de communication, et que le pape n'avait point armée. Napoléon demanda au souverain pontife de la mettre en état ou de la laisser occuper par un corps capable d'assurer nos derrières. Pie VII s'y refusa, prétendit qu'il était également le père de tous les fidèles, qu'il ne pouvait ni ne devait armer contre aucun d'eux. La France répliqua que ce n'était point contre des fidèles qu'il s'agissait d'agir, mais seulement de fermer l'Italie aux hérétiques; qu'il n'y avait pas encore long-temps que le cabinet papal avait armé; la bannière de saint Pierre avait récemment marché contre la France à côté de l'aigle autrichienne; elle pouvait donc marcher aujourd'hui contre l'Autriche à côté de l'aigle française. Le pape persista, accueillant tous les agens de troubles que la coalition soudoyait en Italie; les circonstances devinrent plus fâcheuses, il fallut assurer nos communications avec Naples; on fut obligé d'occuper Rome et de saisir les Marches. Le conclave se répandit en menaces, on les méprisa. La cour pontificale, à laquelle on laissait librement exhaler sa bile, s'imagina qu'on la craignait et devint plus audacieuse. La guerre d'Autriche éclata, elle crut la circonstance favorable et lança sa bulle d'excommunication. La bataille d'Essling eut lieu, l'agitation se répandit dans le peuple, le pape se barricada; les troupes françaises étaient bravées, insultées, l'exaspération était à son comble. Un engagement pouvait avoir lieu d'un instant à l'autre; le général français ne voulut pas en courir la responsabilité. Il fit prévenir le pape du danger auquel ses mesures de défense l'exposaient, il n'obtint rien et fit enlever ce souverain pontife, afin de prévenir un malheur qu'une balle perdue, un incident imprévu pouvait amener.

L'empereur n'apprit l'événement qu'après coup; il n'y avait plus à s'en dédire. Il approuva ce qui avait été fait, établit le pape à Savone, puis réunit Rome à l'empire français, en annulant la donation de Charlemagne. Tout le monde fut fâché de cette réunion, parce que tout le monde désirait la paix; on ne prit intérêt au pape que parce que cela offrait un moyen de nuire à l'empereur.

Depuis long-temps, l'empereur était mécontent de la cour de Rome; elle avait cherché à souffler la discorde en France en envoyant secrètement des bulles à des maisons religieuses, quoique cette conduite fût opposée aux stipulations du concordat. L'administration publique avait été obligée d'intervenir dans cette affaire. Au moment de toutes les insurrections partielles de l'Italie, l'on soupçonna les prêtres d'en être les moteurs et de n'agir qu'en vertu des instructions de Rome; c'est en grande partie parce que l'on reconnut cette cour ennemie des idées libérales que l'on voulait consolider en France et en Italie, que l'on se détermina à l'attaquer ouvertement, parce que l'on crut que cela ne coûterait pas plus de temps ni de soins qu'il n'en faudrait pour triompher de toutes les tracasseries qu'elle ne cessait de susciter partout où elle faisait pénétrer son influence. On y serait indubitablement parvenu si l'empereur n'eût pas été engagé dans des travaux qui fixaient son attention, et l'empêchaient de donner aux affaires de Rome toute celle qu'elles méritaient. J'aurai encore plusieurs occasions de parler du mal qu'elles nous ont fait, et de déplorer que nous n'ayons pu les éviter.

En Allemagne les esprits étaient plus tranquilles, mais n'étaient pas plus contens: les Westphaliens se soulevaient; un fils du duc de Brunswick avait levé une légion avec laquelle il courait le pays, et les Tyroliens résistaient avec avantage aux Bavarois. Presque toute l'armée de ce pays était occupée à cette guerre d'insurrection. Ces montagnards étaient commandés par un de leurs compatriotes, nommé Hoffer, artisan et propriétaire. Cet homme, né brave et actif, était dirigé par le baron d'Homayr. Il souleva ses compatriotes, les mena avec beaucoup d'adresse et les ramena victorieux de plusieurs entreprises. Dans cette position, l'empereur avait plus d'embarras après sa victoire qu'il n'en avait eu en commençant la campagne. Tout cela le détermina à traiter le plus tôt qu'il pourrait.

L'Autriche avait laissé à Paris son ambassadeur M. le comte de Metternich; nous étions déjà maîtres de Vienne, qu'il était encore dans son hôtel à Paris, où on lui en voulait un peu de cette guerre, que l'on regardait comme la conséquence des rapports qu'il avait faits à sa cour. On a su depuis qu'il n'y avait eu qu'une part ordinaire, mais non instigative.

Le ministre de la police, qui s'était plaint plusieurs fois de sa présence au milieu de la capitale, avait reçu ordre de le faire conduire à Vienne, où il était arrivé depuis peu, escorté par un officier de gendarmerie. Par suite de l'armistice conclu, il avait été renvoyé à l'armée autrichienne. Peu de temps après, il s'établit des communications entre les quartiers-généraux des deux armées. Elles commencèrent, selon l'usage, par n'être relatives qu'à l'échange des prisonniers; il n'y en avait pas beaucoup des deux côtés, car je ne crois pas que, pendant tout le cours de la campagne, nous en eussions fait plus de vingt mille, et les Autrichiens ne nous en avaient fait guère moins. Le commissaire qui vint le premier de la part de l'empereur d'Autriche, fut le prince Jean de Lichtenstein. On était accoutumé à le voir arriver chaque fois qu'il était question d'ouvertures pacifiques, et il n'était malgré cela jamais le dernier lorsqu'il fallait nous faire la guerre.

L'empereur l'estimait particulièrement beaucoup, et je lui ai entendu dire qu'il aurait voulu le voir arriver comme ambassadeur à Paris, parce qu'avec un esprit comme le sien, les deux états n'auraient jamais été en guerre.

J'ai eu occasion de voir ce prince chez lui à Vienne, où nous parlâmes des affaires qui occupaient tout le monde dans ce moment-là, et dans le cours de la conversation, il me montra un pouvoir que lui avait donné l'empereur d'Autriche pour traiter de la paix. Quoiqu'il ne fût conçu qu'en quatre lignes, écrites sur une simple feuille de papier à lettre, il était au moins la preuve de la grande estime dont jouissait le prince Jean de Lichtenstein en Autriche, et de celle que son maître avait pour lui. De notre côté, l'empereur lui en accordait aussi, et il avait spécialement recommandé que l'on plaçât des sauvegardes à son château de Fellerberg près de Vienne, et qu'on n'y logeât aucune troupe, (cela ne lui avait été demandé par personne). Je crois que c'est en traitant de l'échange des prisonniers que l'on a commencé à parler d'une paix définitive. L'Autriche la désirait d'autant plus, que nous écrasions le pays, et nous avions aussi beaucoup de raisons de ne pas la rejeter. On fut donc bientôt d'accord sur un lieu de conférences, où se rendirent, de la part de l'Autriche, MM. de Metternich, et, je crois M. de Stadion (je n'ose assurer que ce dernier y fût); de notre côté, ce fut M. de Champagny qui y assista. On choisit d'abord une petite ville située sur la route de Presbourg à Raab, que je crois être Altenbourg. Ce lieu fut choisi parce que, depuis l'armistice, toute la grande armée autrichienne avait fait une marche considérable par sa gauche, pour aller se réunir à l'armée de l'archiduc Jean, dans la Hongrie: la nôtre était restée dans ses cantonnemens, et le lieu dans lequel les conférences se tiendraient lui était indifférent. Cette réunion, dans laquelle on se faisait réciproquement beaucoup des politesses, sembla bientôt ne devoir pas être aussi expéditive en affaires qu'on s'en était flatté. La peur était passée, et chacun commençait à élever des difficultés qui n'eussent pas manqué de ramener encore des batailles.

L'Autriche, au milieu de toutes ses guerres, avait eu aussi des têtes ardentes; et en même temps qu'il se formait dans ses armées des hommes impatiens de recommencer une guerre avec la France, il se formait aussi, dans ses cités, des philosophes qui réfléchissaient sur la source de toutes ces entreprises si souvent renouvelées contre un souverain qui avait le premier consacré les droits des peuples, qui tenait le sceptre par la volonté et le voeu d'un peuple qui l'avait proclamé et élevé sur le pavois.

Les philosophes, tout en maudissant la guerre, ne pouvaient s'empêcher de condamner les agresseurs, et de justifier celui dont les trophées étaient cependant si coûteux à leur patrie. Ils faisaient partout des prosélytes, et nous eûmes occasion de reconnaître combien l'on est dans l'erreur en France lorsqu'on croit que des contrées éloignées manquent de lumières et de civilisation: nous avons trouvé plus d'idées libérales et philosophiques dans des pays que nous croyions à peine civilisés, que dans des provinces de France qui sont la patrie de plusieurs hommes célèbres par l'étendue de leurs connaissances et de leurs lumières. Tous les philosophes allemands nous offraient plus d'un moyen de troubler la société; les Hongrois nous envoyèrent des députés chargés de connaître jusqu'à quel point nous serions disposés à appuyer une insurrection tendant de leur part à recouvrer leur indépendance.

Il n'aurait pas été impossible d'exciter du mécontentement en Bohême; tous ces différens moyens furent offerts à l'empereur, qui les fit écouter, mais qui ne reçut aucun des envoyés qui étaient venus dans les environs de son quartier-général. Il voulait sincèrement la paix, et trouvait de quoi la faire honorable sans démembrer la monarchie autrichienne. Il avait parfois de l'humeur contre les plénipotentiaires qui ne terminaient rien, et dans la crainte d'être encore joué, il fit camper toute l'armée dans chacun des arrondissemens qu'elle occupait. En même temps il fit construire un vaste camp retranché sur la rive gauche du Danube en face de Vienne.

Il y fit rétablir le pont sur pilotis qui avait été brûlé, et ajouta deux ponts de bateaux à cette communication.

De tous côtés on recommença à déployer de l'activité, et à se préparer à tout événement; c'est à cette époque qu'il fit la revue des différens corps de l'armée, l'un après l'autre, se rendant lui-même aux lieux où ils étaient campés. Il commença par celui du général Marmont, qui était campé à Krems; il en fut si content qu'il suffisait que le nouveau maréchal lui demandât quelque chose pour qu'il le lui accordât de suite. Le maréchal Marmont, dans son délire d'être maréchal de France, ne savait comment exprimer sa reconnaissance pour l'empereur d'avoir été élevé à la première dignité militaire; quoique depuis Marengo il ne se fût pas même trouvé sur un champ de bataille. Le sort l'en avait éloigné, et il voyait bien que cette distinction de l'empereur, dans la première occasion où il s'était fait voir en ligne, n'était qu'une marque de sa bienveillance pour lui. Il se regardait donc comme obligé à la justifier, plutôt qu'il ne la considérait comme une récompense, puisqu'il n'avait pas encore eu l'occasion de la mériter. Je me rappelle qu'un jour, étant allé à la chasse avec l'empereur, dans le parc du château impérial de Luxembourg, où résidait ordinairement l'empereur d'Autriche, je me trouvai revenir avec le maréchal Marmont. Nous étions tous deux seuls dans la même calèche; il ne m'entretenait que de son bonheur, me répétant mille fois que la fortune l'avait servi à souhait, qu'il n'avait point d'enfans et n'en aurait vraisemblablement point; que, conséquemment, il n'avait pas besoin de s'occuper d'acquérir des richesses, parce qu'en servant bien l'empereur, il lui ferait bien, tôt ou tard, cent mille écus de rente; qu'avec cela, pourvu qu'il lui permît de vivre près de lui comme un de ses plus anciens amis, lorsqu'il n'aurait plus de guerre à faire, il serait heureux de lui consacrer sa vie et de l'employer à la direction de travaux qui intéressassent sa gloire. Rien ne paraissait plus noble que de tels sentimens.

De Krems l'empereur alla à Brunn pour voir le corps du maréchal Davout, qui était campé en grande partie sur l'ancien champ de bataille d'Austerlitz.

L'empereur logea à Brunn dans le même local qu'il avait occupé en 1805. Il reçut les autorités de la province, qui profitèrent de l'occasion pour solliciter des dégrèvemens de charges. L'empereur leur répondit: «Messieurs, je sens tout ce que vous souffrez; je gémis avec vous des maux que la conduite de votre gouvernement a fait tomber sur vous; je n'y puis rien. Il y a à peine quatre ans que votre souverain me jura non loin d'ici, à la bataille d'Austerlitz, que jamais il ne s'armerait contre moi; je croyais à une paix éternelle entre nous deux, et ce n'est pas moi qui l'ai violée. Certainement si je n'avais pas cru à la loyauté dont on m'avait fait tant de protestations, je ne m'en serais pas allé comme je l'ai fait alors. Lorsque les monarques abusent des droits dont les a investis la confiance des peuples, et qu'ils attirent sur eux autant de calamités, ceux-ci ont le droit de la leur retirer.»

Un des membres des autorités prit la parole pour justifier son maître, et finit sa réplique par cette phrase. «Rien ne pourra nous détacher de notre bon François.»

L'empereur reprit avec humeur: «Vous ne m'avez pas compris, Monsieur, ou vous avez mal interprété ce que je viens de dire comme principe général. Qui vous parle de vous détacher de l'empereur François? je ne vous ai pas dit un mot de cela; soyez-lui fidèle dans la bonne comme dans la mauvaise fortune; mais alors souffrez et ne vous plaignez pas, parce qu'autrement c'est un reproche que vous lui adressez.»

Après avoir congédié les autorités, il alla visiter la citadelle de Brunn qu'il faisait armer et approvisionner. En en faisant le tour, il vit pendre un cordon par une des fenêtres de la prison; à l'extrémité était attaché un morceau de papier avec ces mots: «Grâce! grâce!» L'empereur me chargea de m'informer de ce que cela voulait dire, et, sur mon rapport, il ordonna qu'on fît paraître le soldat qui était dans cette prison, à la revue du corps d'armée du maréchal Davout, qu'il passait le lendemain. Il alla parcourir toutes les positions qu'il avait fait occuper en 1805, et reconnaissait tous les chemins et les sentiers, aussi bien que s'ils avaient été ceux des environs de Saint-Cloud.

Le lendemain il visita la position qu'il avait la veille de la bataille, remonta sur le centon que défendait notre gauche, puis il revint à la butte où son bivouac avait été établi la nuit qui avait précédé la bataille. Il fit placer le corps du maréchal Davout dans le même ordre qu'observaient ceux des maréchaux Lannes et Soult avant de commencer l'action, et dans cette position, il en passa la revue, selon sa coutume, régiment par régiment, et n'en omettant pas un sans avoir parcouru les rangs de chaque compagnie, et vu chaque soldat. Il arriva au régiment auquel appartenait le soldat qui l'avait imploré la veille; son colonel l'avait fait mettre à sa droite. L'empereur était à pied; en s'approchant de la compagnie des grenadiers, il s'arrêta devant le soldat qui s'était mis à genoux, et demanda ce que cela voulait dire. Le colonel répondit que c'était l'homme qui lui avait demandé grâce hier à la citadelle. Là-dessus l'empereur, qui ne s'en souvenait plus, questionna et demanda dans quel cas il était. Ce malheureux homme, dans un moment d'ivresse, avait porté la main sur son supérieur, et il devait passer à un conseil de guerre, d'où il n'y avait aucune espérance de le sauver. L'empereur demanda tout haut: «Est-ce un brave homme?» Tous les grenadiers répondirent: «Oh! oui, Sire, un bon soldat que nous connaissons, et qui ne reste pas derrière.» Alors l'empereur, s'approchant de ce malheureux qui était toujours à genoux, le prit par les deux oreilles, et lui secouant la tête, moitié par bonté et moitié avec un air de sévérité! il lui dit: «Comment, tu es un bon soldat, et tu fais des choses comme celles-là! Dis-moi ce que tu serais devenu si j'avais tardé à venir, seulement d'un jour.» Puis lui ayant donné deux tapes avec la main creuse, il lui dit: «Va-t-en à ta compagnie, et n'oublie pas cette leçon.» Dans ce moment il partit un cri de vive l'empereur! de la droite à la gauche du régiment. Il aurait fallu entendre ces acclamations! Comment pouvait-on s'étonner du délire qui s'emparait de l'esprit des troupes lorsqu'elles le voyaient passer? Il leur laissait dire tout ce qu'elles voulaient, lorsqu'elles souffraient, et jamais elles ne lui auraient refusé de faire un effort, parce qu'elles étaient toujours enlevées et électrisées par sa présence.

La revue du corps d'armée dura très tard, et l'empereur ne rentra à Brunn, qu'à la nuit. Tous les généraux dînèrent avec lui ce soir-là. En causant avec eux, il leur adressa cette question. «Voici la deuxième fois que je viens sur le champ de bataille d'Austerlitz; y viendrai-je encore une troisième?» On lui répondit: «Sire, d'après ce que l'on voit tous les jours, personne n'oserait parier que non.»

Il partit de Brunn le lendemain, et vint par Goding, tout le long de la rivière de la Marche, jusqu'à Marchek, et rentra à Vienne après avoir parcouru le champ de bataille de Wagram.

CHAPITRE XVI.

Grandes parades de Schoenbrunn.—L'empereur court le danger d'être assassiné.—Détails sur l'assassin.—L'empereur le fait comparaître devant lui.—Conversation avec ce jeune fanatique.—Distribution de faveurs au 15 août.—Nouvelles de l'état des affaires d'Espagne.—Réflexions de l'empereur à ce sujet.

Peu de jours après cette course, l'empereur alla passer la revue des Saxons, dont le quartier-général était à Presbourg; il revint de cette visite faire celle de Raab et du cours de la rivière de ce nom. Il traversa le lieu des conférences diplomatiques, où il donna une courte audience aux plénipotentiaires. En rentrant à Vienne, au retour de cette revue d'une grande partie des cantonnemens de l'armée, il pressa encore davantage les travaux militaires: on travaillait comme si l'armistice allait être rompu. On le croyait, parce que l'on ne voyait rien de rassurant dans tout ce qui se passait depuis l'ouverture des conférences.

L'empereur avait tous les jours, dans la cour du château de Schoenbrunn, une grande parade, à laquelle il faisait venir successivement les hommes qui sortaient des hôpitaux, ainsi que tous les régimens qui avaient le plus souffert, afin de s'assurer par lui-même si on les soignait, et s'il leur rentrait du monde. Ces parades attiraient beaucoup de curieux, qui venaient exprès de Vienne pour voir cet imposant spectacle.

Il avait soin de faire assister à ces cérémonies militaires tous les généraux et administrateurs de l'armée qui étaient à une distance raisonnable, et c'était dans ces occasions-là qu'il se faisait rendre compte des causes de la non-exécution des ordres qu'il avait donnés.

C'est à une de ces parades qu'il manqua d'arriver un événement sur lequel on a fait mille versions déraisonnables. Nous étions à la fin de septembre; l'empereur passait la revue de quelques régimens de ligne dans la cour du château de Schoenbrunn; il y avait toujours un monde prodigieux à ces parades, et l'on mettait des sentinelles de distance en distance pour écarter la foule.

L'empereur venait de descendre le perron du château, et traversait la cour pour gagner la droite du régiment qui formait la première ligne, lorsqu'un jeune homme de bonne mine s'échappa de la foule dans laquelle il était à attendre l'arrivée de l'empereur, et vint au devant de lui, en demandant à lui parler. Comme il s'expliquait assez mal en français, l'empereur dit au général Rapp, qui était là, de voir ce que voulait ce jeune homme. Le général Rapp vint lui parler; mais ne pouvant pas comprendre ce qu'il lui disait, il le regarda comme un pétitionnaire importun, et dit à l'officier de gendarmerie de service de le faire retirer. Celui-ci appelle un sous-officier, et fait conduire le jeune homme en dehors du cercle, sans y donner plus d'attention. On n'y pensait plus, lorsque l'empereur revenant à la droite de la ligne des troupes, le même jeune homme qui avait passé en arrière de la foule, sortit précipitamment du point où il s'était porté en second lieu, et vint de nouveau parler à l'empereur qui lui répondit: «Je ne puis vous comprendre; voyez le général Rapp.» Le jeune homme portait la main droite dans la poitrine comme pour prendre une pétition, lorsque le prince de Neuchâtel, en le prenant par le bras, lui dit: «Monsieur, vous prenez mal votre temps; on vous a dit de voir le général Rapp.» Pendant ce temps, l'empereur avait marché dix pas le long du front des troupes, et Rapp l'avait suivi. C'est alors que le prince de Neuchâtel dit à l'officier de gendarmerie de conduire ce jeune homme hors du cercle et de l'empêcher d'importuner l'empereur.

L'officier de gendarmerie avait de l'humeur d'être ainsi dans le cas de renvoyer deux fois le même homme. Il le fit un peu rudoyer, et c'est en le prenant au collet qu'un des gendarmes s'aperçut qu'il avait quelque chose dans sa poitrine, d'où l'on tira un énorme couteau de cuisine, tout neuf, auquel il avait fait une gaîne de plusieurs feuilles de papier gris, ficelée avec du gros fil. Les gendarmes le menèrent chez moi, pendant que l'un d'eux venait me chercher. Pour éviter des longueurs, je rapporterai en peu de mots son aventure.

Ce jeune homme était le fils d'un ministre protestant d'Erfurth; il n'avait pas plus de dix-huit à dix-neuf ans, avec une physionomie qui n'aurait pas été mal à une femme; il avait entrepris de tuer l'empereur, parce qu'on lui avait dit que les autres souverains ne feraient jamais la paix avec lui; et comme l'empereur était plus fort qu'eux tous, il avait résolu de le tuer, pour que l'on eût plus tôt la paix.

On lui demanda quelle lecture il aimait. Il répondit: «L'histoire; et dans toutes celles que j'ai lues, il n'y a que la vie de la Vierge d'Orléans[25] qui m'ait fait envie, parce qu'elle avait délivré la France du joug de ses ennemis; et je voulais l'imiter.»

Il était parti d'Erfurth sur sa seule résolution, emmenant un cheval de son père; le besoin le lui avait fait vendre en chemin, et il avait écrit à son père de ne pas s'en mettre en peine; que c'était lui qui l'avait pris, pour exécuter un voyage qu'il avait promis de faire, ajoutant que l'on entendrait bientôt parler de lui. Il avait été deux jours à Vienne à prendre des renseignemens sur les habitudes de l'empereur, et était venu à la parade une première fois pour étudier son rôle et voir où il pourrait se placer. Lorsqu'il eut tout reconnu, il alla chez un coutelier acheter cet énorme couteau de cuisine que l'on trouva sur lui, et revint à la parade pour exécuter son projet.

Pendant que le jeune homme me faisait cet aveu, la parade défilait, et je ne rejoignis l'empereur que dans son cabinet, pour lui rendre compte du danger qu'il avait couru sans s'en douter. Le général Rapp le lui avait déjà rapporté, et il ne voulait pas y croire, jusqu'à ce que, lui ayant montré le couteau pris sur le jeune homme, il répondit d'un air à moitié moqueur: «Ah! cependant il paraît qu'il y a quelque chose; allez me chercher le jeune homme, je veux le voir.»

Il retint les généraux qui avaient assisté à la parade, et qui étaient encore dans les salles du château, et leur parla de cette aventure. J'arrivai avec le jeune homme. En le voyant entrer, l'empereur fut saisi d'un mouvement de pitié, et dit: «Oh! oh! cela n'est pas possible, c'est un enfant.» Puis il lui demanda s'il le connaissait. Celui-ci, sans s'ébranler, lui répondit: «Oui, Sire.»

L'empereur. «Et où m'avez-vous vu?»

Réponse. «À Erfurth, Sire, l'automne passé.»

L'empereur. «Pourquoi vouliez-vous me tuer?»

Réponse. «Sire, parce que votre génie est trop supérieur à celui de vos ennemis et vous a rendu le fléau de notre patrie.»

L'empereur. «Mais ce n'est pas moi qui ai commencé la guerre; pourquoi ne tuez-vous pas l'agresseur? cela serait plus juste.»

Réponse. «Oh non! Sire! Ce n'est pas votre majesté qui a fait la guerre; mais comme elle est toujours plus forte et plus heureuse que tous les autres souverains ensemble, il était plus aisé de vous tuer que d'en tuer tant d'autres, vos ennemis, qui ne sont pas aussi à craindre parce qu'ils n'ont pas autant d'esprit.»

L'empereur. «Comment auriez-vous fait pour me tuer?»

Réponse. «Je voulais vous demander si nous aurions bientôt la paix, et si vous ne m'aviez pas répondu, je vous aurais plongé le couteau dans le coeur.»

L'empereur. «Mais les militaires qui m'entourent vous auraient d'abord arrêté avant que vous n'eussiez pu me frapper, ensuite ils vous auraient mis en pièces.»

Réponse. «Je m'y attendais bien, mais j'étais résolu à mourir.»

L'empereur. «Si je vous faisais mettre en liberté, iriez-vous chez vos parens, et abandonneriez-vous votre projet?»

Réponse. «Sire, si nous avions la paix, oui; mais si nous avons encore la guerre je l'exécuterai.»

L'empereur fit appeler le docteur Corvisart qui avait été mandé quelques jours auparavant de Paris à Vienne, où il était arrivé. Comme dans ce moment il se trouvait dans les appartemens de l'empereur, il le fit entrer, et, sans lui rien expliquer, il lui fit tâter le pouls à ce jeune homme et lui demanda comment il était. M. Corvisart lui répondit que le pouls était un peu agité, mais que l'homme n'était point malade; que cette agitation n'était qu'une légère émotion nerveuse. Ce fut alors que l'empereur lui dit: «Eh bien! ce jeune homme vient de cent lieues d'ici pour me tuer;» il lui conta ce que je viens de dire.

On ramena ce malheureux jeune homme à Vienne, où il fut traduit à un conseil de guerre et exécuté. On l'avait mis en prison à Vienne; l'empereur partit pour Paris sans donner d'ordre à son égard: ces détails-là ne le regardaient pas, et ce fut l'autorité qui remettait Vienne aux Autrichiens, qui traduisit ce jeune homme devant une commission militaire avec les documens qui existaient sur lui. Il était difficile que l'on osât prendre sur soi de ne pas en débarrasser la société.

Cette singulière aventure fit penser plus d'une bonne tête: on avait vu combien il s'en était peu fallu qu'elle ne réussît, et on commença à craindre que l'exemple de ce jeune fanatique ne trouvât des imitateurs. Puis, comme on oublie tout, cette affaire passa comme les autres.

Elle fut cependant sue à Vienne, et on ne manqua pas de trouver des hommes qui prétendirent qu'elle avait des ramifications; on eut beaucoup de peine à se convaincre que le projet n'était sorti que de cette jeune tête.

Après que l'empereur eut réuni son armée en aussi bon état qu'elle pouvait l'être après une si laborieuse campagne, il la fit manoeuvrer souvent, et entretenait ainsi dans l'esprit des habitans une opinion morale, qui lui aurait été favorable, s'il avait dû recommencer les hostilités. C'est au 15 août 1809 que l'empereur, étant à Vienne, nomma le prince de Neuchâtel prince de Wagram, le maréchal Masséna prince d'Essling, et le maréchal Davout prince d'Eckmuhl. Il créa ducs les ministres de la guerre, de la justice, des finances et des relations extérieures (c'est-à-dire MM. Clarke, Reynier, Gaudin et Champagny), ainsi que le ministre-secrétaire d'État, M. Maret. Les maréchaux Macdonald et Oudinot furent également nommés, le premier duc de Tarente, et le second duc de Reggio.

Il y eut ce jour du 15 août, anniversaire de la naissance de l'empereur, un *Te Deum* chanté à la métropole de Vienne, auquel assistèrent les généraux de l'armée ainsi que les magistrats de la ville.

On venait d'apprendre par la voix publique, et particulièrement par les journaux anglais, qu'il s'était livré en Espagne une bataille entre notre armée et l'armée anglaise, et que le résultat avait été heureux pour celle-ci. Nous attendions tous les jours le courrier qui devait en apporter l'avis officiel avec des détails; mais la difficulté des communications entre Madrid et Bayonne ne permettait pas que l'impatience de l'empereur fût satisfaite. On attendit environ quinze jours avant de voir arriver M. Carion de Nisas, qui était porteur de cette nouvelle; il avait assisté à la bataille, et était bien informé de tout ce qui concernait nos affaires en Espagne.

Tout ce qu'il raconta à l'empereur lui donna beaucoup d'humeur, et il disait hautement que, bien que sa meilleure armée fût en Espagne, on n'y faisait que des sottises. Je n'ai point fait cette campagne, mais voici ce que j'en ai appris.

Le maréchal Soult, après sa malheureuse affaire d'Oporto, s'était retiré par Guimarens, Montolegne et Orense sur Luego, où il rejoignit le maréchal Ney, qui avait évacué la Corogne et réuni son corps d'armée. Il avait été obligé de prendre cette route, parce que les Anglais l'avaient débordé, et prolonger son mouvement en passant par Amarante et Chavez.

Ces troupes anglaises étaient un détachement considérable de l'armée de lord Wellington, qui, pendant cette opération d'une partie de son armée, remontait la vallée du Tage avec le reste, en même temps qu'une armée espagnole s'avançait par la Manche sur Tolède.

Les maréchaux Soult et Ney, réunis à Luego, se concertèrent et convinrent de faire ensemble un mouvement sur Orense pour battre les Anglais, et disperser les rassemblemens d'insurgés qui les avaient déjà rejoints.

Ils partirent en effet pour se porter sur Orense; mais, avant d'arriver à ce point, le maréchal Soult prit à sa gauche et vint gagner Sanabria; le maréchal Ney prétendit qu'il ne l'avait pas prévenu de ce changement de résolution, qui le mit dans une position critique, ne l'ayant appris que par un incident; le maréchal Soult dit lui en avoir fait part. Lequel des deux croire? Je n'en sais rien; mais il n'est pas présumable que le maréchal Soult ait pris plaisir à compromettre le maréchal Ney: ce qui est plus vraisemblable, c'est que l'ordonnance ou officier porteur de l'avis aura été pris en chemin.

Quelle que soit la manière dont le maréchal Ney ait été averti, il suivit le mouvement du maréchal Soult en évacuant toute la Galice, et ces deux corps vinrent passer l'Exla à Saint-Cébrian, pour se porter sur Zamora. Ils vinrent ensuite par Salamanque à Plasencia, où ils furent rejoints par le corps du maréchal Mortier, qui arrivait directement de Valladolid.

Ces trois corps étaient réunis à Plasencia, lorsque M. de Wellington, en remontant la vallée du Tage avec toute son armée, s'avança jusqu'à Talavera de la Reyna. Au bruit de son approche, le roi était parti de Madrid, avec les maréchaux Jourdan, Victor, et le corps du général Sébastiani. Cette armée s'avança à la rencontre des Espagnols sur la route de Madrid à Tolède, et à la rencontre des Anglais sur celle de Madrid à Talavera.

Le roi fit prévenir les maréchaux réunis à Plasencia de son mouvement, et leur ordonna de passer et de descendre dans la vallée du Tage. Soit que son ordre arrivât trop tard, soit que lui-même eût trop précipité son mouvement offensif sur l'armée anglaise, on n'obtint pas ce que l'on avait espéré par un mouvement de manoeuvre; on réunit tout ce que l'on pût du corps qui observait les Espagnols (c'était celui de Sébastiani) à celui que les maréchaux Jourdan et Victor commandaient en avant sur Talavera, et on attaqua maladroitement l'armée anglaise, qui se trouvait dans la situation la plus avantageuse où la fortune pouvait la placer pour nous, si les corps de Plasencia avaient pu prendre part à l'action. Au lieu de cela, on l'engagea avec des troupes venues de Madrid; on se disputa les hauteurs des positions, on perdit des deux côtés beaucoup de monde, et on n'obtint aucun résultat. L'armée du roi, ne comptant plus sur l'attaque des trois maréchaux qui étaient à Plasencia, se retira pour se réunir au corps qui était opposé aux Espagnols, et couvrir Madrid.

L'armée anglaise fut obligée de se retirer le lendemain, ayant eu avis de la marche de l'armée des trois maréchaux, qui, étant partie de Plasencia, pouvait arriver avant elle, non seulement au pont d'Almaraza, mais à celui de l'Arzobispo, qui étaient, surtout ce dernier, les seuls points de retraite du général Wellington.

Il ne fallait pas l'attaquer avant qu'on ne fût en mesure de les occuper lorsqu'il se serait présenté pour repasser le Tage; il n'y avait même aucun inconvénient à laisser attaquer les trois maréchaux les premiers, et à se tenir prêt à suivre l'armée anglaise dans le mouvement rétrograde qu'elle aurait dû faire pour aller défendre son point de retraite. On aurait pu alors l'engager; et même la forcer à une action désastreuse pour elle; au lieu de cela, on a été lui présenter une occasion d'assurer sa retraite en faisant battre le corps destiné par sa position à la poursuivre: aussi arriva-t-elle sans accident au pont de l'Arzobispo, qu'elle trouva libre, et elle n'eut aucun engagement avec l'armée des maréchaux. Cette campagne était le début de M. Wellington dans la carrière de gloire qu'il a parcourue avec tant d'éclat depuis; et nous étions destinés à voir les meilleures troupes de France, celles de Boulogne, d'Austerlitz et de Friedland, condamnées à recevoir des humiliations des ennemis, parce qu'elles étaient confiées à des mains qui n'en surent pas tirer parti.

L'empereur levait les épaules de pitié en écoutant ces détails, et nous qui étions témoins de la différence qu'il y avait entre l'armée d'Espagne et celle qu'avait l'empereur en Allemagne, où il venait d'exécuter de si prodigieuses choses, nous faisions déjà de tristes réflexions sur l'état où la France pourrait être réduite lorsqu'il n'y serait plus.

L'empereur nous disait, en parlant de ceux qui commandaient en Espagne (sans désigner personne): «Ces gens-là ont bien de la présomption; on m'accorde un peu plus de talent qu'à un autre, et pour livrer bataille à un ennemi que je suis accoutumé à battre, je ne crois jamais avoir assez de troupes; j'appelle à moi tout ce que je puis réunir: eux s'en vont avec confiance attaquer un ennemi qu'ils ne connaissent pas, et n'emmènent que la moitié de leur monde! Peut-on manoeuvrer ainsi? Il faudrait que je fusse partout. Que n'ai-je eu ici les trois corps de Soult, Ney et Mortier, j'en aurais fait voir de belles à ceux-ci» (les Autrichiens)!

Il n'avait effectivement qu'un seul corps d'infanterie, celui du maréchal Davout, qui fût composé d'aussi bonne troupes que celles qui étaient en Espagne. Cette bataille de Talavera donna à l'empereur un chagrin qui dura plusieurs jours; il concevait aisément une mauvaise fortune de guerre, mais une faute que l'on pouvait éviter diminuait tout de suite la bonne opinion qu'il avait eue de celui qui l'avait commise. Malgré cela, il avait une bonté naturelle pour tous ceux qui avaient servi sous lui longtemps, et quoiqu'il les grondât parfois, il leur fournissait presque aussitôt les moyens de rentrer en grâce. Il ne pardonnait rien aussi facilement que les torts que l'on avait eus envers lui personnellement. Une bonne action détruisait, dans son esprit, l'effet de dix fautes; mais un manque à l'honneur ou un manque de courage perdait sans retour celui qui s'en rendait coupable.

CHAPITRE XVII.

Les conférences sont transportées à Vienne.—Chimères de quelques intrigans.—Anecdote à ce sujet.—La paix est signée.—On fait sauter les remparts de Vienne.—Deux enfans viennent de France demander la grâce de leur mère.—Regret de l'empereur.—Singulière méprise.

On avait les yeux trop ouverts sur nos affaires dans toute l'Allemagne, pour ignorer les moindres de nos revers; nos ennemis les comptaient comme autant d'avantages pour eux, et en devenaient plus difficiles dans les conférences où l'on traitait de la paix.

L'empereur était impatient des lenteurs des négociations, et, voulant avoir ses plénipotentiaires plus à sa portée, il avait transféré à Vienne le siège des conférences. C'était alors le prince Jean de Lichtenstein qui était le principal plénipotentiaire pour l'Autriche. Ce changement fut cause que l'on savait à peu près dans tout Vienne les plus petits détails de ce qui se passait à ces conférences; cela intéressait trop de monde pour que l'on eût rien négligé de ce qui pouvait faire découvrir quelques particularités. Il y avait autour de l'empereur quelques hommes qui s'opiniâtraient à croire que l'Autriche était disposée à ne pas rester plus long-temps sous le joug d'un gouvernement qui attirait sur elle autant de maux. Ces hommes ne laissaient échapper aucune occasion d'entretenir l'empereur de chimères qu'ils lui rapportaient comme l'opinion de plusieurs citoyens éclairés de Vienne, tandis que ce n'étaient que les rêves de quelques hommes à mouvement, dont les capitales ne manquent jamais. Dans presque tous les pays, ces intrigans paraissent avoir le privilége de duper les hommes de bien, et ceux de Vienne semblèrent avoir complètement réussi près des hommes les plus marquans de tout ce qui était à l'armée de l'empereur. Voici une anecdote qui m'a été racontée par un témoin oculaire. Le maréchal Bessières était à sa première sortie, depuis la blessure qu'il avait reçue à Wagram; il était venu voir l'empereur à l'heure de son déjeuner, ce qui avait lieu après la parade; l'empereur avait fait entrer le maréchal Bessières depuis quelques instans, lorsqu'on lui annonça un personnage qu'il fit entrer sans le laisser attendre. L'empereur, qui n'était pas accoutumé à le voir à cette heure-là, lui demanda d'un ton gai: «Qu'y a-t-il de nouveau? que disent les habitans de Vienne?» Croirait-on qu'il répondit de bonne foi: «Sire, ils sont pénétrés d'admiration pour V. M., et chacun d'eux voit, dans le soldat qu'il a à loger, un protecteur près du nouveau souverain qu'il plaira à V. M. de leur donner?»

L'empereur ne répondit pas, parce qu'il ne croyait pas un mot de cela. Il finissait son déjeuner, lorsque je me fis annoncer comme ayant un compte à lui rendre; il était en assez belle humeur, et me demanda aussi ce que disaient les Viennois. Je lui répondis «qu'ils nous donnaient à tous les diables du matin au soir, et que bien sûrement ils entreprendraient de se défaire de nous, si nous devions prolonger notre séjour parmi eux.» L'empereur me répliqua (le maréchal Bessières présent): «Ceci me paraît plus croyable, et il ne faut pas s'abuser. Si la paix ne se fait pas, nous allons être entourés de mille Vendées; je n'écoute pas les faiseurs de contes: il est temps de s'arrêter. Aussi j'espère finir dans deux ou trois jours; cela ne tient qu'à des bagatelles.» Effectivement, la paix fut signée très peu de jours après. Avait-on fait circuler le bruit d'un projet de changement de dynastie pour effrayer la maison d'Autriche et la faire hâter dans ses décisions? Je l'ignore; mais, bien certainement, l'empereur n'a pas eu cette idée-là, qui pouvait lui amener la guerre avec les Russes, indépendamment des deux guerres qu'il avait déjà, et qu'il soutenait au moyen de tous les efforts de son habileté. Je sais bien qu'on lui a supposé le projet de former un parti dans la nation, et de proclamer le grand-duc de Wurtzbourg empereur d'Autriche; mais je ne crois pas qu'il ait jamais songé à une pareille chose. Il avait trop à faire en France et en Espagne pour s'engager dans une entreprise qui aurait infailliblement prolongé son séjour à Vienne.

Je me rappelle même qu'à cette époque, il me donna ordre de faire partir de Paris un équipage de campagne en chevaux de selle, train, etc., pour Bayonne, et, en même temps, d'écrire au grand-écuyer du roi d'Espagne, pour que le roi lui envoyât quelques uns de ses meilleurs chevaux à Burgos, où il comptait se rendre de suite[26].

La paix ayant été signée, elle fut envoyée à la ratification de l'empereur d'Autriche, qui ne tarda pas à la donner. L'empereur fit une proclamation aux habitans de Vienne, dans laquelle il les remerciait des soins qu'ils avaient donnés aux blessés de l'armée; il leur témoignait combien il avait souffert de ne pouvoir alléger les maux qui avaient pesé sur eux, ajoutant que cette considération l'avait en partie décidé à terminer la guerre, plus que la crainte de la chance des batailles.

Il terminait par leur dire que, si, pendant son long séjour près de leur capitale, il ne s'était pas montré davantage au milieu d'eux, c'était parce qu'il n'avait pas voulu détourner leurs respects et leurs hommages de l'amour qu'ils portaient à leur souverain. Ces adieux firent beaucoup de plaisir aux habitans de Vienne.

L'empereur leur avait laissé prendre un peu de licence. L'hiver approchait; le petit peuple était très malheureux; il leur laissa couper du bois dans les forêts impériales, et répondait aux employés autrichiens, qui voulaient les en empêcher en faisant faire des représentations à l'empereur: «Mais comment ferait l'empereur votre maître? Il faudra bien que, non seulement il chauffe les malheureux, mais il faudra qu'il les nourrisse: laissez-leur prendre du bois, et mettez cela sur mon compte[27].»

Les magistrats de Vienne vinrent prendre congé de lui; ils lui demandèrent d'épargner les remparts de la ville, que l'on avait minés depuis un mois pour les faire sauter. L'empereur le leur refusa, en observant qu'il était même dans leur intérêt qu'ils fussent détruits, parce qu'il ne prendrait plus fantaisie à qui que ce fût d'exposer leur ville à être brûlée, pour satisfaire une ambition particulière. Il dit que cela avait même été son projet en 1805; mais qu'ayant été exposé, cette fois-ci, ou à incendier Vienne, ou à courir des chances fâcheuses, s'il n'avait pu s'en faire ouvrir les portes, il ne voulait plus à l'avenir être dans ce cas.

Les magistrats furent obligés de se retirer, et lorsque l'empereur fut parti, on mit le feu aux différens fourneaux de mine qui avaient été établis sous les angles saillans de l'enceinte de la place; il y eut, après l'explosion, seize ouvertures considérables. On fut très sensible à Vienne à cette opération; on la regarda comme une flétrissure: mais l'empereur n'avait que l'intention d'ouvrir la place de manière à ce qu'on ne pût pas la défendre, et nullement celle d'humilier la population.

Nous entendîmes la détonation de ces fourneaux à quelque distance de Schoenbrunn. Par le traité de paix, on avait stipulé un temps déterminé pour évacuer la capitale et les États autrichiens; ce fut le maréchal Davout qui fut chargé de l'arrière-garde, et de remettre le pays aux autorités autrichiennes. Il resta, en conséquence, encore quelque temps à Vienne.

On a souvent parlé d'exécutions et on a mis sur le compte de l'empereur des actes de rigueur auxquels il n'avait aucune part; il a toujours sanctionné des jugemens rendus, mais jamais il n'a ordonné que l'on traduisît qui que ce soit en jugement sans qu'auparavant il n'y ait eu une information de suite, et qu'on ne lui ait présenté un rapport accompagné d'une proposition, soit pour la mise en jugement ou en liberté; et toujours il approuvait ce qu'on lui proposait. Avant de partir de Vienne, il arriva une circonstance qui l'indisposa contre le ministre de la police.

L'empereur rentrait un jour d'une course à cheval; il trouva dans la cour du château une dame, d'un extérieur respectable accompagnée de deux petits enfans; tous trois étaient en noir. L'empereur crut un instant que c'était la veuve de quelque officier tué à la bataille. Il s'approcha d'eux avec intérêt. Sa contenance changea quand il apprit qu'elle amenait ces enfans de Caen en Normandie pour solliciter de l'empereur la grâce de leur mère, condamnée à mort par le tribunal criminel de cette ville.

L'empereur n'avait, pour le moment, aucun souvenir d'avoir entendu parler de cette affaire; il voyait cependant qu'elle devait être bien sérieuse pour que l'on fût venu de si loin pour lui demander la grâce d'une condamnée. Cette dame n'était munie d'aucune lettre de recommandation; elle venait absolument surprendre un mouvement de sensibilité à l'empereur, qui lui demanda le nom de la personne en faveur de laquelle elle intercédait. C'est alors qu'elle nomma madame de D***; ce nom rappela à l'empereur toute l'affaire, et il répondit à cette dame qu'il était fâché de ne pouvoir la dédommager d'un aussi pénible voyage que celui qu'elle venait de faire, mais qu'il ne pouvait lui répondre sans connaître l'opinion du conseil, surtout sur un cas comme celui dont il était question, parce qu'il rappelait à son esprit des circonstances tellement graves, qu'il ne croyait pas pouvoir user du droit de faire grâce dans cette occasion.

J'ai vu le moment où il allait l'accorder; son coeur avait déjà prononcé, mais d'autres considérations lui parlaient plus haut que la sensibilité; il était fort en colère contre le ministre de la police, qui, après avoir fait un grand éclat de cette affaire et s'en être fait un mérite, donnait ensuite des passe-ports pour que l'on vînt lui demander grâce de l'exécution d'un jugement sur lequel il ne lui avait rien écrit; il disait avec raison: «Si c'est un cas graciable, pourquoi ne me l'avoir pas écrit? et s'il ne l'est pas, pourquoi avoir donné des passe-ports à une famille que je suis obligé de renvoyer désolée?» Il se plaignit beaucoup de ce manque de tact de la part du ministre de la police.

La personne pour laquelle on demandait grâce à l'empereur était une madame D***, divorcée d'avec son mari, et vivant fort légèrement avec tout le monde. Après son divorce elle s'était retirée chez sa mère avec ses deux enfans; elle habitait un château à sept ou huit lieues de Caen, sur le bord d'une route.

Plusieurs fois la messagerie avait été arrêtée et volée non loin de là, sans que l'on pût parvenir à découvrir les auteurs de ce brigandage, qui était exercé par des hommes se disant chouans et royalistes, pour cacher leur honteux trafic, mais qui, au fait, ne faisaient que voler pour leur compte particulier. On cherchait partout des traces de ces voleurs, lorsqu'un incident, qu'il serait trop long de raconter, vint en faire découvrir quelques uns; on eut bientôt les autres: ils étaient tous de ce qu'on appelait autrefois des gens comme il faut, appartenant à de bonnes familles; mais ayant fréquenté de mauvaises compagnies, ils s'étaient perdus. Madame D*** s'était associée à eux au point de leur donner asile dans son château, où ils se réunissaient pour aller commettre le vol, et où ils revenaient ensuite pour le partager après l'avoir exécuté. Ses désordres l'avaient conduite à cet état d'abaissement. Elle fut traduite devant le tribunal d'après les dépositions des complices; elle y fut convaincue et condamnée.

Son avocat lui avait probablement conseillé de se déclarer enceinte, afin d'obtenir une suspension à son exécution, et avoir le temps d'envoyer sa mère et ses enfans demander sa grâce.

Si elle pouvait l'obtenir sans blesser la morale publique, c'était au ministre à en informer l'empereur; si elle ne le pouvait pas, le ministre ne devait pas laisser entreprendre un voyage à une famille qui s'en est retournée pleurant tout le long du chemin, et laissant croire qu'elle était victime de la cruauté de l'empereur.

Il arriva encore, avant de partir de Vienne, une aventure d'une autre espèce qui aurait pu avoir des suites désagréables, si l'empereur n'avait pas été si bien servi, que l'on y remédia sur-le-champ, sans que cela pût paraître.

Il venait de signer la paix, et avait dicté à M. de Menneval, son secrétaire intime, deux lettres, l'une pour l'empereur d'Autriche, et l'autre pour l'empereur de Russie. Il n'attendit pas qu'elles fussent copiées, et alla voir défiler la parade. M. de Menneval, les ayant achevées, les mit sur le bureau de l'empereur afin qu'il les lût et les signât à son retour (l'empereur avait l'habitude de relire ce qu'il dictait); il disposa aussi deux enveloppes auxquelles il mit d'avance les adresses pour avoir plus tôt expédié les lettres au retour de l'empereur, qui ne tarda pas à rentrer.

Il lut et signa les deux lettres, et, pendant que M. de Menneval ajoutait à l'une d'elles ce qu'il venait de lui ordonner, il s'amuse à ployer l'autre lui-même, à la mettre dans l'enveloppe, à la cacheter, et va lui-même la donner au général autrichien Bubna, qui était, depuis la parade, à attendre dans le salon voisin. Celui-ci était déjà parti pour le quartier-général de l'empereur d'Autriche, lorsque Menneval, voulant mettre la deuxième lettre dans l'enveloppe, trouva que c'était l'enveloppe de l'empereur de Russie qui était restée, et il avait en main la lettre destinée à l'empereur d'Autriche; en sorte que le général Bubna était parti avec la lettre destinée à l'empereur de Russie, dans l'enveloppe à l'adresse de l'empereur d'Autriche. Il n'est pas nécessaire, je crois, d'ajouter que ce n'était pas la même chose: aussi l'empereur vint-il lui-même pour faire courir après le général Bubna, que l'on joignit hors des grilles du château; on lui dit que l'empereur désirait qu'il revînt, parce qu'il avait quelque chose à ajouter à la lettre dont il était porteur. On les remit chacune dans leur enveloppe, et cela ne se sut pas. Depuis cette anecdote, l'empereur ne se mêla plus de l'expédition de ses dépêches, et laissa ce soin à M. de Menneval, qui ne le quittait pas un seul jour.

CHAPITRE XVIII.

Pertes de l'Autriche.—Départ pour la France.—Arrivée à Fontainebleau.—M. de Montalivet.—Opinion de l'empereur sur cette famille.—Les rois de Saxe, de Wurtemberg et de Bavière à Paris.—Véritable motif du divorce de l'empereur.—Le prince Eugène chargé d'en parler à l'impératrice.—Cérémonie du divorce.

Par le traité de paix, l'Autriche perdit à peu près trois millions d'habitants; elle céda la Gallicie avec les provinces illyriennes, et quelques territoires dans l'Innviertel, ainsi que le pays de Salzbourg. Les princes confédérés d'Allemagne eurent quelques augmentations de territoire; la Bavière particulièrement se trouvait doublée en population depuis 1805, et dans les deux guerres l'empereur avait remis deux fois sur le trône le souverain de ce pays; son armée avait acquis une gloire nationale en combattant avec nous. L'empereur aimait les Bavarois; le général Wrede, entre autres, était un de ceux qu'il distinguait le plus. Avant de quitter l'Allemagne, il lui donna une terre de 36,000 livres de rente; elle était située à la frontière de la Bavière, dans la portion de territoire qu'elle acquérait sur l'Autriche par ce traité de paix.

Il fallait que l'Autriche eût eu bien peur des suites d'une reprise d'hostilités pour s'être imposé de pareils sacrifices, ou bien qu'en y souscrivant elle eût conservé une arrière-pensée, parce que dans le nombre il y en avait d'incompatibles avec son existence. Il me semble que, si cela m'eût concerné, je me serais fort méfié de cette résignation. Je ne sais pas si l'empereur y croyait beaucoup; mais ce qui est certain, c'est qu'en partant de Vienne il vint à Passau sur l'Inn, où il faisait exécuter des travaux de fortifications immenses, et qu'en les visitant tous, non seulement il n'ordonna pas d'en ralentir l'activité, mais au contraire il recommanda de mettre cette place dans le meilleur état de défense. Il avait ordonné que l'on y conduisît l'artillerie qu'on avait prise à Vienne. Il resta deux jours à Passau à attendre un courrier de Vienne que devait lui expédier M. de Champagny, et ce n'est qu'après l'avoir reçu que définitivement il partit pour la France.

Nous vînmes de Passau à Landshut, et de Freysing à Munich, où l'empereur fut reçu comme un véritable libérateur; la cour était au château de Nymphenbourg: c'est là où l'empereur descendit; il resta deux ou trois jours chez le roi de Bavière, et vint ensuite à Augsbourg chez l'ancien électeur de Trèves, qui, depuis le congrès de Ratisbonne était évêque d'Augsbourg. Il dîna avec lui, et partit de suite pour Stuttgard. Il voulut s'arrêter à Ulm chez M. de Grawenrenth, gouverneur civil du cercle, qui avait été ministre du roi de Bavière près de lui pendant la campagne de 1805. Il y soupa, et, ayant voyagé la nuit, il arriva le lendemain de bonne heure chez le roi de

Wurtemberg, dont la cour était rentrée à Stuttgard: on lui fit une réception très-brillante; il y resta également un jour, passa de même quelques instans à Carlsruhe, et arriva à Strasbourg, où il ne s'arrêta que le temps nécessaire pour recevoir des rapports sur tout ce qu'il avait ordonné de faire dans cette place et à Kehl. De là il ne s'arrêta plus jusqu'à Fontainebleau, où il avait ordonné à sa maison de venir le recevoir, ainsi qu'aux ministres de lui apporter leur travail.

Mais il avait voyagé si vite, qu'il arriva le premier. Il n'y avait pas encore un domestique d'arrivé; il attendit tout le monde en visitant les appartemens neufs qu'il avait fait faire. C'est cette année que l'on s'est servi, pour la première fois, du bâtiment situé dans la cour du Cheval Blanc, où était auparavant l'école militaire, qui venait d'être transférée à Saint-Cyr. Il l'avait fait arranger en appartemens d'honneur, pour donner de l'ouvrage aux manufactures de Lyon et aux ouvriers de Paris. Ce qu'il vint de monde de toutes parts, pour le voir, ne peut se rendre; on ne trouvait pas d'expressions assez fortes pour lui exprimer son amour et son dévoûment. S'il est un monarque autorisé à compter sur les hommages des peuples qu'il gouverne, quel est celui qui en a reçu plus de témoignages que l'empereur n'en a reçu des Français et des populations d'un grand nombre d'autres pays?

L'impératrice, qui était à Saint-Cloud, vint à Fontainebleau, et peu d'heures après son arrivée dans cette résidence, il y eut une réunion de toutes les dames les plus gracieuses dont cette cour a été le modèle. Il y en avait très peu qui n'eussent pas un mari, un frère, ou un fils, soit avec l'empereur, soit dans l'armée, et je ne crois pas qu'il ait oublié une seule fois de leur en donner lui-même des nouvelles en même temps qu'il leur en demandait des leurs. Dans ces occasions-là, il était moins un monarque qui venait recevoir des hommages et des marques de soumission, qu'un bon et excellent père qui aimait à voir réuni autour de lui tout ce qui touchait de près aux familles qu'il avait associées à sa destinée. Ce palais de Fontainebleau avait été tiré de l'état de ruine dans lequel il était tombé, et se trouvait, comme par magie, rétabli dans un état de magnificence qu'on n'y vit jamais, même dans les plus beaux jours de Louis XIV.

Nous étions arrivés à Fontainebleau le 29 octobre 1809, et l'empereur y resta jusqu'au 21 novembre suivant. Pendant ces trois semaines, il remplaça le ministre de l'intérieur, qui était mort pendant la campagne. Entre plusieurs candidats, il choisit M. de Montalivet, alors directeur-général des ponts et chaussées; il aimait beaucoup cette famille. En en parlant, il se servait de cette expression: «C'est une famille d'une rigoureuse probité, et composée d'individus d'affection; je crois beaucoup à leur attachement.» Il avait bien raison, et il n'a pas eu affaire à des ingrats, car M. de Montalivet était un homme de bien dans toute l'extension du mot.

L'empereur partit pour rentrer à Paris et en même temps pour voir le roi de Saxe, qui venait d'y arriver uniquement pour lui faire une visite et le remercier d'avoir délivré ses États, et en second lieu de les avoir agrandis. L'empereur lui fit donner le palais de l'Élysée, que l'on avait garni de tout ce qui était nécessaire à sa représentation, et tout ce qui composait les principales autorités de l'État s'empressa d'aller offrir ses hommages à ce vertueux monarque. Son exemple fut suivi par les autres princes confédérés, et nous vîmes arriver successivement le roi de Wurtemberg, que l'empereur fit loger au palais du Luxembourg, et le roi de Bavière, qui arriva un peu plus tard. Le prince primat ainsi que d'autres des bords du Rhin vinrent également.

Cet hiver fut remarquable par ses fêtes et ses plaisirs, et en même temps par le plus grand événement que nous eussions encore vu. Il y a eu mille contes de débités sur les motifs qui ont déterminé l'empereur à rompre les liens dans lesquels il s'était engagé depuis plus de quinze ans, et à se séparer d'une personne qui fut la compagne de sa vie pendant les circonstances les plus orageuses de sa glorieuse carrière. On lui a supposé l'ambition de s'allier au sang des rois et on s'est plu à répandre le bruit qu'il avait sacrifié toutes les autres considérations à celle-là; on a été là-dessus dans une erreur absolue, et aussi injuste à son égard qu'on l'est d'ordinaire envers ceux qui sont au-dessus de nous. La vérité la plus exacte est que le sacrifice de l'objet de ses affections a été le plus pénible qu'il ait éprouvé pendant sa vie, et qu'il n'y a rien qu'il n'eût préféré à ce qu'il a été obligé de faire par des motifs que je vais décrire.

On fut généralement injuste envers l'empereur, lorsqu'il mit la couronne impériale sur sa tête; on ne l'a cru mû que par un sentiment d'ambition personnelle, et on était dans une grande erreur. J'ai déjà dit qu'il lui en avait coûté pour changer la forme du gouvernement, et que, sans la crainte de voir l'État troublé de nouveau par les divisions qui sont inséparables d'un gouvernement électif, il n'eût peut-être pas changé un ordre de choses qui semblait être la première conquête de la révolution.

Depuis qu'il avait ramené la nation aux principes monarchiques, il n'avait rien négligé pour consolider des institutions qui assuraient tout à la fois le retour des premiers, et qui maintenaient la supériorité des idées modernes sur les anciennes. La diversité d'opinions ne pouvait plus après lui amener de troubles, relativement à la forme du gouvernement; mais cela ne suffisait pas: il fallait encore que la ligne d'hérédité fût déterminée d'une manière si précise, qu'elle n'offrît plus à sa mort une occasion de querelles entre des prétendans, parce que, si ce malheur était arrivé, il aurait suffi de la moindre intervention étrangère pour rallumer la discorde parmi nous. Son sentiment d'ambition particulière, dans ce cas, consistait à vouloir faire passer son ouvrage à la postérité, et à transmettre à son successeur un État fortement établi sur ses nombreux trophées.

Il ne pouvait se dissimuler que cette suite de guerres continuelles qu'on lui suscitait, dans le dessein de diminuer sa puissance, n'avait réellement d'autre but que de l'abattre personnellement, parce qu'avec lui tombait toute cette puissance qui n'était plus soutenue par l'énergie révolutionnaire qu'il avait lui-même comprimée, et pour continuer à imprimer au dehors une terreur dominatrice, il aurait fallu entretenir dans l'intérieur cette fièvre volcanique qui souvent sauve les empires, mais qui, dirigée par une main habile, les mène quelquefois à leur asservissement.

Il était toujours sorti victorieux des entreprises qui avaient été formées contre lui; presque toutes avaient produit un effet contraire à celui que ses ennemis s'étaient proposé, et c'est ainsi qu'eux-mêmes avaient réuni dans sa main cette masse de moyens qui leur parut plus redoutable encore avec un génie comme le sien; mais aussi, puisqu'ils cherchaient si souvent à les lui arracher à lui-même, lorsqu'il commandait ses armées en personne, que ne devait-on pas craindre qu'ils entreprissent sous son successeur, qui d'abord ne pouvait être qu'un collatéral, et, en deuxième lieu, qui aurait trouvé la nation épuisée, l'armée dégoûtée et les ressorts de l'esprit public usés!

Ce sont ces considérations qui l'ont déterminé, et qui lui faisaient quelquefois dire, en parlant de ses ennemis: «Ils se sont donné rendez-vous sur ma tombe; mais c'est à qui n'y viendra pas le premier.» Ce sont ces considérations, dis-je, qui l'ont déterminé à s'occuper du choix de son successeur.

L'empereur n'avait point d'enfans; l'impératrice en avait deux, dont les destinées semblaient déjà fixées, et il n'aurait pu tourner sa pensée vers eux, sans tomber dans de graves inconvéniens, et sans faire quelque chose d'imparfait, qui aurait porté son principe de destruction avec son institution même. Je crois cependant que, si les deux enfans de l'impératrice avaient été seuls dans sa famille, il aurait pris quelque arrangement pour assurer son héritage au vice-roi, parce que la nation eût passé par cette transaction sans secousse ni déchirement, et que rien n'eût été dérangé de l'ordre qu'il avait établi. Le vice-roi était un prince laborieux, ayant une âme élevée, connaissant très-bien l'étendue de ses devoirs envers l'empereur, et il se serait lui-même imposé l'obligation de consolider tout le système du gouvernement qui lui aurait été remis.

Ce qui m'a donné cette opinion, c'est que j'ai toujours vu l'empereur content de sa soumission, et il disait quelquefois qu'il n'avait pas encore éprouvé un désagrément de la part du vice-roi. Il ne s'arrêta pourtant pas à l'idée de fixer son héritage sur lui, parce que d'une part il avait des parens plus proches, et que par là il serait tombé dans les discordes qu'il voulait principalement éviter. Mais ensuite il reconnaissait la nécessité de se donner une alliance assez puissante pour que, dans le cas où son système eût été menacé par un événement quelconque, elle eût pu lui servir d'appui et se préserver d'une ruine totale. Il espérait aussi que ce serait un moyen de mettre fin à cette suite de guerres dont il voulait sortir à tout prix.

Tels furent les motifs qui le déterminèrent à rompre un lien auquel il était attaché depuis tant d'années : c'était moins pour lui que pour intéresser un État puissant à l'ordre de choses établi en France. Il pensa plusieurs fois à cette communication qu'il voulait faire à l'impératrice, sans oser lui parler; il craignait pour elle les suites de sa sensibilité, les larmes ont toujours trouvé le chemin le plus sûr de son coeur. Cependant il crut avoir rencontré une occasion favorable à son projet avant de quitter Fontainebleau; il en dit quelques mots à l'impératrice, mais il ne s'expliqua pas avant l'arrivée du vice-roi, auquel il avait mandé de venir : ce fut lui-même qui parla à sa mère et la porta à ce grand sacrifice; il se conduisit dans cette occasion en bon fils et en homme reconnaissant et dévoué à son bienfaiteur, en lui évitant des explications douloureuses avec une compagne dont l'éloignement était un sacrifice aussi pénible qu'il était sensible pour elle. L'empereur ayant réglé tout ce qui était relatif au sort de l'impératrice, qu'il établit d'une manière grande et généreuse, pressa le moment de la dissolution du mariage, sans doute parce qu'il souffrait de l'état dans lequel était l'impératrice elle-même, qui dînait tous les jours et passait le reste de la soirée en présence de personnes qui étaient les témoins de sa descente du trône. Il n'y avait entre lui et l'impératrice Joséphine aucun autre lien qu'un acte civil tel que cela était d'usage dans le temps où il s'était marié. Or, les lois avaient prévu la dissolution de ces sortes de contrats; en conséquence à un jour fixe, il y eut le soir chez l'empereur une réunion des personnes dont l'office était nécessaire dans cette circonstance, parmi lesquelles étaient M. l'archi-chancelier et M. Régnault de Saint-Jean-d'Angely. Là, l'empereur fit à haute voix la déclaration de l'intention dans laquelle il était de rompre son mariage avec Joséphine, qui était présente, et l'impératrice, de son côté, fit en sanglotant la même déclaration.

Le prince archi-chancelier ayant fait donner lecture de l'article de la loi, en fit l'application au cas présent, et déclara le mariage dissous.

CHAPITRE XIX.

L'impératrice Joséphine, son caractère, sa bonté.—Démêlés de Napoléon et de son frère Louis, roi de Hollande.—Ordre d'intercepter des dépêches.—Encore M. Fouché.—Position politique de l'empereur.

Les formalités une fois remplies, l'impératrice prit congé de l'empereur, et descendit dans son appartement qui était au rez-de-chaussée. D'après des arrangemens convenus à l'avance, elle partit le lendemain matin, pour aller s'établir à la Malmaison. De son côté, l'empereur alla le même jour à Trianon; il ne voulait pas rester seul dans cet immense château des Tuileries, qui était encore tout plein du souvenir de l'impératrice Joséphine. Elle descendit du rang suprême avec beaucoup de résignation, en disant qu'elle était dédommagée de la perte des honneurs par la consolation d'avoir obéi à la volonté de l'empereur. Elle quitta la cour, mais les coeurs ne la quittèrent point; on l'avait toujours aimée, parce que jamais personne ne fut si bonne. Sa prévenance envers tout le monde fut la même étant impératrice qu'elle l'avait été auparavant; elle donnait avec profusion et avec tant de bonne grâce, qu'on aurait cru être impoli que de ne pas accepter; on ne pouvait entrer chez elle sans en revenir comblé. Elle n'a jamais nui à personne dans le temps de sa puissance; ses ennemis même en ont été protégés; il n'y a presque pas eu un jour de sa vie où elle n'ait demandé quelque grâce pour quelqu'un que souvent elle ne connaissait pas, mais qu'elle savait mériter son intérêt; elle a établi un grand nombre de familles, et dans ses dernières années elle était entourée d'une peuplade d'enfans dont les mères avaient été mariées et dotées par ses bontés. La méchanceté lui reprochait un peu de prodigalité dans ses dépenses: faut-il l'en blâmer? On n'a pas mis le même soin à compter les éducations qu'elle payait pour des enfans de parens indigens; on n'a point parlé des aumônes qu'elle faisait porter à domicile. Toute sa journée se dépensait à s'occuper des autres, et fort peu d'elle. Tout le monde la regretta pour l'empereur parce qu'on savait qu'elle ne lui disait jamais que du bien de presque tout ce qui le servait. Elle fut même utile à M. Fouché, qui avait voulu en quelque sorte se rendre l'instrument de son divorce un an plus tôt[28].

Pendant son séjour à Malmaison, le grand chemin de Paris à ce château ne fut qu'une procession, malgré la mauvaise saison; chacun regardait comme un devoir de s'y présenter au moins une fois la semaine.

L'empereur de son côté faisait ce qu'il pouvait pour s'accoutumer à être seul à Trianon, où il avait été s'établir; il envoyait souvent savoir des nouvelles de l'impératrice à Malmaison; je crois que sans ses occupations il y aurait été le plus souvent lui-même.

À l'occasion de cet événement, il avait appelé à Paris quelques membres de sa famille; ils vinrent lui tenir compagnie à Trianon; le roi et la reine de

Bavière arrivèrent aussi à Paris dans ce temps-là. Ce fut celui des souverains de l'Allemagne qui y resta le dernier. L'hiver se passa gaiement en bals masqués et autres divertissement de ce genre. L'empereur recommanda lui-même que l'on procurât beaucoup de distraction aux princes qui étaient venus lui faire visite. Il avait pris un soin particulier de ce qui concernait la reine de Bavière, au service d'honneur de laquelle il avait fait attacher des dames du palais de l'impératrice. À la fin de janvier, tous les princes étaient retournés chez eux; il ne restait à Paris que quelques membres de la famille de l'empereur.

Au milieu de toutes ces distractions, l'empereur ne négligeait pas les affaires publiques. Les Anglais avaient été forcés d'évacuer Flessingue avec l'île de Walcheren, où les maladies avaient mis leur armée presque tout entière à l'hôpital. Par suite de cette occupation de Flessingue par les Anglais, l'empereur se plaignit au roi de Hollande de ce que ses troupes n'avaient pas fait leur devoir[29]. Il y avait un petit fort dans l'Escaut, appelé le fort de Bast, qui se rendit à la flotte anglaise sans avoir tiré un coup de canon. Il prétendit que le port et l'arsenal d'Anvers n'étaient pas suffisamment à couvert, avec des voisins comme les Hollandais, et voulut, par suite de cette opinion, prendre des arrangemens pour obtenir de lui une partie de la frontière militaire de la Hollande de ce côté-là. Il trouva de la résistance dans son frère, qui était aussi venu à Paris à l'occasion de la rupture du mariage. Cette résistance devint sérieuse. Je ne sais qui est-ce qui avait mis dans l'esprit du roi de Hollande que, pendant qu'il était à Paris, l'empereur donnait des ordres aux troupes qui, depuis la paix étaient revenues à Anvers, d'entrer à Berg-op-Zoom, Bois-le-Duc et Breda, qui étaient les places de la nouvelle frontière que l'on voulait occuper pour être maître de l'Escaut oriental et du reste du cours de la Meuse, mais il est certain qu'il y avait un traître qui rapportait au roi de Hollande des projets qu'il avait peut-être supposés lui-même à l'empereur; car l'empereur, qui avait toujours des moyens particuliers pour être informé de tout, fut averti que le roi se proposait d'envoyer un courrier en Hollande, pour que ces trois places résistassent si les troupes françaises se présentaient pour les occuper. On prétendit de plus qu'il avait prescrit que quand même il y aurait un ordre de sa part pour les remettre aux Français, il ne fallait pas y obtempérer avant qu'il ne fût de retour dans ses états, voulant ainsi donner à penser qu'il aurait peut-être perdu sa liberté, ou qu'on lui aurait surpris cette transaction.

L'empereur, justement mécontent qu'on lui supposât un tel projet, le fut particulièrement du mal que pouvait produire en Hollande une pareille lettre, surtout lorsqu'il n'y avait aucun motif pour l'écrire. Il était au Théâtre français, le soir du jour où il apprit ces détails; j'avais eu l'honneur de l'accompagner. Il paraît qu'il était préoccupé de ce qu'on lui avait dit, parce qu'il me fit approcher pour me donner à voix basse l'ordre d'aller dire de sa part au ministre de la police de prendre des mesures pour saisir aux barrières tous les courriers qui partiraient de Paris pour la Hollande. Je trouvai le ministre chez lui; il donna ses ordres en ma présence, et demanda ses chevaux en me disant qu'il allait lui-même voir le roi de Hollande.

Il fallait bien qu'il craignît quelque chose par suite de ce qui avait été rapporté à l'empereur, ou de ce que le roi de Hollande se proposait de faire, parce que je ne lui avais rien dit, ne sachant rien moi-même. Je vins rendre compte à l'empereur de l'exécution de ses ordres; il était encore au spectacle, et parut un peu étonné que le ministre de la police ait été voir le roi de Hollande aussi promptement. Voici comment je me suis expliqué cela: le ministre de la police aimait à se mêler un peu de tout, et ménageait tous les partis. Il est entré dans ma pensée que c'était lui-même qui, après avoir jeté de l'inquiétude dans l'esprit du roi, l'aurait entendu tenir quelques propos qu'il avait été rapporter à l'empereur, et que, voyant l'ordre qu'il recevait de faire arrêter ses courriers, il s'était hâté d'aller l'en avertir, afin qu'il prît des précautions pour les dépêches importantes, laissant toutefois les insignifiantes, afin que l'on saisît quelque chose qui prouvât que l'on avait exécuté l'ordre donné. Arriva-t-il chez le roi avant ou après le départ du courrier qui était parti ce soir-là, et qui fut arrêté à la barrière: c'est ce que je ne sais pas; mais ce que j'ai fortement soupçonné depuis, c'est que le courrier ayant été amené chez le ministre de la police, celui-ci ne remit à l'empereur que ce qu'il convenait au roi de Hollande de laisser voir, c'est-à-dire que si le courrier était déjà parti lorsque le ministre a été chez le roi, il lui a rendu ses dépêches, dont le roi a soustrait ce qu'il voulait, ou que s'il n'était parti qu'après la visite du ministre, l'infidélité a été encore plus facile.

Ce qu'il y a de certain, c'est que l'intention du roi était de résister ouvertement, et que l'on attendait ses ordres en Hollande. Que portait le courrier, si ce n'était cet ordre? L'empereur savait bien en quels termes il était sur ce point avec le roi son frère, et n'était pas surpris qu'il écrivît en conséquence en Hollande, où il savait que l'on se disposait à la défense. Il fut bien plus étonné de ne rien voir dans les dépêches qu'on lui apportait. Cela m'a donné à penser que le ministre de la police ayant eu peur pour lui des suites d'une explication qui aurait vraisemblablement eu lieu entre l'empereur et le roi, si le ton des dépêches y avait donné lieu, il avait imaginé de les duper tous deux, parce qu'indubitablement le roi se serait justifié en disant que ses craintes venaient du ministre, et que l'empereur n'eût pas manqué de dire à son frère que c'était ce même ministre qui l'avait averti.

L'empereur ne dit rien, mais il n'en pensa pas moins, et je crois qu'il mit cette anecdote au nombre de celles qu'il se proposait de ne pas oublier lorsqu'il en serait temps.

Le roi de Hollande eut une belle occasion de se plaindre de la violence qu'on lui faisait; les torts n'avaient pas l'air d'être de son côté; mais cependant lorsqu'il vit l'empereur tellement prononcé pour obtenir ce qu'il avait fait traiter officiellement par les relations extérieures, il céda, et le maréchal Oudinot, qui était sur la frontière, reçut ordre d'entrer en Hollande, et de prendre possession de la partie cédée.

Après la paix, l'empereur avait fait retourner une grande quantité de troupes vers l'Espagne, et le reste de l'armée était venu prendre des quartiers dans les provinces allemandes dont le sort avait été remis à sa disposition par les traités antérieurs. On s'écria beaucoup contre cette mesure, qu'elle était une preuve que l'empereur cherchait déjà une nouvelle guerre; on était dominé par la calomnieuse méchanceté, qui empêchait de réfléchir que les troupes qui vivaient sur les provinces étrangères, et qui étaient payées avec leur revenu, étaient autant de dégrèvement pour le trésor public, qui aurait été dans l'obligation d'envoyer au dehors des sommes énormes pour leur solde et entretien.

Les mêmes passions répliquaient qu'il n'y avait qu'à faire la paix! Mais ce n'était que pour faire la paix qu'il gardait les provinces étrangères et une aussi forte armée. Il avait dû la proportionner à toutes celles que ses ennemis pouvaient lui opposer; il gardait les provinces allemandes pour les rendre en retour de ce qu'il avait à demander à l'Angleterre, tant pour lui que pour ses alliés.

Il n'avait aucun moyen de reconquérir les possessions françaises et hollandaises d'outre-mer, dont les deux nations ont un égal besoin; mais il avait en sa possession des provinces allemandes et des états entiers à rendre ou à leur indépendance ou à leur ancienne domination, qui étaient tous des alliés de l'Angleterre. Il fallait qu'il parvînt à faire la paix avec elle de cette manière, ou que la guerre fût éternelle.

L'Angleterre augmentait sa puissance dans les quatre parties du monde; l'empereur n'augmentait la sienne qu'en Europe, et il ne retenait que ce qui intéressait l'Angleterre, pour avoir en main de quoi régler ses comptes avec elle. Croit-on, par exemple, que l'empereur eût jamais voulu garder Dantzig, Lubeck, Hambourg, le Hanovre, la Hollande, Erfurth, Fulde, etc, etc., etc.? Il aurait rendu tout cela pour le rétablissement d'un équilibre dans les possessions d'outre-mer entre les différentes puissances maritimes. Il y a même plus: c'est qu'il aurait fini par séparer l'Italie de la France, si l'Espagne avait pu faire sa révolution sans secousse ni guerre. Il n'a gardé l'Italie que pour la préserver de ses anciennes habitudes, et en même temps pour en tirer des moyens de résister à cette suite de coalitions qui se reformaient contre lui aussitôt qu'il les avaient dissipées; s'il n'avait pas eu l'Italie, il aurait succombé à la première entreprise qui eût été bien dirigée. Elle lui donnait des hommes, de l'argent, des magasins, et mettait de l'intervalle et des obstacles entre lui et ses ennemis. S'il avait consenti à être indifférent envers l'Italie, il serait tombé de suite moins qu'au rang de deuxième puissance. L'Italie ne pouvait être neutre; la force des habitudes y reprenant son influence, elle eût été ingrate, et eût bientôt porté tous nos moyens à nos ennemis; et l'empereur n'ayant ni Naples ni l'Espagne, aurait été moins fort que ne l'était la France avant la révolution, surtout lorsque le temps serait revenu où les deux états auraient été gouvernés par des princes administrateurs, et tout à la fois belliqueux qui auraient cherché à affermir leur puissance en l'étendant.

Les princes, qui lui faisaient la guerre sous prétexte que sa puissance troublait la sécurité de tout le monde, ne permettaient pas que l'on s'effrayât de la leur, qui avait pris, pendant notre révolution et avant, une extension au-delà de toutes bornes.

CHAPITRE XX.

Projets d'alliance.—L'empereur penche vers la Russie.—Réponse de l'empereur Alexandre.—Intrigue.—Le chevalier de Florette.—M. de Semonville.—Réponse de la cour de Vienne.—Embarras de l'empereur.—Il consulte son conseil.—Diversité des opinions.

Nous étions à la fin de janvier 1810. Le divorce de l'empereur avait été prononcé dans le mois précédent, et vraisemblablement il avait déjà songé à former une nouvelle union avec une princesse qui, en resserrant les liens d'une alliance utile pour la France, pourrait lui donner un héritier que chacun regardait comme le seul obstacle au retour des dissensions intestines.

Il n'y avait, à cette époque, de princesse en âge d'être mariée, dans les familles qui régnaient sur de grands états, qu'en Russie; et en Autriche S.A.I. madame l'archiduchesse Marie-Louise et une de ses soeurs, plus âgées toutes deux que la princesse de Russie.

L'empereur n'avait alors que quarante ans, et quoique la disproportion d'âge fût très-grande, il y avait plusieurs raisons qui l'avaient porté à sacrifier les convenances particulières à la politique de l'état. Il était, par inclination, attaché à l'empereur de Russie, avec lequel il était en alliance, et, malgré le ressentiment que lui avait donné la conduite de son armée dans la campagne qu'il venait de terminer, il aurait encore saisi une occasion de resserrer des liens qui avaient paru tant convenir à tous deux, d'autant plus que l'alliance avec la Russie étant bien entretenue, et par conséquent bien observée, la paix ne pouvait jamais être troublée en Europe. En second lieu, il n'y avait rien entre ces deux grandes puissances qui s'opposât à une parfaite intimité: elles étaient indépendantes l'une de l'autre, et leurs armées, en se rencontrant, n'avaient appris qu'à s'estimer réciproquement; au lieu qu'après tout ce qui s'était passé entre nous et l'Autriche, on ne pouvait pas s'arrêter à l'idée de tourner ses regards vers ce côté.

On croit que c'est à la fin de décembre, ou au commencement de janvier que l'empereur écrivit confidentiellement à M. de Caulaincourt, son ambassadeur en Russie, relativement au projet qu'il avait de s'unir avec la princesse Anne Paulowna, parce que je me rappelle qu'à un cercle au château des Tuileries, après qu'il fut de retour de Trianon, il me demanda à voix basse de lui désigner, parmi les dames qui étaient dans le salon, quelle était celle dont la figure avait le plus de rapport avec celle de la grande-duchesse Anne de Russie. Je me trouvais être le seul Français de tout ce qui était là, qui avait eu l'honneur de la voir; mais elle n'avait alors que seize ans, et quoiqu'elle promît déjà beaucoup, j'eus de la peine à satisfaire sa curiosité. Il m'en reparla encore une fois depuis, et je crois que si la réponse à la lettre qu'il avait fait remettre par M. de Caulaincourt avait été telle qu'il la désirait, il n'eût pas différé un moment à donner suite à ce projet. Il l'attendait avec impatience, lorsqu'au lieu de ce qu'il espérait, il reçut une lettre de l'empereur de Russie, qui n'acceptait ni ne refusait[30].

Il fallait six semaines pour avoir une réponse à une demande faite de Paris à Saint-Pétersbourg, parce que l'on accordait quinze jours pour la communication officielle, et quinze jours à chaque courrier. Les six premières semaines étaient donc passées en pure perte; mais pendant ce temps-là les esprits travaillaient: on pariait pour et contre, parce que dans une ville comme Paris, on sait tout, et on conjecture de tant de manières différentes sur les choses que l'on ne sait pas, que souvent on met le doigt sur la vérité.

On parlait assez du prochain mariage de l'empereur avec une princesse de Russie, pour qu'il n'y ait plus qu'une opinion là-dessus, et chacun cherchait déjà à se faire une position à la cour de la nouvelle souveraine, lorsqu'un incident, oeuvre d'une intrigue, vint déranger tous les calculs.

Depuis le dernier traité de paix, l'Autriche avait envoyé à Paris, comme ambassadeur, M. le prince de Schwartzenberg (l'officier-général) sa position était réellement pénible; et il fallait un bien grand dévouement à son souverain pour venir occuper ce poste à Paris, après des événemens aussi malheureux que ceux que l'Autriche avait éprouvés; néanmoins il eut la constance d'y rester. Il avait chez lui des assemblées auxquelles un grand nombre de personnes se rendaient.

La maison d'un ambassadeur ne manque jamais d'hommes assidus, lorsque le dîner y est bon, et qu'avec cela le maître de la maison est poli. On avait déjà commencé à prendre des habitudes chez le prince de Schwartzenberg qui avait avec lui, comme chef d'ambassade, le chevalier de Florette; celui-ci était fort connu à Paris, et je crois que c'est la raison qui avait déterminé le choix qui en avait été fait.

M. de S***, sénateur, avait été autrefois ambassadeur de France en Hollande, où il avait connu M. de Florette, qui y était employé à la légation autrichienne dans ce pays[31].

Un certain soir, S*** étant chez l'ambassadeur d'Autriche (prince de Schwartzenberg) y rencontra Florette, et dans un à parté que les diplomates aiment toujours, S*** l'entretint des affaires du temps, et du bruit qui courait du mariage prochain de l'empereur avec une princesse de Russie; mais que cela n'était encore qu'un projet, parce que rien n'était arrêté; en même temps il témoigna au chevalier de Florette son étonnement de ce que la cour d'Autriche, qui avait de belles princesses, ne faisait aucune démarche pour les faire préférer, ajoutant que cela était maladroit, parce que c'était le seul moyen de réparer les affaires; qu'il était d'ailleurs connu en Autriche que, cette occasion une fois manquée, elles pourraient encore aller pis.

Le chevalier de Florette, soit qu'il soupçonnât quelque chose d'officiel dans cette communication, ou qu'il la regardât comme une simple conversation, ne manqua pas de répondre à M. de S*** comme un homme qui était enchanté de l'entendre; et pour connaître le fond de la vérité de ce qu'il lui disait, il lui répliqua que l'on serait sans doute très flatté à Vienne de recevoir une proposition de cette nature, mais que la bienséance ne permettait pas de parler de princesses dont le nom devait être respecté, et qu'avant tout, il faudrait savoir comment cela serait reçu aux Tuileries. Leur conversation finit là. M. de S*** vint directement chez M. le duc de Bassano, secrétaire d'État; il le trouva au moment où il allait partir pour travailler avec l'empereur. Il lui rapporta la conversation qu'il venait d'avoir avec le chevalier de Florette, avec cette différence qu'il la raconta comme si c'était M. de Florette qui eût commencé à entrer en matière, et qui aurait dit: «Nous n'osons point parler de nos princesses, parce que nous ne savons pas comment cette proposition serait reçue, et malgré le désir que nous en avons, nous devons attendre que les regards se tournent de notre côté[32].»

Cette version était bien différente de la vérité l'on pouvait en induire que l'Autriche désirait ce mariage, et avait même donné des instructions secrètes à son ambassadeur, soit pour chercher à en parler, ou pour répondre sur ce point, si le cas s'en était présenté. Dans la première conversation, M. de S*** avait donné une sorte d'avis particulier à M. de Florette, et il résultait de ce qu'il rapportait à M. de Bassano que c'était M. de Florette qui lui avait fait entendre que l'Autriche désirait cette alliance, pour laquelle elle n'osait se présenter de crainte d'un refus. M. le duc de Bassano n'eut garde d'oublier de rendre compte de cela à l'empereur; il le désirait, et l'empereur y prêta l'oreille d'autant mieux, qu'il ne voyait pas net dans ce qui se passait en Russie relativement à la question qu'il y faisait traiter. Comme rien ne lui disait qu'elle se terminerait au gré de ses désirs, il chargea à tout événement M. de Bassano de voir semi-officiellement le prince de Schwartzenberg, comme s'il n'eût été question que d'approfondir quelles seraient les intentions dans lesquelles on trouverait le cabinet de Vienne sur cette proposition, si on la hasardait. L'ambassadeur ne put que donner les meilleures assurances; mais demanda, pour plus de sûreté, le temps d'expédier un courrier dont il ferait connaître la réponse à M. le duc de Bassano: cela fut fait ainsi. Il y avait tant de brillant pour les amours-propres particuliers dans cet événement, que l'on n'oublia rien de tout ce qui pouvait le faire réussir; et en conséquence, le sénateur, qui était ami du duc de Bassano, courut bien vite chez M. de Florette pour lui dire où l'on en était avec la cour de Russie, afin qu'il parût à la cour comme un homme bien informé, et qu'ils en retirassent tout le petit crédit qui devait leur en revenir pour avoir fait hâter cette négociation qui intéressait les deux pays.

Voilà donc un courrier sur le chemin de Vienne, pendant que l'on en attendait un de Saint-Pétersbourg; il va et revient deux fois avant que l'autre ait fait la moitié du chemin. Je ne pouvais comprendre quel mauvais génie avait soufflé sur nos affaires avec ce pays-là, surtout lorsque je vis que l'inquiétude de l'impératrice-mère sur l'âge trop tendre de sa fille était à peu près sans réplique; mais au moins il n'y aurait pas eu cette raison-là à alléguer, si l'aînée, qui avait alors vingt ou vingt-un ans, avait encore été à marier. Que de conjectures il est permis de tirer de cette malencontre! Pendant que la Russie faisait des objections (car il fut un moment où l'empereur regardait la chose comme faite, au point qu'il disait que cet événement amènerait sans doute l'empereur de Russie à Paris); pendant, dis-je, qu'elle tardait à se décider, le courrier de Vienne revint, apportant une réponse satisfaisante à tout ce que l'on pouvait désirer, et à laquelle la bienséance imposait de répondre avec le même empressement.

L'empereur se trouva donc placé entre une espérance, et une proposition dont la conclusion dépendait de lui.

Il y avait beaucoup de raisons pour désirer de fixer promptement tous les esprits, car chacun avait pris part à cet événement comme si cela avait été sa propre affaire. À Paris, on aime tant à causer de tout, que le mariage de l'empereur était devenu l'anecdote du jour et le sujet de toutes les conversations. De son côté, il était aussi bien aise de se voir marié, afin d'avoir l'esprit libre pour autre chose. Il voulut cependant, dans cette grande occasion, consulter son conseil privé; il fut assemblé aux Tuileries. Le roi de Naples, qui y fut un des plus énergiques opposans à l'alliance autrichienne, M. l'archi-chancelier, M. l'archi-trésorier, M. de Talleyrand, les ministres, au nombre desquels était M. Fouché, en faisaient partie.

L'état de la question y fut posé tel qu'il était, c'est-à-dire, la Russie ne disant pas non, mais alléguant des motifs de retard qui couvraient peut-être d'autres projets étrangers à cet événement, tels que quelques transactions politiques; et l'Autriche désirant l'alliance de suite, et la présentant de bonne grâce.

L'empereur aimait à connaître les opinions de tout le monde; il demanda d'abord ce qui vaudrait mieux pour la France, d'épouser une princesse de Russie ou une princesse autrichienne. Beaucoup de voix furent en faveur de la Russie, et l'empereur, en ayant demandé les motifs, eut occasion de remarquer que le principal était la crainte qu'une princesse autrichienne ne fût accessible à quelque ressentiment particulier par suite de la mort du roi et de la reine de France, sa grande-tante. Or, ce n'était là qu'une considération secondaire, qui intéressait quelques personnes qui penchaient, par cette raison, pour la Russie, et l'empereur n'ayant pas vu qu'on lui assignât des motifs raisonnables pour en agir autrement, se décida pour S. A. I. madame l'archiduchesse Marie-Louise, parce que son âge lui convenait mieux, et que la manière avec laquelle l'Autriche la présentait était faite pour inspirer beaucoup de confiance.

Cette décision une fois prise, on en mena l'exécution si rapidement, que le même soir le contrat de mariage de l'empereur fut dressé, signé par lui et envoyé à Vienne, en même temps que la demande en forme de la main de S. A. I. madame l'archiduchesse Marie-Louise. Conséquemment, on écrivit en Russie pour qu'il ne fût plus donné suite au projet que l'on y avait formé. J'ai eu occasion, depuis, de me convaincre de l'opinion que beaucoup de petits intérêts personnels avaient concouru à faire changer aussi promptement les résolutions de l'empereur, et même que quelqu'un, qui avait les facilités de l'approcher de très près, n'avait pas nui aux projets de l'Autriche, pour réclamer, dans un autre temps, l'intervention de cette puissance en faveur d'autres intérêts qui devenaient étrangers à la France.

Comme ceci est purement une anecdote, quelque fondée qu'elle soit, je n'ai pas jugé convenable de l'expliquer davantage. Lorsque l'empereur se fut prononcé, tout le monde trouva qu'il avait pris le meilleur parti: les uns disaient qu'une princesse russe aurait amené un schisme dans la religion; d'autres, que l'influence russe nous aurait dominés de la même manière qu'elle cherchait à s'établir partout. On aurait cependant pu observer que l'exercice du rite grec n'aurait pas plus troublé l'église que les protestans et les juifs.

Le peuple, c'est-à-dire la classe marchande, qui n'avait pas tout-à-fait perdu confiance dans les augures, disait que les alliances avec l'Autriche avaient toujours été fatales à la France, que l'empereur serait malheureux, et mille autres prédictions superstitieuses dont la fatalité a voulu qu'une partie se réalisât.

CHAPITRE XXI.

Voyage de Marie-Louise vers la France.—Impatience de l'empereur.—Il va au-devant de la nouvelle impératrice.—Rencontre sur la route.—Arrivée à Compiègne.—Propos indiscrets.—Cérémonie du mariage civil.

À cette grande époque de sa vie, l'empereur songea à y asseoir les noms de ses plus anciens compagnons, et en les proclamant ainsi à la face de la France, il leur donnait le témoignage d'un sentiment qui surpassait sa bienveillance. Il envoya le prince de Neufchâtel pour demander la main de l'archiduchesse Marie-Louise, en même temps qu'il envoya à l'archiduc Charles une procuration pour l'épouser en son nom.

Depuis fort long-temps, il aimait le général Lauriston, qui avait été son aide-de-camp. Il lui donna la commission d'aller à Vienne, et d'accompagner l'impératrice jusqu'à Paris, comme capitaine des gardes.

Pour honorer la mémoire du maréchal Lannes (duc de Montebello), il nomma sa veuve dame d'honneur de la nouvelle impératrice; il ne pouvait pas lui donner une plus grande marque de son estime, car elle n'avait encore alors aucun titre pour arriver à une position qui devait la mettre tout d'un coup à la tête de la haute société.

Il fit partir sa soeur, la reine de Naples, pour aller jusqu'à Braunau, à la rencontre de l'impératrice; elle était accompagnée de quatre dames d'honneur. Nous avions encore à cette époque-là, à Braunau, le corps du maréchal Davout qui achevait l'évacuation de l'Autriche. Il prit les armes à l'arrivée de l'impératrice, et lui fit une réception aussi brillante que cette petite ville pouvait le permettre.

La reine de Naples reçut l'impératrice à Braunau[33], où se fit la cérémonie de la remise de sa personne par les officiers chargés par son père de l'accompagner, de même que la remise de ses effets, et l'impératrice, une fois habillée avec tout ce qui avait été apporté de la garde-robe qui lui était destinée à Paris, passa tout-à-fait avec le service de ses dames du palais, et donna audience de congé à tout ce qui l'avait accompagné de Vienne, et qui allait y retourner. Tout cela se fit à l'instant même, c'est-à-dire qu'une heure après son arrivée à Braunau, tout était fini.

On partit de suite pour Munich, Augsbourg, Stuttgard, Carlsruhe et Strasbourg. Elle fut reçue dans les cours étrangères avec un très-grand éclat, et à Strasbourg avec enthousiasme: on attachait tant d'espérances à ce mariage, que tous les coeurs volaient à sa rencontre.

L'empereur avait été à Compiègne pour la recevoir; toute la cour y était. Il lui écrivait tous les jours par un page, qui allait à franc étrier lui porter sa lettre et en rapporter la réponse. Je me rappelle que, lorsque la première arriva, l'empereur ayant laissé tomber l'enveloppe, on s'empressa de la ramasser et de venir la montrer au salon, pour juger de l'écriture de l'impératrice: il semblait que ce fût son portrait que l'on courait voir. On interrogeait les pages qui revenaient d'auprès d'elle; en un mot, nous étions déjà devenus des courtisans aussi empressés que le furent jamais ceux de Louis XIV, et nous n'étions presque plus ces hommes qui avaient dompté tant de peuples.

L'empereur n'était pas moins impatient que nous, et était plus intéressé à connaître ce qui lui arrivait; il avait vraiment l'air amoureux. Il avait ordonné que l'impératrice vînt par Nancy, Châlons, Reims et Soissons. Il savait, pour ainsi dire, où elle se trouvait à chaque heure de la journée.

Le jour de son arrivée, il partit lui-même le matin avec son grand-maréchal, et s'en alla seul avec lui dans une voiture simple, après avoir laissé ses ordres au maréchal Bessières, qui était resté à Compiègne.

L'empereur prit ainsi le chemin de Soissons et de Reims, jusqu'à ce qu'il rencontrât la voiture de l'impératrice, que son courrier fit arrêter sans mot dire. L'empereur sortit de la sienne, courut à la portière de celle de l'impératrice, qu'il ouvrit lui-même, et monta dans la voiture. La reine de Naples, voyant l'étonnement de l'impératrice, qui ne comprenait pas ce que cela voulait dire, lui dit: «Madame, c'est l'empereur;» et il revint avec elle et la reine de Naples jusqu'à Compiègne.

Le maréchal Bessières avait fait monter à cheval toute la cavalerie qui était à la résidence. Cette troupe, ainsi que tous les généraux et aides-de-camp de l'empereur, se rendit sur la route de Soissons, à un pont de pierre, dont je ne me rappelle pas le nom, qui est cependant très connu; mais c'est à ce même pont que Louis XV alla recevoir madame la dauphine, fille de Marie-Thérèse, qui fut l'infortunée reine de France.

Il était nuit lorsque l'impératrice arriva, et nous avions été mouillés en l'attendant. Bien heureusement, il était inutile de chercher à l'apercevoir, car je crois que nous nous serions mis sous les roues de sa voiture pour en découvrir quelque chose.

La population de Compiègne avait trouvé moyen de se placer dans les vestibules du château, et lorsque l'impératrice arriva, elle fut reçue au pied du grand escalier par la mère et la famille de l'empereur, toute la cour, les ministres et un grand nombre de personnes considérables. Il est inutile de dire sur qui les yeux furent fixés depuis le commencement de l'ouverture de la portière de la voiture jusqu'à la porte des appartemens; tout était dans l'ivresse et dans la joie.

Il n'y eut point de cercle ce soir-là, chacun se retira de bonne heure.

Selon l'étiquette entre les cours étrangères, l'empereur était bien l'époux de l'archiduchesse Marie-Louise; mais d'après le Code civil il ne l'était pas encore: néanmoins on dit qu'il fit un peu comme Henri IV avec Marie de Médicis. Au reste, je ne répète que les mauvais propos du lendemain, parce que j'ai fait profession d'être véridique. Le monde prétendait tout voir et tout savoir; quant à moi, qui y voyais clair tout autant qu'un autre, je n'ai rien trouvé à redire à ce que je n'ai pas vu, malgré ce qu'on en dit: mais si cela m'eût regardé, j'en eusse fait tout autant.

C'était mon tour à coucher cette nuit-là dans le salon de service; l'empereur avait été s'établir hors du château, à sa maison de la chancellerie: on serait venu la nuit me dire que Paris brûlait, que je n'aurais pas été le réveiller, dans la crainte de ne trouver personne.

Le lendemain fut un jour fatigant pour la jeune souveraine, en ce que des personnes qu'elle connaissait à peine lui en présentaient une foule d'autres qu'elle ne connaissait pas du tout.

L'empereur présenta lui-même ses aides-de-camp, qui furent flattés de cette marque de bonté de sa part; la dame d'honneur présenta les dames du palais et les autres personnes du service d'honneur.

Le lendemain du jour de cette présentation, l'empereur partit pour Saint-Cloud avec l'impératrice; les deux services d'honneur suivirent dans des voitures séparées; on n'entra point à Paris: on vint gagner Saint-Denis, le bois de Boulogne et Saint-Cloud; toutes les autorités de Paris s'étaient rendues à la frontière du département de la Seine, du côté de Compiègne; elles étaient suivies de la plus grande partie de la population, qui se livrait à la joie et à l'enthousiasme.

Il y avait à Saint-Cloud, pour la recevoir, un monde prodigieux: les princesses de la famille impériale d'abord, parmi lesquelles on remarquait la vice-reine d'Italie, qui venait pour la première fois à Paris; la princesse de Bade, les dignitaires, les maréchaux de France, les sénateurs, les conseillers d'État. Il était grand jour, lorsqu'on arriva à Saint-Cloud.

Ce ne fut que le surlendemain qu'eut lieu la cérémonie du mariage civil dans la galerie de Saint-Cloud. On avait dressé une estrade à son extrémité, sur laquelle était une table avec des fauteuils pour l'empereur et l'impératrice, des chaises et des tabourets pour les princes et princesses; il n'y avait de présens que les personnes qui étaient attachées à ces différentes cours. Lorsque tout fut disposé, le cortège se mit en marche depuis les appartemens de l'impératrice, et vint, en traversant les grands appartemens, par le salon d'Hercule dans la galerie, où il se plaça, d'après l'ordre de l'étiquette, sur l'estrade qui avait été préparée. Tout le monde avait sa place désignée, de sorte que, dans un instant, il régna beaucoup d'ordre et un grand silence.

L'archi-chancelier était à côté d'une table recouverte d'un riche tapis de velours, sur laquelle était un registre que tenait M. le comte Regnault de Saint-Jean-d'Angely, secrétaire de l'état civil de la famille impériale. Après avoir pris les ordres de l'empereur, le prince archi-chancelier lui demanda à haute voix: «Sire, Votre Majesté a-t-elle intention de prendre pour sa légitime épouse S. A. I. madame l'archiduchesse Marie-Louise d'Autriche, ici présente?» L'empereur répondit: «Oui, monsieur.» Alors, l'archi-chancelier, s'adressant à l'impératrice, lui dit: «Madame, est-ce la libre volonté de V. A. I. de prendre pour son légitime époux S. M. l'empereur Napoléon, ici présent?» Elle répondit: «Oui, monsieur.» Alors l'archi-chancelier, reprenant la parole, déclara au nom de la loi et des institutions de l'empire que S. M. l'empereur Napoléon et S. A. I. madame l'archiduchesse Marie-Louise d'Autriche étaient unis en mariage. Le comte Regnault de Saint-Jean-d'Angely présenta l'acte à signer à l'empereur, puis à l'impératrice, et ensuite à tous les membres de la famille[34], ainsi qu'aux personnes dont l'office leur permettait d'avoir cet honneur.

Après la cérémonie, le cortége se remit dans le même ordre pour retourner aux appartemens. C'était pour le lendemain que chacun réservait sa curiosité, et effectivement personne n'était préparé à l'imposant spectacle dont un million de Français furent témoins. Pour le représenter fidèlement, il n'est pas besoin de préparer son imagination à voir tout en beau, parce que l'on ne peut pas tomber dans l'exagération en peignant tout ce qui fut étalé en pompe, en magnificence et en luxe ce jour-là.

CHAPITRE XXII.

Cortége.—Entrée à Paris.—Cérémonie religieuse aux Tuileries.—Conduite des cardinaux.—Explication à ce sujet.—Départ de l'empereur et de l'impératrice pour la Belgique.—Canal de Saint-Quentin.—Anvers.—M. Decrès.—Immenses résultats dus aux talens et à l'activité de ce ministre.—Retour de l'empereur à Paris.—Effet que produit la nouvelle impératrice.

Jamais aucune cour ne déploya autant de magnificence, et quoique je parle en présence de beaucoup de contemporains qui liront ces Mémoires, je ne puis m'empêcher de retracer au souvenir de ceux qui auront encore du plaisir à se les rappeler, les détails de cet événement, auquel chacun participait à l'envi, et que personne n'eût osé croire aussi voisin d'une catastrophe[35].

L'empereur et l'impératrice partirent de Saint-Cloud dans la même voiture, attelée de huit chevaux isabelles; une autre voiture vide, attelée de huit chevaux gris, la précédait[36]; c'était celle destinée pour l'impératrice. Trente autres voitures à fond d'or, superbement attelées, composaient le cortége; elles étaient remplies des dames et officiers des services d'honneur, ainsi que ce qui devait, par ses emplois, avoir l'honneur d'y être admis. Toute la garde à cheval escortait ce convoi, qui partit de Saint-Cloud vers huit à neuf heures du matin. Il passa par le bois de Boulogne, la porte Maillot, les Champs-Élysées, la place de la Révolution, le jardin des Tuileries, où toutes les voitures passèrent par-dessous le grand péristyle, en s'arrêtant pour donner aux personnes qui étaient dedans le temps de mettre pied à terre.

Depuis la grille de la cour du château de Saint-Cloud, les deux côtés du chemin étaient bordés d'une multitude qui paraissait si considérable, qu'il fallait que la population des campagnes fût accourue à Saint-Cloud et à Paris ce jour-là.

Cette foule allait en augmentant à mesure que l'on approchait de Paris; à partir de la barrière jusqu'au château des Tuileries, elle était inconcevable. Le long des Champs-Élysées, il y avait, de distance en distance, des orchestres qui exécutaient des morceaux de musique. La France avait l'air d'être dans l'ivresse. Comme chacun faisait à l'empereur des sermens de fidélité, de dévoûment! Comme il eût été taxé de folie celui qui eût osé prédire alors tout ce que l'on a vu depuis!

Lorsque toutes les voitures furent arrivées, le cortége se reforma en ordre dans la galerie de Diane aux Tuileries, et marcha par un couloir qui avait été pratiqué exprès pour arriver à la galerie du Museum, dans laquelle il entra par la porte qui est à son extrémité du côté du pavillon de Flore.

Ici commençait un nouveau spectacle: les deux côtés de cette immense galerie étaient garnis, d'un bout à l'autre, d'un triple rang de dames de la bourgeoisie de Paris; rien n'égalait la variété du tableau qu'offrait cette quantité de jeunes personnes de toutes conditions, parées de leur jeunesse encore plus que de leurs ajustemens.

Le long des deux côtés de la galerie régnait une balustrade, afin que personne ne dépassât l'alignement, en sorte que le milieu de ce beau vaisseau restait libre; et c'est par là que s'avançait le cortége, que tout le monde put dévorer des yeux jusqu'à l'autel. Le vaste salon qui est au bout de la galerie où se faisait ordinairement l'exposition des tableaux, avait été disposé en chapelle. On avait établi dans tout son pourtour un triple rang de loges magnifiquement ornées; elles étaient toutes remplies des dames les mieux mises, ainsi que de tout ce qu'il y avait de plus considérable à Paris à cette époque. Le grand-maître des cérémonies plaçait les personnes du cortége à mesure qu'elles arrivaient dans la chapelle; on ne pouvait pas désirer plus d'ordre qu'on en observa dans cette cérémonie.

La messe fut célébrée par S. E. monseigneur le cardinal Fesch, et le mariage la suivit. C'est ici le moment de parler d'une anecdote qui fut remarquée de beaucoup de monde, et qui eut des suites fâcheuses.

Le ministre des cultes avait convoqué tout le haut clergé qui se trouvait à Paris, ainsi que les évêques les plus voisins. Tous assistèrent à la cérémonie en habits pontificaux; il n'y manqua que les cardinaux, qui, excepté deux qui se présentèrent à la messe, ne prirent pas même le soin de faire connaître les motifs de leur absence. J'expliquerai cela tout à l'heure; mais le mariage n'en eut pas moins lieu. Le cortége retourna dans le même ordre au château des Tuileries, où l'empereur resta quelques jours pour recevoir les félicitations de toutes les autorités et des différens corps administratifs.

Il avait la conduite insolente des cardinaux dans l'esprit. Il blâma d'abord le ministre de la police de n'avoir pas su leur projet ou de ne l'avoir pas prévenu; mais les cardinaux n'y perdirent rien: il commença par les exiler de Paris, et les envoya demeurer dans des lieux différens, à cinquante lieues de la capitale au moins.

Ces cardinaux se trouvaient à Paris depuis que le pape avait été amené à Savone. L'empereur attendait qu'il eût un moment de loisir pour s'occuper des affaires ecclésiastiques, et, à cette fin, il avait mandé près de lui le sacré collége; le mariage arriva avant qu'il eût pu y donner quelques soins, et ces prélats saisirent cette occasion de montrer le mauvais esprit dont ils étaient animés.

À Paris, ils étaient sous la direction du ministre des cultes, qui n'avait pas manqué de les inviter, chacun séparément et par écrit, à se trouver à la chapelle des Tuileries le jour du mariage de l'empereur; et leur bouderie aurait pu faire grand mal à l'effet moral que produisait ce grand événement, si le bon sens n'avait pas été plus fort que les passions des ennemis de l'empereur, qui, n'osant pas approuver la conduite des princes de l'église, ne manquèrent pas de répandre que le pape leur avait défendu d'assister à cet hymen. Dans un autre temps, on aurait levé les épaules de pitié à une pareille conduite; mais comme nous avions beaucoup d'âmes pieuses sur lesquelles elle pouvait faire un mauvais effet, on jugea à propos de la réprimer d'une manière exemplaire. L'empereur aurait eu grand tort d'en agir autrement: il devait sévir contre des hommes qui venaient, dans le palais même du gouvernement, dire à l'épouse du chef de l'État qu'elle ne pouvait pas être unie légitimement en mariage avec celui qu'elle épousait de l'aveu de sa famille, en présence de l'Europe entière et de la patrie; c'est comme s'ils lui avaient dit: «Vous ne pouvez pas être la femme légitime de l'empereur; c'est à vous de voir si vous consentez à être sa concubine.» Il n'y avait pas d'autre interprétation à donner à leur conduite, et c'est ce qui irrita particulièrement l'empereur, qui, dans cette occasion, fut trop bon envers des insensés qui, oubliant la sainteté de leur ministère, ne s'en servaient que pour jeter de l'odieux sur une jeune princesse qu'il y avait tant d'intérêt à montrer dans toute sa pureté à la nation entière, dont les regards étaient fixés sur elle.

Quel motif prétendaient-ils alléguer? Que l'empereur était marié, que le pape n'avait point autorisé son divorce? Il y a eu un acte délivré à ce sujet par l'officialité de Paris. J'ai déjà dit que l'empereur n'avait point été marié devant l'église avec l'impératrice Joséphine, conséquemment l'église n'avait rien à voir dans son divorce; il était marié civilement: or, les lois prévoyaient le cas de divorce; l'on n'avait rien fait que d'après elles. Suivant les dogmes de ces perturbateurs, ce devait plutôt être la première femme de l'empereur qui aurait dû être considérée comme une concubine que celle qu'il prenait devant l'église.

Mais si ce n'était pas ce motif qui les a portés à commettre cet acte d'inconvenance, il ne pouvait y avoir que la raison d'excommunication: or, s'il en eût été ainsi, l'empereur aurait encore eu un bien grand tort de ne pas faire enfermer des excitateurs qui ne venaient en France que pour prêcher la désobéissance et mettre le schisme dans l'église; car enfin il en serait résulté, tôt ou tard, que les prêtres des paroisses auraient dû prêcher la croisade contre lui.

Il n'y a pas un souverain qui n'eût tiré une vengeance éclatante de cette conduite; et s'il ne l'a pas punie comme elle le méritait, c'est qu'un esprit fort comme le sien s'est mis au-dessus de cette tracasserie. Il en a cependant tiré de la force pour répondre aux argumens qu'on lui fit, lorsque, quelques mois après, il voulut terminer les affaires du clergé. J'en parlerai un peu plus bas.

Peu de jours après les grandes cérémonies du mariage, l'empereur retourna à Compiègne avec l'impératrice. Ce voyage fut composé d'une société brillante et choisie, et le temps se passait en plaisirs. Tout le monde admirait comme l'empereur était aux petits soins pour sa nouvelle épouse; il faisait tous les jours inviter quelques personnes à dîner, pour lui fournir des occasions de connaître celles dont il voulait la voir approcher. Elle avait une grande timidité qui lui avait gagné beaucoup de coeurs, et on était heureux pour elle de voir l'empereur la soigner autant qu'il le faisait.

On ne resta pas plus de huit jours à Compiègne. Avant qu'il emmenât l'impératrice faire un voyage en Belgique, il passa par St-Quentin; de Saint-Quentin pour venir à Cambrai, il passa sous la voûte souterraine du canal qui joint l'Escaut à l'Oise; ce canal était achevé, et avant d'y introduire les eaux, l'empereur voulut passer dans le lit encore à sec. Ce grand travail est tout-à-fait son ouvrage, et il portera à la postérité le témoignage de ses sollicitudes pour tout ce qui intéressait l'amélioration de position des provinces où il était possible d'exécuter d'aussi grandes conceptions. Certainement si l'empereur ne fût pas venu au gouvernement, ce canal, qui était projeté long-temps avant lui, n'aurait jamais été achevé.

De Cambrai, il alla à Bruxelles, et de Bruxelles à Anvers. Ce voyage était un véritable triomphe, on n'était fatigué que de plaisirs et d'honneurs.

Le grand-duc de Wurtzbourg en faisait partie, ainsi que la reine de Naples; plusieurs ministres, tant Français qu'étrangers, accompagnaient aussi l'empereur. M. le comte de Metternich était du nombre. De Bruxelles à Malines, l'empereur fit voyager l'impératrice en bateau par le canal de navigation qui joint ces deux villes. Il s'arrêta avant d'arriver à Malines pour s'embarquer sur le Ruppel, dans des chaloupes de la marine militaire, que le ministre de la marine avait fait remonter dans cette rivière jusqu'à Ruppelmonde.

Nous fûmes de là par eau jusqu'à Anvers, et l'empereur n'avait pris ce moyen que pour voir lui-même les vaisseaux de l'escadre d'Anvers, que le ministre de la marine avait été obligé de faire remonter jusque dans la rivière de Ruppel pendant que les Anglais occupaient Flessingue, d'où l'on craignait qu'ils n'entreprissent de les brûler, comme ils avaient fait de ceux de Rochefort dans la même campagne.

Quelques vaisseaux étaient redescendus à Anvers, et nous n'en trouvâmes plus que six dans le Ruppel. Nous arrivâmes à Anvers à travers un nuage épais de fumée de poudre à canon, occasionné par le salut que fit chaque bâtiment de guerre en voyant passer les canots qui portaient l'empereur et sa suite. C'était presque l'effet d'une bataille navale.

Nous restâmes huit jours à Anvers; l'empereur y fut retenu aussi long-temps, parce qu'il fallut résoudre une difficulté qui se renouvelait tous les ans; c'était de trouver un moyen d'abriter les vaisseaux des dommages que leur occasionnaient les glaces à la fin de chaque hiver. On avait été obligé jusqu'alors d'avoir recours à des expédiens sur lesquels on ne pouvait pas trop compter. De la multitude de projets qui furent soumis à l'empereur, il n'adopta que celui de creuser un bassin dans l'intérieur de la ville, et de lui donner assez de capacité pour contenir toute l'escadre. Il n'y avait que la prodigieuse activité de l'empereur qui pût faire exécuter de pareils projets presque aussitôt qu'ils étaient conçus; je dis presque aussitôt, car je crois que cet énorme bassin fut en état de recevoir la flotte au mois de novembre ou de décembre, et nous étions alors dans les premiers jours de mai.

Ce port d'Anvers présentait chaque année quelque nouveau prodige. Certes, le ministre de la marine, M. Decrès, contre lequel on criait tant, ne pouvait pas mieux répondre à ses ennemis qu'en leur disant: Imitez-moi; car, toute partialité à part, il est un des hommes de cette époque qui savait le mieux entendre et exécuter les idées de l'empereur.

Il a créé plus de moyens maritimes, c'est-à-dire de vaisseaux et de frégates, qu'on n'en avait construit avant lui depuis Louis XIV, à quoi il faut ajouter le port de Cherbourg, ouvrage au-dessus de tout ce qu'on vante tant des Romains; celui d'Anvers, ses chantiers, son bassin; l'élargissement de l'ouverture de celui de Flessingue, de manière à y faire entrer les plus gros vaisseaux de guerre; l'augmentation du port de Brest, et enfin, dans le temps, la nombreuse flottille de Boulogne. Si avec tous ces immenses résultats nous n'avons pas eu une marine, est-ce de la faute de cet habile ministre? Non, sans doute, il ne manquait que des hommes.

On n'embarquait plus que des conscrits, que l'on faisait matelots comme on les aurait faits soldats. Aussi toutes les fois qu'un bâtiment était rencontré en sortant, il était pris; mais s'il parvenait à gagner la haute mer, et à la tenir pendant quelques mois, son équipage s'était formé, et il pouvait, sans aucun danger, se mesurer avec un bâtiment de la même force que lui. On a été fort injuste envers le ministre de la marine, en lui attribuant nos désastres.

L'empereur vit lancer un vaisseau, puis il fut faire une reconnaissance du cours de l'Escaut et de tous ses bras.

Son frère, le roi de Hollande, qui retournait de Paris à Amsterdam, passa à Anvers pour prendre congé de lui. En poursuivant son voyage, il évita de passer par le pays qu'il venait d'être forcé de céder à la France.

En partant d'Anvers, l'empereur alla voir Berg-op-Zoom, Breda, Gertruidenberg, Bois-le-Duc, ainsi que toute la fortification du cours de la Meuse. Il revint par Laken, Gand, Ostende, Lille, Calais, Boulogne, Dieppe, le Havre et Rouen. Il était de retour à Saint-Cloud le 1er juin.

Attaqué d'une fièvre violente à Breda, j'avais obtenu de revenir à Paris. J'ai été bien étonné de lire, il n'y a pas long-temps, dans les Mémoires de M.

Ouvrard, que l'empereur m'avait envoyé à Paris pour l'observer, lui, M. Ouvrard. En vérité, il se fait bien de l'honneur, et il se croit sans doute un personnage bien important. Il aurait été, en tout cas, le premier individu qui eût été pour moi l'objet d'une semblable mission. D'ailleurs, qu'il se persuade bien que, si la chose avait été comme il le dit, je ne lui aurais pas fait d'autre honneur que de le placer en lieu sûr, si cela en avait valu la peine; comme je l'ai fait la seule fois qu'on m'ait jamais parlé de lui, ainsi qu'on le verra dans le chapitre suivant.

Au retour de ce voyage de Belgique, l'impératrice avait déjà une idée des Français; elle en avait été bien reçue partout, et commençait elle-même à s'accoutumer à un pays où tout ce qu'elle voyait pouvait lui donner l'espérance d'y vivre heureuse long-temps. Elle avait reçu cette excellente éducation qui l'avait persuadée qu'une femme ne doit pas avoir de volonté, parce qu'elle ne pouvait pas savoir à qui elle était destinée; il aurait été question d'aller vivre dans les déserts, qu'elle n'aurait pas fait la moindre observation. Habitudes passives qui plus tard nous ont fait bien du mal.

On commençait à l'aimer et à se féliciter d'avoir une souveraine exempte d'intrigues, et dans l'esprit de laquelle chacun pourrait être en bonne situation, sans avoir rien à redouter des suites des bavardages de cour. Les personnes qui venaient à la cour de loin en loin, et qui dès-lors la voyaient moins, prenaient pour de la roideur cette timidité naturelle qu'elle a conservée jusqu'au jour où elle nous a quittés. Ces personnes avaient tort, et je crois qu'elles s'en faisaient accroire à elles-mêmes, par suite de leur habitude de tout rapporter à la vieille cour de Versailles. Une chose contribuait encore à rendre l'impératrice timide pendant les premiers mois de son séjour en France; c'est qu'elle parlait le français moins facilement en arrivant qu'elle ne l'a parlé depuis. Elle le comprenait très-bien; mais dans une conversation où elle aurait été obligée de s'observer parler, la construction de nos phrases lui demandait quelque soin, ce qui l'obligeait en quelque sorte à faire mentalement la traduction de la phrase allemande, qui lui venait sans effort, en langue française, dont les expressions n'arrivaient pas aussi vite.

Elle ne s'est jamais aperçue combien ce léger embarras que l'on remarquait en elle, dans ces occasions, lui donnait de grâces.

CHAPITRE XXIII.

M. Ouvrard.—Ordre de son arrestation.—Détails à ce sujet.—Anecdote curieuse.—Le sénateur désappointé.—L'empereur me nomme ministre de la police.—Sensation que fait cette nouvelle à Paris.—M. Fouché me laisse un renseignement.—Instructions que me donne l'empereur.

Il y avait à peine huit jours que l'empereur était de retour à Saint-Cloud, qu'il arriva un changement de ministère. On lui avait dit que le ministre de la police négociait avec l'Angleterre, et que le sieur Ouvrard, que l'on ne croyait avoir été qu'en Hollande, avait été à Londres, et avait rapporté des lettres à M. le duc d'Otrante. On accompagnait cela de détails si positifs, que l'empereur le crut et voulut savoir la vérité. Il se détermina à faire arrêter le sieur Ouvrard, mais comme il se méfiait du ministre de la police, il me fit donner directement l'ordre de faire faire cette arrestation dans le jour même, et cela avant la fin du conseil des ministres, qui se tenait ce jour-là à Saint-Cloud, sans quoi M. Ouvrard serait averti, et je ne le trouverais plus; et, une fois arrêté, de le faire conduire en prison où il devait être mis au secret. J'étais à Saint-Cloud moi-même lorsque je reçus cet ordre écrit de la main et signé de M. le duc de Bassano, qui me l'apporta dans le salon où j'étais. Je ne connaissais ni la demeure ni la figure de M. Ouvrard; de plus, il était deux heures, et le conseil des ministres finissait ordinairement entre cinq et six heures. Depuis que j'avais l'honneur de servir l'empereur, c'était la seconde fois qu'il me faisait donner un ordre semblable: dans les deux cas, il avait lieu de suspecter de l'infidélité de la part du ministre de la police.

Cela ne m'était jamais arrivé auparavant, et cela ne m'arriva jamais depuis, c'est-à-dire que, pendant seize ans, il ne s'est servi que deux fois de moi, dont on croyait qu'il se servait tous les jours, pour de semblables missions.

Je revenais à Paris en rêvant par quel moyen je connaîtrais la demeure de M. Ouvrard, lorsqu'il me vint dans la pensée qu'une personne que je connaissais à Paris pourrait me donner son adresse. J'y allai, et sans lui avoir dit un mot du motif de ma visite, elle me pria de ne pas rester, mais de revenir, si je le désirais, vers cinq heures, parce qu'elle attendait deux visites pour lesquelles on lui avait demandé de fermer la porte; j'insistai pour rester et ne voulus point sortir qu'elle ne m'eût dit qui elle attendait. Comme cette personne croyait n'avoir aucune raison pour taire ces deux visites, elle me nomma M. de Talleyrand et M. Ouvrard. Quand cette rencontre eût été faite pour moi, elle n'aurait pu arriver plus à propos pour m'aider à trouver quelqu'un que je ne connaissais pas, et qu'il fallait avoir dans un temps donné.

J'eus l'air contrarié de cette visite et mis une espèce d'instance pour que je ne trouvasse plus personne à cinq heures, ayant quelque chose à lui dire en particulier: on me le promit. Je courus bien vite au quartier des gendarmes dont j'étais le colonel, et je choisis un capitaine, homme de fort bonne compagnie (il avait été avant la révolution écuyer de main de Mme la comtesse d'Artois), incapable de manquer aux bienséances comme à son devoir, et qui, en même temps, connaissait de vue M. de Talleyrand. J'avais fait d'avance tous les ordres écrits dont il pouvait avoir besoin; je lui dis de quoi il était question, et lui donnai les renseignemens que je venais d'acquérir fortuitement. Il alla droit à la maison que je lui avais indiquée; il ne s'en laissa pas refuser la porte, je l'en avais prévenu, et il arriva effectivement jusqu'au salon, où il trouva M. de Talleyrand, qu'il connaissait, avec M. Ouvrard, qu'il cherchait et qu'il ne connaissait pas: il engagea la conversation avec lui comme ayant à lui parler en particulier.

M. Ouvrard sortit, il lui montra les ordres dont il était porteur, et s'en fit suivre dans une voiture qu'il avait préparée pour le conduire à Vincennes. Arrivé à ce château, le concierge ne voulut pas le recevoir sans un ordre du ministre de la police, de sorte que l'on fut obligé de déposer M. Ouvrard au greffe jusqu'à ce que l'on fût venu à Paris demander à M. le duc d'Otrante l'ordre dont on avait besoin; j'avais oublié que cette formalité était nécessaire, et si, comme on le prétend, j'avais eu une surveillance quelconque dans cette maison, j'aurais bien pu en faire ouvrir la porte sans le secours de M. le duc d'Otrante. On le trouva comme il revenait de Saint-Cloud; il avait reçu des ordres de l'empereur, et ne refusa point ceux qu'on lui demandait concernant M. Ouvrard. Mais il eut encore une belle occasion d'accabler la gendarmerie de mille autres faits étrangers à celui-ci. Lorsqu'il sut comment M. Ouvrard avait été trouvé, il se persuada qu'on me l'avait livré par perfidie; il en a voulu à cette personne, qui n'en était pas plus coupable que lui. Il lui dit tant de balivernes sur moi, que pendant long-temps nous vécûmes en bouderie ouverte, tellement que je me promis bien de le revaloir à M. Fouché.

J'étais retourné le soir du même jour à Saint-Cloud. L'empereur, en me voyant arriver, me demanda si j'avais trouvé M. Ouvrard, et sur ma réponse, il donna quelques ordres que je ne me rappelle pas.

Le jeudi et le vendredi se passèrent ainsi sans nouvelles; le samedi, j'étais de service près de lui, et il ne me dit pas un mot. Le lendemain, qui était un dimanche, en entrant dans le salon où il donnait le lever, il me vit encore, parce que l'aide-de-camp qui descendait de service y entrait d'ordinaire avec celui qui le montait. C'est seulement alors qu'il me demanda si je restais à Saint-Cloud, et sur ma réponse négative, il me dit de ne pas partir, qu'il me ferait appeler dans la journée.

Il y eut messe comme à l'ordinaire, et l'on y vit les personnes qui étaient accoutumées d'y venir. Aucun changement ne s'annonçait encore; après la messe, étant resté absolument seul, je crus que l'empereur m'avait oublié, et je m'en fus chez la duchesse de Bassano lui demander à dîner, voulant me tenir à portée de revenir, si on m'appelait, et ne m'en aller qu'après que l'empereur serait couché. Madame de Bassano habitait une maison de campagne située à Sèvres, absolument en face du pont. J'étais loin de croire que je reviendrais un jour sur des détails qui ne me paraissaient mériter alors aucune attention.

Pendant que j'étais chez madame la duchesse de Bassano à attendre son mari pour dîner, nous le vîmes arriver de Paris, menant dans sa voiture M. le comte de S***, sénateur; j'étais si accoutumé à voir sortir des portefeuilles de la voiture de M. le duc de Bassano que je ne fis pas attention que, dans le nombre de ceux que l'on en retirait, il se trouvait celui du ministre de la police; mais je remarquai bien que l'on sortait de cette voiture un paquet à M. le comte de S***, lequel paquet renfermait un habit de sénateur avec tout ce qui en dépend, et enfin une épée et un chapeau à plumes. Comme j'avais vu le sénateur à la messe le matin, je ne pouvais concevoir comment il était retourné à Paris, ayant à revenir à Saint-Cloud aussi promptement; je le lui demandai, et il me répondit qu'il avait à faire des visites à de vieilles douairières à Versailles, et qu'il attendait sa voiture pour y aller.

M. le duc de Bassano avait des comptes à rendre à l'empereur avant de dîner, en sorte que nous fûmes obligés de l'attendre, et pendant l'intervalle nous allâmes, M. de S*** et moi, faire une promenade dans le parc; c'est lui qui m'apprit que le ministère de la police venait d'être retiré à M. Fouché, et que M. le duc de Bassano était dans le moment allé en reporter le portefeuille à l'empereur. Alors je commençai à m'expliquer ce que signifiaient le paquet, l'épée et le chapeau, ainsi que le retour du sénateur. Je voulus lui en faire mon compliment, qu'il refusa, en me protestant qu'il ne voulait rien au monde.

Pendant que nous étions à nous promener, il arriva à cheval un piqueur des écuries de l'empereur avec un deuxième cheval de main; il venait me chercher au plus vite. J'étais en bas de soie, et dans une toilette fort peu convenable à un écuyer. Néanmoins, le piqueur me pressant, j'imaginai de mettre mes souliers dans ma poche, et de passer les bottes de M. de Bassano par-dessus mes bas de soie. Dans la maison que je quittais, on était à cent lieues de se douter de ce qui allait m'arriver, et on riait autant que moi de mon accoutrement. J'arrivai à Saint-Cloud au galop, et rechaussai mes souliers au vestibule pour entrer aux grands appartemens. L'empereur était las de m'attendre; il allait monter en calèche pour faire sa promenade accoutumée avec l'impératrice, lorsqu'on m'annonça. Il me fit entrer tout seul, quoique M. l'archi-chancelier fût là, qui savait tout et ne disait rien; puis en souriant, l'empereur me dit: «Eh bien! Savary, voilà une grande affaire; je vais vous faire ministre de la police. Vous sentez-vous la force de remplir cette place?» Je répondis que je me sentais bien le courage de lui être dévoué toute ma vie; mais que je n'avais aucune idée de cette besogne, à quoi il répliqua que tout s'apprenait.

Il fit entrer de suite l'archi-chancelier et M. le duc de Bassano, qui me remit la formule du serment, que je prêtai, et auquel, certes, je n'ai pas manqué.

Je revins avec M. le duc de Bassano dîner chez lui; il me recommanda de n'en rien dire, et cela était inutile; j'étais plus mort que vif. Il n'y avait pas de voyages ni d'événemens auxquels je ne fusse plus préparé qu'à occuper un emploi de cette espèce. J'en eus une courbature, et ne pus ni manger ni parler pendant le dîner, après lequel le sénateur et la maîtresse de la maison s'approchèrent du duc de Bassano pour lui demander des nouvelles de la nomination du ministre. Je l'entendis leur répondre, en me montrant de l'oeil: «Le voilà, le ministre de la police.» Ils en parurent aussi étonnés que moi. Le sénateur n'alla point faire de visites aux douairières de Versailles, et remporta son paquet à Paris.

Nous allâmes à Paris, M. le duc de Bassano et moi, pour qu'il me fît remettre l'hôtel du ministère de la police. Je ne rentrai chez moi que fort tard, n'ayant nulle envie de dormir, et ne pouvant m'accoutumer à l'idée de quitter ma profession pour prendre des fonctions dont j'avais réellement peur.

Le lendemain, lorsqu'on lut cette nomination dans le *Moniteur*, personne ne voulait y croire. L'empereur aurait nommé l'ambassadeur de Perse, qui était alors à Paris, que cela n'aurait pas fait plus de peur. J'eus un véritable chagrin de voir la mauvaise disposition avec laquelle on parut accueillir la nomination d'un officier-général au ministère de la police, et si je ne m'étais senti une bonne conscience, je n'aurais pas trouvé le courage dont j'avais besoin pour résister à tout ce que l'on disait à ce sujet.

J'inspirais de la frayeur à tout le monde; chacun faisait ses paquets, on n'entendait parler que d'exils, d'emprisonnemens et pis encore; enfin je crois que la nouvelle d'une peste sur quelque point de la côte n'aurait pas plus effrayé que ma nomination au ministère de la police. Dans l'armée, où l'on savait moins ce que c'était que cette besogne, on trouva ma nomination d'autant moins extraordinaire, que tout le monde croyait que j'y exerçais déjà quelque surveillance; cependant je puis assurer sur l'honneur qu'avant d'être ministre, l'empereur ne m'a jamais chargé d'aucune mission de cette espèce, hors dans les deux occasions que j'ai citées. Les hommes de l'armée qui le faisaient dire étaient précisément, comme de coutume en pareil cas, ceux qui dénonçaient leurs camarades chaque fois qu'ils en trouvaient l'occasion; et en mettant cela sur moi, ils écartaient le soupçon de dessus eux. J'ai lu leurs rapports, j'ai respecté jusqu'à présent un secret qui n'était pas le mien; mais il ne faut pas prendre la modération pour de l'oubli.

Jusqu'à l'époque de mon entrée dans les hautes fonctions administratives, je n'avais jamais envisagé le monde ni les affaires sous les rapports où j'ai été obligé d'apprendre à les connaître. Ce changement de situation m'obligea à mettre hors de mon esprit tout ce qui l'avait occupé jusqu'alors, pour y substituer les nouveaux élémens sur lesquels j'allais l'appliquer.

J'étais dans la confiance que mon prédécesseur me laisserait quelques documens propres à diriger mes premiers pas; il me demanda de rester dans le même hôtel que moi, sous prétexte de rassembler, en même temps que les effets, les papiers qu'il avait à me communiquer; j'eus la simplicité de le laisser trois semaines entières dans son ancien appartement, et le jour qu'il en sortit, il me remit pour tout papier un mémoire contre la maison de Bourbon, lequel avait au moins deux ans de date; il avait brûlé le reste, au point que je n'eus pas traces de la moindre écriture. Il en fut de même lorsqu'il fallut me faire connaître les agens, de sorte que le fameux ministère de M. Fouché, dont j'avais eu, comme tout le monde, une opinion extraordinaire, commença à me paraître très peu de chose, ou au moins suspect, puisque l'on faisait difficulté de me remettre ce qui intéressait le service de l'État; et plus j'ai été, plus je me suis convaincu que nous avions été dupes de la plus impudente charlatannerie dont on ait eu d'exemple, comme on sera à portée de le juger par la suite de ces Mémoires.

Je n'ai pas été long-temps à me persuader que ce ministère n'avait jamais eu une direction dans l'intérêt de l'empereur, que l'on s'en était servi pour se faire une position près de lui, et en même temps contre lui, et qu'il était un instrument dangereux dans les mains d'un agitateur qui ne reconnaissait d'autres devoirs que de suivre la ligne de la prospérité.

Néanmoins, j'ai été utile à mon prédécesseur dans son revers de fortune; il m'a dû le recouvrement de grands capitaux qu'il avait mal à propos cru devoir mettre à l'abri d'une saisie qui n'était que l'effet de la peur dont son imagination était atteinte; l'empereur était mécontent de lui, mais ne lui voulait aucun mal, et jamais je ne me suis vu dans le cas d'apaiser dans son esprit aucun ressentiment contre M. le duc d'Otrante.

En me mettant à la tête de ce ministère, l'empereur me donna cette instruction en se promenant dans le parc de Saint-Cloud.

«Voyez tout le monde, ne maltraitez personne; on vous croit dur et méchant, ce serait faire beau jeu à vos ennemis que de vous laisser aller à des idées de réaction; ne renvoyez personne; si par la suite vous avez à vous plaindre de quelqu'un, il ne faudra pas le déplacer avant six mois, et encore lui trouver une place égale à celle que vous lui ôterez. Pour me bien servir, il faut bien servir l'État; ce n'est pas en faisant faire mon éloge, lorsqu'il n'y a pas lieu, que l'on me sert, on me nuit au contraire, et j'ai été fort mécontent de tout ce qui a été fait jusqu'à présent là-dessus. Quand vous êtes obligé d'user des voies de rigueur, il faut toujours que cela soit juste, parce qu'alors vous pouvez les mettre sur le devoir de votre charge. Ne faites pas comme votre prédécesseur, qui mettait sur mon compte les rigueurs que je ne lui commandais pas, et qui s'attribuait les grâces que je lui ordonnais de faire, quoique souvent il ignorât jusqu'aux moindres détails relatifs à ceux qui en étaient les objets. Traitez bien les hommes de lettres, on les a indisposés contre moi en leur disant que je ne les aimais pas; on a eu une mauvaise intention en faisant cela; sans mes occupations je les verrais plus souvent. Ce sont des hommes utiles qu'il faut toujours distinguer, parce qu'ils font honneur à la France.

«Pour bien faire la police, il faut être sans passions; méfiez-vous des haines; écoutez tout, et ne vous prononcez jamais sans avoir donné à la raison le temps de revenir.

«Jusqu'à présent, on m'a peint comme très méchantes un grand nombre de personnes que je ne connais pas, les unes sont exilées, d'autres sont en surveillance. Il faudra me faire un rapport sur tout cela, je ne crois pas à tout le mal qu'on m'en a dit; mais comme on ne m'a plus parlé d'elles, elles en sont restées là et doivent souffrir. Ne vous laissez pas mener par vos bureaux; écoutez-les, mais qu'ils vous écoutent et qu'ils suivent vos directions.

«J'ai changé M. Fouché, parce qu'au fond je ne pouvais pas compter sur lui; il se défendait contre moi, lorsque je ne lui commandais rien, et se faisait une considération à mes dépens. Il cherchait toujours à me deviner pour ensuite paraître me mener, et comme j'étais devenu réservé avec lui, il était dupe de quelques intrigans et s'égarait toujours; vous verrez que c'est comme cela qu'il aura entrepris de faire la paix avec l'Angleterre; je vous écrirai à ce sujet, je veux savoir comment cette idée-là lui est venue.»

Cette instruction me donna du courage; pendant les premiers jours, j'allais au rapport chez l'empereur pour chercher de la force plutôt que pour lui porter rien qui vaille, et je m'aperçus bientôt qu'il avait plus d'une garde à carreau, et que c'était sans doute pourquoi il avait patienté si long-temps avec M. Fouché, ayant toujours un moyen de prévenir sa méchanceté.

La confiance me vint petit à petit; sans être méchant, j'étais parvenu à trouver aussi une assez bonne dose de malice, de laquelle j'ai fait un bon usage dans le cours de mon ministère. J'aurai occasion d'en citer plusieurs circonstances.

CHAPITRE XXIV.

Situation politique de la France.—L'empereur fait redemander ses lettres à M. Fouché.—M. Ouvrard est remis en liberté.—Fagan.—Hennecart.—Intrigue de M. Fouché.

C'est le 3 juin 1810 que je suis entré dans les fonctions de ministre de la police, environ six semaines après le mariage de l'empereur, c'est-à-dire lorsque toute la France était encore dans l'enthousiasme qu'avait excité cet événement. Jamais l'empereur n'avait paru plus fort qu'après son alliance avec la puissance qui semblait être sa rivale irréconciliable, et après avoir donné un gage de son désir de la paix, en même temps que la preuve non équivoque qu'il n'était atteint d'aucun projet subversif du pouvoir de la maison d'Autriche, ainsi qu'on s'est plu à le répandre. En France, on se repaissait d'idées de tranquillité auxquelles se rapportaient toutes les conjectures et toutes les espérances: on se voyait au mieux avec l'Autriche, on ne craignait pas la Prusse, et on n'entrevoyait plus rien à démêler avec les Russes.

Il n'y avait plus qu'avec l'Espagne et avec l'Angleterre que nous avions la guerre; on faisait marcher une grande partie des troupes d'Allemagne vers l'Espagne, en sorte que la question ne pouvait pas y rester long-temps indécise; on y avait même fait prendre l'offensive en Andalousie, en faisant marcher par la Siera-Morena l'armée qui avait combattu à Talavera, et qui, depuis lors, occupait la Manche. Je reviendrai à l'Espagne; mais je vais raconter les événemens dans l'ordre où ils sont survenus. Je ne saurais trop répéter que la France était ivre de joie et d'espérance, et qu'il n'y avait rien à faire pour former l'opinion sur le mariage de l'empereur. Il y aurait même eu de l'imprudence à faire supposer que les expressions d'allégresse universelle étaient le résultat de quelques soins administratifs.

Je crois avoir dit plus haut qu'avant de partir de Vienne, l'empereur avait fait des dispositions pour se rendre en Espagne aussitôt qu'il serait arrivé à Paris; mais tous ces événemens et les suites d'un nouvel hymen lui firent abandonner ce projet; pourtant il laissa la garde impériale, ainsi que son train de guerre, s'avancer jusqu'en Castille, parce que cela avait l'air de ne le précéder que de quelques jours, et ne pouvait produire qu'un bon effet sur les troupes et sur les ennemis.

Avant de parler de la situation générale des affaires, j'ai besoin d'achever ce qui est relatif à M. le duc d'Otrante. L'empereur, en lui retirant le portefeuille du ministère, lui avait donné, comme une marque de son estime, le gouvernement de Rome; il était au moment de partir, lorsque l'empereur lui fit redemander les lettres qu'il lui avait écrites pendant le cours de son administration. L'habitude était de les renvoyer au cabinet de l'empereur, afin de prévenir le mauvais usage que l'on aurait pu en faire, particulièrement de celles adressées à un ministre de la police; M. Fouché n'avait pas prévu cela, et fit dire qu'il les avait brûlées. Cette réponse non seulement ne satisfit pas l'empereur, mais il lui retira sa commission de gouverneur de Rome, et lui ordonna de voyager en Italie; néanmoins il ne lui retira aucun des nombreux bienfaits dont il l'avait couvert[37].

Cette légèreté d'avoir brûlé les lettres de l'empereur lui donna de l'humeur; il n'y crut d'abord pas, et regarda cette réponse comme une défaite, d'autant plus que l'idée d'un projet d'abuser de ces lettres ne discordait pas avec celle d'avoir voulu ouvrir directement des communications avec l'Angleterre sans la participation de l'empereur, qui ne pouvait revenir de cette folie. C'est alors qu'il m'écrivit pour que je me fisse rendre compte de suite de tout ce qui concernait cette intrigue, que j'étais bien éloigné de soupçonner avoir été aussi importante.

On se rappelle d'abord que M. Ouvrard était à Vincennes; je reçus ordre de laisser entrer dans le donjon une personne du cabinet de l'empereur, qui était envoyée pour l'interroger: c'était M. Mounier, qui était à cette époque auditeur au conseil d'État. Je crus d'abord qu'on ne l'en avait chargé que parce que j'étais considéré comme un novice, mais je ne tardai pas à en connaître la véritable raison. Je n'ai su les détails de la mission qui avait amené la détention de M. Ouvrard que plusieurs années après, et c'est lui-même qui me les a appris. L'on avait dit à l'empereur qu'il avait été en Angleterre; c'est sur cette base qu'il fut interrogé; or comme l'assertion était fausse, l'interrogatoire n'aboutit à rien; on fut donc obligé de le remettre en liberté, parce que l'on reconnut qu'il n'était pas sorti de Hollande, où il avait été autorisé à se rendre. M. Ouvrard était un homme trop adroit pour donner de la prise sur lui; il n'avait répondu à M. Mounier qu'en lui remettant une lettre pour l'empereur, dans laquelle il se disculpait, mais l'empereur n'y avait pas foi.

L'on n'était pas encore satisfait de ce que l'on apprenait, l'empereur persistait à soutenir que quelqu'un avait été de Paris à Londres, et c'était sur cela qu'il voulait qu'on dirigeât ses recherches. Je n'avais pas encore beaucoup d'expérience; mais cependant je fis si bien feuilleter les registres des allans et venans d'Angleterre, que je découvris qu'un sieur Fagan y avait fait deux voyages successifs en très peu de temps. Ce Fagan était connu à la police, et je l'envoyai chercher; il ne me déguisa rien: c'était un ancien officier irlandais au service de France, qui menait à Paris une conduite fort équivoque, mais qui n'avait aucune raison pour cacher ses actions.

Il me déclara que, vivant fort paisiblement à Paris, un M. Hennecart, qu'il connaissait, était venu le voir et lui dire que M. le duc d'Otrante cherchait quelqu'un qui pût aller en Angleterre pour remplir la mission la plus délicate dont un homme de talent pût être chargé, et que lui, Hennecart, s'était engagé à le lui trouver, demandant toutefois de prévenir cette personne avant de le lui faire connaître. Cet Hennecart dit à Fagan que le duc d'Otrante était chargé d'affaires diplomatiques, et que lui, Fagan, pouvait se faire beaucoup d'honneur et une belle position en servant le ministre de la police dans cette occasion. Fagan accepta; alors Hennecart lui dit de se présenter sous un prétexte quelconque chez le duc d'Otrante, auquel Hennecart ne dirait rien de leur conversation, afin de donner une entière sécurité au ministre, qui n'accorderait pas sa confiance à un indiscret.

On verra pourquoi Hennecart recommandait si fort à Fagan de ne pas dire au duc d'Otrante qu'ils s'étaient vus; c'est que lui-même, Hennecart, n'avait pas vu le duc d'Otrante, et quoiqu'il fût agent de police, il servait dans cette circonstance une autre intrigue. Fagan alla voir le duc d'Otrante, qui le connaissait sous les mêmes rapports qu'il connaissait Hennecart; en bon serviteur, il lui parle des facilités d'informations qu'il peut avoir à Londres, où il connaissait particulièrement le marquis de Wellesley, et enfin offre au ministre son dévoûment.

M. Fouché n'eut garde de laisser échapper cette occasion de pénétrer ce qu'il ne savait qu'imparfaitement par la correspondance d'Amsterdam, d'autant plus qu'il ne se doutait pas du piége, parce que Fagan était agent de police. En conséquence, le voilà qui donne à ce messager argent et instructions pour aller à Londres, et en même temps il lui indique une voie pour qu'il lui expédie ses rapports, afin qu'ils échappent à la curiosité des observateurs.

À peine cette mission était-elle donnée à Fagan, que Hennecart arrive chez lui pour le féliciter, et après les complimens d'usage, il lui dit qu'il a encore à l'entretenir d'une chose pour l'avantage de sa fortune personnelle, à lui Fagan, et il commença par lui parler des protections qu'il pouvait obtenir près de l'empereur même contre un caprice ou une injustice du duc d'Otrante, qui pouvait enfin être trompé par un mauvais rapport. Fagan l'ayant prié de s'expliquer, Hennecart lui parla net, et lui dit que, s'il voulait lui envoyer de Londres à lui-même la copie de tous les rapports qu'il serait dans le cas d'adresser à M. Fouché, il lui promettait qu'il s'en trouverait bien, parce que, disait-il, les rapports seront remis directement à l'empereur par M. le duc de Bassano, qui les tiendra de M. de S***, à qui je les remettrai. Fagan, après avoir réfléchi, accepta, et comme Hennecart n'eut pas de peine à lui démontrer la nécessité d'être informé le premier pour avoir le temps de faire parvenir, aussitôt que pourrait le faire M. Fouché, le rapport qu'il lui adresserait, il fut convenu que l'un aurait sur l'autre l'intervalle d'un ordinaire de courrier. Ce dernier point réglé, le sieur Fagan partit pour Londres.

C'est maintenant le cas de dire par quel motif M. le duc d'Otrante l'y envoya, et pour me faire mieux comprendre, je vais reprendre les choses de plus haut.

CHAPITRE XXV.

Plans de l'empereur.—Son désir de faire la paix avec l'Angleterre.—Tentatives par le roi de Hollande.—M. de Labouchère autorisé par l'empereur.—M. Ouvrard employé par M. Fouché.—Une intrigue renverse les espérances de pacification.—Détails.

Depuis que l'empereur s'était allié à la maison d'Autriche, il croyait avoir atteint le but vers lequel il tendait, qui était de lier une grande puissance au système établi en France, et par conséquent avoir assuré la paix en Europe, c'est-à-dire qu'il ne se croyait plus exposé à être encore traversé par quelque nouvelle coalition; il n'avait donc plus que la paix à faire avec l'Angleterre, et pour que l'Espagne ne devînt pas une difficulté, c'est-à-dire pour que sa possession ne pût pas être contestée, et pût être comptée comme un effet négociable pour la France au moment où l'on aurait pu entrer en négociation avec l'Angleterre, il faisait marcher dans la Péninsule des forces tellement considérables, que la conquête devait lui en être assurée. Elles se réunirent toutes en Castille; ensemble elles composaient l'armée dont l'empereur avait le projet d'aller prendre le commandement, et depuis qu'il s'était déterminé à rester à Paris, il avait envoyé le maréchal Masséna pour le commander, avec l'ordre de marcher droit à l'armée anglaise en Portugal, en même temps que l'armée, sous les ordres du roi et du maréchal Soult, qui était son major-général, marcherait en Andalousie et sur Cadix. Avec ces deux grandes opérations se liaient aussi celles que le général Suchet conduisait en Catalogne, où il faisait les sièges successifs des places qui bordent le cours de l'Èbre, et qui couvrent cette province.

Ce vaste plan d'opérations avait été dressé par l'empereur, et il s'était flatté que, quoique absent de l'armée, la même obéissance et le même désir de faire son devoir auraient animé tous ceux qui devaient y coopérer; malheureusement il arriva le contraire. J'en parlerai lorsqu'il en sera temps.

La paix avec l'Angleterre lui tenait plus à cœur; il se voyait entre les mains de quoi donner des compensations à cette puissance, tant en retour de ce qui lui était nécessaire d'en obtenir qu'en dédommagement des sacrifices qu'on aurait pu lui demander, sans avoir de moyens d'appuyer les réclamations qu'on était dans le cas de lui adresser; car telle était notre position, qu'il fallait que l'Angleterre le voulût bien, autrement il ne pouvait y avoir de terme à la guerre.

On avait employé deux fois l'intervention de la Russie pour ouvrir une négociation avec le gouvernement anglais; celui-ci l'avait rejetée dans des termes qui n'offraient même pas les moyens de lui faire préciser les termes de son refus, de sorte que l'on en était encore à croire en Angleterre au projet d'une puissance continentale universelle de la part de l'empereur, comme on croyait en France à un projet de puissance maritime et commerciale exclusive de la part de l'Angleterre.

L'empereur, malgré ces contrariétés, ne voulait pas croire à l'impossibilité de faire comprendre des propositions raisonnables en retour de celles qu'il était disposé à écouter; il chercha les moyens de faire sonder les dispositions du ministère à Londres, afin de savoir ce qu'il était permis d'en espérer. Cette démarche ne pouvait pas être faite directement, parce qu'elle eût porté son cachet, et qu'en cas de refus, tous les inconvéniens eussent été pour l'empereur personnellement.

La Hollande avait encore plus besoin de la paix maritime que la France; le roi Louis y jouissait de l'estime des peuples qu'il gouvernait, et lui-même ne craignait pas de dire à l'empereur tout ce qu'il entrevoyait de fâcheux pour lui, s'il devait encore régner long-temps sur un pays auquel il ne restait plus de ressources, et qui était encore blessé depuis la dernière réunion à la France, d'une partie de son territoire.

C'est par lui-même, avec l'approbation de l'empereur, que se firent les premières démarches vis-à-vis de l'Angleterre; elles portèrent le masque d'affaires de commerce simples. La maison Hopp d'Amsterdam était celle qui avait le plus de relations avec l'Angleterre, et qui, par sa grande considération, pouvait, en y traitant ses propres affaires, prendre le caractère qui devait appartenir à celles qu'elle aurait traitées entre les deux gouvernemens. Cette maison avait un de ses associés, M. de Labouchère, qui était allié à une famille du haut commerce de Londres.

Ce fut sur lui que le roi de Hollande jeta les yeux pour la mission qu'il s'était chargé de remplir; il donna des instructions à M. de Labouchère, et un passe-port avec lequel il se rendit à Londres. Il avait des moyens de se faire accueillir qui étaient naturels, et qui le dispensaient de tout ce qui aurait pu apporter des entraves à ses démarches; il était d'ailleurs connu pour un homme si estimable, que tout ce qu'il aurait pu dire ne pouvait être atteint de la suspicion. M. de Labouchère adressait ses rapports à la maison Hopp d'Amsterdam, qui les remettait au roi, lequel les faisait parvenir à l'empereur.

Non-seulement M. de Labouchère, dans ses premières dépêches, était rassurant sur les dispositions du gouvernement anglais, mais il était encore encourageant, et il se flattait que, pour peu qu'il y eût un peu de bonne volonté dans les concessions, tout pourrait s'arranger au gré des impatiens désirs de tout le monde, parce que, lorsqu'on en serait venu à négocier ouvertement sur le chapitre des sacrifices réciproques, le premier une fois fait, on eût été facilement d'accord sur les choses essentielles, et on ne se serait point arrêté à des bagatelles qui ne pouvaient être mises en comparaison avec les pertes énormes que cet état de guerre causait continuellement.

Les choses allaient assez bon train, lorsque M. le duc d'Otrante fut informé que M. de Labouchère était en Angleterre; il faut observer qu'il avait pu le savoir, soit par la correspondance du commerce de Londres avec celui de Paris, ou par celle du commerce de Londres, d'abord, avec Amsterdam, et ensuite d'Amsterdam avec Paris. Cet avis fut accompagné de détails assez piquans pour éveiller la curiosité de M. le duc d'Otrante, qui pouvait d'ailleurs avoir un autre motif, parce qu'un ministre de la police est autorisé à tout suspecter; mais dans ce cas-ci, il paraît n'avoir eu que celui d'être informé de ce qui se préparait à l'horizon politique pour régler la marche qu'il devait prendre lui-même. Il lui fut facile de se donner le moyen d'être bien informé de ce que faisait M. de Labouchère à Londres, parce que celui-ci était fort lié avec M. Ouvrard qu'il fit venir, et auquel il parla de circonstances qui pouvaient favoriser des spéculations. Enfin, sans lui témoigner le moindre désir de curiosité, il lui dit que c'était avec l'assentiment de l'empereur qu'il lui tenait ce langage, et lui proposa d'aller à Amsterdam pour être l'intermédiaire entre lui, Fouché, et M. de Labouchère, qui était à Londres, et avec lequel il se mettrait en communication en lui écrivant aussitôt son arrivée, pour tâcher de pénétrer ce qu'il faisait à Londres, et enfin, que d'Amsterdam il lui enverrait à Paris ses rapports. M. Fouché n'avait pas encore dit un mot de tout cela à l'empereur, qui, de son côté, ne lui disait plus rien depuis long-temps.

M. Ouvrard ne fut pas autorisé à se douter que le ministre abusait du nom de l'empereur. Il partit donc pour Amsterdam, persuadé qu'il y était envoyé par ordre de l'empereur, et écrivit en conséquence à M. de Labouchère, qui, sans se départir de la marche qui lui avait été tracée avant de quitter la Hollande, continua à lui adresser ses rapports à la maison Hopp, pour qu'elle les remît au roi, qui les renvoyait à l'empereur. Néanmoins, comme il connaissait beaucoup M. Ouvrard, il lui accusa réception de ses lettres, et peut-être que pour se préserver lui-même du soupçon d'intrigue particulière, dont on aurait pu accuser sa discrétion, si les affaires étaient venues à mal tourner, il se détermina à instruire sommairement M. Ouvrard de ce qui se passait et de ce qu'il espérait, d'autant plus qu'il ne lui aurait pas été défendu de saisir une occasion favorable pour une grande opération de commerce.

Ce ne fut qu'après que M. Fouché eut reçu les premières lettres que M. Ouvrard lui écrivait comme à quelqu'un qu'il supposait non seulement au fait de la mission de M. de Labouchère, mais qu'il croyait chargé de le diriger, et qu'en un mot il regardait comme le véritable négociateur entre la France et l'Angleterre; ce n'est qu'alors, dis-je, que M. Fouché parla à l'empereur du voyage de M. Ouvrard en Hollande, ne disant pas que c'était lui qui l'avait envoyé, mais qu'il n'avait pas eu de raison pour lui refuser un passe-port, d'autant plus qu'il était correspondant de la maison Hopp, avec laquelle il avait à régler, et que de temps en temps il lui donnait des nouvelles. Il se crut suffisamment en règle après avoir rendu ce compte à l'empereur; il ne parla même du voyage de M. Ouvrard que pour se trouver à couvert si les choses étaient venues à mauvaise fin, et qu'on les eût imputées à M. Ouvrard. L'empereur retint cela, mais n'en devint pas plus communicatif avec M. Fouché, qui fut obligé de deviner ce qui se traitait à Londres sur ce que M. Ouvrard lui mandait d'Amsterdam, d'après les lettres qu'il recevait de M. de Labouchère. Celui-ci avait trop d'esprit pour écrire ce qui ne pouvait pas se dire, de sorte que la curiosité de M. Fouché était continuellement excitée et jamais satisfaite; il en voyait cependant assez pour juger que l'empereur travaillait à la paix, et il en conclut qu'il fallait prendre ce langage: en même temps, il songea à tirer sa part de la considération dans l'oeuvre de la paix, en faisant tout ce qui était nécessaire pour fasciner les yeux de la multitude, et en persuadant que c'était lui qui l'avait faite, ou qui avait forcé à la faire. Il allait hardiment, parce qu'il la croyait sûre, persuadé que l'empereur était en négociations ouvertes. Il en parlait aux uns pour qu'ils en parlassent à leur tour, et en même temps il ne négligeait rien de ce qui pouvait le tenir régulièrement informé de l'état de cette question, autour de laquelle il tournait sans pouvoir la pénétrer. Il était inquiet d'une chose, c'est que, comme il avait coutume de s'attribuer tout ce qui était populaire, si la paix était venue à se faire sans qu'il en fût prévenu, sa prévoyance aurait été en défaut, et son crédit s'en serait altéré.

C'est en parlant ainsi de la paix avec l'Angleterre qu'il promettait à tout le monde, qu'il fit attacher sur lui des yeux observateurs, et qu'il revint aux oreilles de M. de Bassano, ou de M. de S***[38], que M. Fouché traitait de la paix avec l'Angleterre par le canal de M. Ouvrard, qui était à Amsterdam, et l'on ajoutait qu'il allait et revenait de Londres dans cette ville: soit curiosité, soit jalousie de la part de ceux qui, ayant fait le mariage de l'empereur, convoitaient des ministères, ou au moins celui vers lequel ils voyaient que M. Fouché tendait[39], ils voulurent déjouer son projet, ou son intrigue si elle avait été tramée contre l'État.

Cela leur fut facile par le moyen de cet Hennecart[40], que M. de S*** avait tout-à-fait gagné. De son côté, Hennecart, quoiqu'attaché au ministère de la police, avait gagné les sieurs Vera père et fils, qui étaient tous deux employés supérieurs à la préfecture de police, laquelle était presque continuellement en rivalité avec le ministère de la police; par ce moyen, lorsqu'on voulait jouer un mauvais tour à M. Fouché, on donnait un mauvais bulletin à Hennecart, qui le remettait au sieur Vera, et celui-ci au préfet de police, qui ne manquait pas d'en faire la matière d'une anecdote de police pour l'empereur. C'était par de misérables moyens comme ceux-là qu'on entravait la marche des affaires les plus importantes en faisant parade d'un zèle exclusif et sans pareil pour le service de l'empereur. Je ne puis pas assurer si M. de Bassano rapporta à l'empereur que M. Fouché était en négociations ouvertes avec l'Angleterre par le moyen d'Ouvrard, et si c'est l'empereur qui l'aurait, par suite, chargé de prendre des informations sur ce que pouvait faire M. Ouvrard, soit à Amsterdam ou à Londres; ou bien si lui, M. de Bassano, avait fait prendre des informations avant d'en rendre compte à l'empereur. Néanmoins j'ai toujours cru qu'on lui en avait fait parvenir le premier avis par la préfecture de police, ainsi que je viens de le dire. Du reste, voici un fait exactement vrai.

Lorsque j'eus reçu la déclaration du sieur Fagan, dont j'ai parlé tout à l'heure, je fis venir le sieur Hennecart et lui parlai un peu vivement en ces termes:

«Monsieur, vous qui m'avez fait tant d'offres de service, qui m'avez parlé de l'ingratitude du duc d'Otrante envers l'empereur, qui trouvez si bien que l'on ait fait arrêter M. Ouvrard, je trouve, moi, que personne ne mérite mieux que vous un pareil traitement, et si vous ne me répondez pas catégoriquement, cela pourra bien vous arriver tout à l'heure.

«Qui est-ce qui a dit d'aller engager Fagan à se charger d'une mission pour l'Angleterre?» Il me répondit, d'un ton fort consterné, qu'à la vérité il avait été le trouver et le lui proposer; que cela avait été arrangé entre M. de S*** et lui, et que, sans cette intrigue, ils ne seraient jamais parvenus à déplacer M. Fouché pour me faire entrer au ministère. Je lui répondis: «Comment! vous ne me connaissiez pas, et vous me vouliez tant de bien!»

Il crut m'en imposer en me disant que l'opinion me désignait comme le seul homme, entre ceux dévoués à l'empereur, capable de bien remplir cette place, etc., etc. Enfin il me raconta tout ce que je viens de dire sur ce qui s'était passé entre Fagan et lui, en ajoutant qu'il n'avait fait cela que de concert avec S***, et que c'était à S*** qu'il remettait les bulletins que Fagan lui envoyait.

Ainsi M. Fouché, dont l'habileté a été tant vantée, avait employé dans cette circonstance, si délicate pour lui, un agent qui, quoiqu'à ses gages, lui avait été mis dans la main par M. de S***, qui préparait sa perte[41]. Si M. de S*** n'était pas d'accord avec M. de Bassano, il l'a dupé en lui remettant, comme venant d'une autre source, des bulletins qui venaient de Fagan; et s'il était d'accord avec M. de Bassano, tous deux ont complètement dupé M. Fouché.

Je n'ai pas encore dit quel était le motif de celui-ci en envoyant Fagan à Londres: il pouvait en avoir deux.

1° Comme Fagan disait avoir des moyens d'introduction près du marquis de Wellesley, il pouvait par là connaître l'état de la question entre le ministre et les propositions de la partie dont M. de Labouchère était l'organe, et au moyen de la correspondance de Fagan (qui avait causé avec M. de Wellesley), comparée avec celle de M. Ouvrard, laquelle était extraite des lettres de M. Labouchère, qui avait de même causé avec le marquis de Wellesley. M. Fouché pouvait être très près de deviner les intentions des deux partis qui traitaient, et juger d'avance du résultat, et en même temps conjecturer quelles devaient être les instructions des négociateurs.

C'est au retour du premier voyage que fit Fagan, que M. Fouché ne douta plus du succès des négociations de paix, et qu'il s'arrangea, soit pour s'attribuer dans l'opinion la gloire d'avoir amené l'Angleterre à conclure la paix, ce que personne n'avait pu faire jusqu'alors; soit pour s'emparer de la négociation, lorsque le moment serait arrivé où l'empereur aurait voulu et en même temps pu traiter ouvertement, parce qu'alors il lui aurait dit qu'il était au fait de la question, qu'il la suivait des yeux depuis long-temps, ce qui, selon lui, aurait paru un assez grand avantage pour que l'empereur le nommât négociateur, puis enfin ministre des relations extérieures, où il aspirait à arriver, étant las de la police. C'était là son motif en envoyant Fagan à Londres; mais il s'empressa trop de faire le négociateur, et se trompa de chemin comme un homme qui veut conduire ceux qui ne lui ont pas dit où ils veulent aller. Il renvoya son messager à Londres, d'où il était parti peu auparavant, ayant vu et entretenu le marquis de Wellesley. Il se présenta de nouveau chez ce ministre, auquel il rapporta des conversations, et peut-être même des légèretés de M. Fouché, qui était aussi ministre, et qui pouvait paraître à Londres chargé par l'empereur de négocier. Voilà donc ce Fagan qui se trouva avoir une sorte de caractère, parce qu'enfin le marquis de Wellesley pouvait bien accorder autant de confiance à ce que Fagan lui disait de la part de M. Fouché, que M. Fouché paraissait en avoir accordé à ce que ce même Fagan lui avait rapporté de la part du marquis de Wellesley; mais malheureusement pour M. Fouché, ce que Fagan disait au marquis de Wellesley ne ressemblait pas tout-à-fait à ce dont M. de Labouchère l'entretenait, et que Fouché ne pouvait pas savoir aussi promptement, par la raison que ce qui devait être envoyé à M. de Labouchère était adressé directement de Paris au roi de Hollande, de là à Londres, et que M. Fouché ne pouvait en être informé qu'après que l'avis était revenu sur ses pas, c'est-à-dire lorsque M. de Labouchère avait bien voulu en écrire à M. Ouvrard, qu'il croyait informé du motif de son séjour à Londres. Il résulta de ce tripotage que le marquis de Wellesley fut autorisé à croire qu'on voulait le duper, ou que l'on faisait jouer à M. de Labouchère le rôle d'une dupe pour bercer les Hollandais de l'espérance de la paix, puisqu'il lui parlait dans un sens, et que M. Fouché lui faisait parler dans un autre qui ne pouvait pas être exactement conforme au premier; il ne soupçonnait pas la sincérité de celui qui ne craignait pas de prendre un caractère officiel, et n'accordait pas autant de confiance à celui qui cependant la méritait mieux que l'autre, mais qui, n'étant pas autorisé à prendre un caractère, pouvait être désavoué quand on voudrait.

Il chercha auquel des deux il devait ajouter foi, et, ne voyant que des contradictions dans ce que l'un et l'autre disaient, il ne put voir là que de l'intrigue, et cessa toute communication avec tous deux, et bientôt après leur fit donner l'ordre de quitter l'Angleterre, observant que, si la France avait réellement envie de faire la paix, elle devait avoir d'autres moyens à employer pour se faire entendre.

Il fallut bien rendre compte à l'empereur du retour de M. de Labouchère à Amsterdam; on lui avait caché l'envoi du sieur Fagan à Londres, en ne lui remettant les bulletins de ce Fagan, par M. de S***, que comme des bulletins de la négociation de M. Fouché, sans explications. L'empereur ne connaissait que le départ de M. Ouvrard pour Amsterdam, et comme on se garda bien de l'éclairer sur celui de Fagan pour Londres (que M. de Bassano ignorait peut-être lui-même), il attribua naturellement à M. Ouvrard ces bulletins de la négociation de M. Fouché. C'est pourquoi l'empereur crut d'abord que M. Ouvrard avait été lui-même à Londres, et il ordonna son arrestation. On y poussa l'empereur, parce que l'on voulait lui persuader que M. Ouvrard était le prête-nom de M. de Talleyrand, que l'on voulait écarter comme un homme qui faisait peur.

Je laisse aux hommes éclairés à former leur opinion sur cette intrigue, qui ressemble même plutôt à de la fourberie de laquais qu'à de la haute intrigue. Ils jugeront, dans toute cette suite de piéges tendus à la bonne foi, quel est celui qui a été le plus coupable.

CHAPITRE XXVI.

Le roi de Hollande abdique.—Il nomme la reine régente.—Réflexions.—Inquiétudes de l'empereur.—Opinion de l'empereur Alexandre sur le blocus continental.—Détails sur le chagrin de l'empereur Napoléon à la nouvelle de l'abdication de son frère.—Considérations politiques.—La Hollande est réunie à l'empire français.

Il fallut renoncer à l'espérance de faire la paix, et cette nouvelle produisit encore un plus mauvais effet en Hollande qu'en France. Le désespoir s'empara de la majeure partie du commerce. Le roi lui-même, dont les goûts pour la solitude s'accordaient peu avec les agitations de circonstances aussi graves; le roi, effrayé d'avance de désordres qu'il regardait comme inévitables, et ne sentant pas en lui sans doute l'énergie nécessaire pour y faire face, se laissa aller à son inclination naturelle. Il se détermina tout à coup à abdiquer un pouvoir qu'il avait reçu, pour ainsi dire, malgré lui, et il ne craignit pas de susciter à l'empereur de nouveaux embarras, en laissant, par son départ subit, la Hollande sans gouvernement.

Il est bien vrai que, par son acte d'abdication, il avait nommé la reine régente; mais ce n'était pas dans une monarchie nouvelle, comme l'était celle de Hollande, qu'une reine étrangère pouvait exercer une souveraineté, d'autant plus que, moins encore que son mari, elle était en état d'apporter remède à des maux dont la perspective l'avait déterminé à se retirer.

Il était inutile de se dissimuler qu'il devait arriver de deux choses l'une, ou que le gouvernement serait assez fort pour comprimer tous les mécontens, c'est-à-dire tous les Hollandais, ou bien que ceux-ci secoueraient le joug de la France et appelleraient les Anglais, et alors une régente étrangère au pays, placée tout à coup à la tête des affaires, pouvait-elle réunir des forces assez imposantes pour faire respecter son autorité et contenir des soulèvemens; en supposant même que, jeune et sans expérience, elle eût assez de force morale pour résister au déchirant tableau d'une nation divisée, malheureuse, et qui n'aurait pas manqué de lui attribuer tous les maux qui l'accablaient?

Dans un état de paix et de tranquillité, où un esprit juste, éclairé, joint à un coeur généreux et élevé, peut suffire pour administrer, sans doute la Hollande n'aurait pu mieux trouver que sa régente; mais les circonstances n'étaient ni aussi favorables ni aussi heureuses, et il y avait des intérêts qui parlaient plus haut que les siens.

Le roi de Hollande a été blâmé sous beaucoup de rapports: on lui a généralement reproché d'avoir abandonné des peuples qui lui rendaient justice et ne lui avaient refusé ni fidélité ni obéissance; d'avoir, par sa retraite, attiré sur eux des maux qu'il aurait évités en les préservant au moins de tous ceux qui sont inséparables de l'écroulement d'un gouvernement. Enfin on lui a reproché d'avoir, par son acte d'abdication, désigné l'empereur comme la cause d'un sacrifice qu'il s'imposait, tandis que sa santé et surtout ses goûts de retraite y avaient plus de part que l'influence de l'empereur sur la Hollande; influence d'ailleurs qui était moindre peut-être qu'elle ne l'avait été sous le gouvernement électif de ce pays.

Ce n'était pas sans raison que l'empereur disait quelquefois, en parlant de ses frères, qu'aussitôt qu'ils étaient revêtus d'un pouvoir, ils adoptaient la politique de celui auquel ils avaient succédé, en sorte qu'il avait peu gagné au change, ajoutant qu'il ne lui en coûterait pas davantage de faire gouverner tous ces pays par des vice-rois.

À peine le foi de Hollande eut-il signé son abdication, qu'il partit incognito, passa par les États de son frère qui régnait en Westphalie, traversa la Saxe pour se rendre d'abord, dit-on, aux eaux de Toeplitz en Bohême, puis enfin alla s'établir à Gratz en Styrie, où il vécut sans suite comme un simple citoyen.

L'empereur était au château de Rambouillet, lorsqu'il eut connaissance de cette abdication. La première nouvelle en était arrivée à Paris par le commerce, et comme il n'avait rien reçu par ses relations officielles, il conçut de l'inquiétude sur quelques menées particulières du pays même, dont la retraite du roi aurait été probablement un des résultats convenus. Il fut un moment fort occupé de cette idée, jusqu'à ce que l'officier-général qui commandait ses troupes en Hollande l'eût rassuré par toutes les mesures qu'il avait prises pour préserver les troupes hollandaises de toute participation à un mouvement étranger que l'on croyait lié avec le parti qui avait décidé le roi à abdiquer.

L'exécution rigoureuse du système continental était devenue l'ancre de salut de l'empereur, en ce qu'elle pouvait seule amener l'Angleterre à conclure la paix. Ce système, contre lequel l'opinion s'est tant soulevée, avait été mûrement médité et fortement conçu. Quitte à anticiper un peu sur l'ordre des faits, qu'on me permette de m'appuyer ici du témoignage non suspect de l'empereur Alexandre.

En 1814, ce monarque avait l'habitude d'aller quelquefois rendre visite à l'impératrice Marie-Louise au château de Schoenbrunn. Il y rencontra M. de Menneval qu'il reconnut aisément, et dans le cours de la conversation il lui raconta que, pendant le voyage qu'il venait de faire en Angleterre après la paix de Paris, il avait voulu avoir le coeur net sur l'effet qu'on s'était promis du système continental; qu'il ne s'en était pas tenu à de simples observations verbales; qu'il avait été à Manchester, à Birmingham et autres grandes villes manufacturières d'Angleterre; qu'il avait bien vu, bien examiné, bien questionné, et qu'il en avait rapporté la conviction que, si ce système eût encore duré un an, l'Angleterre aurait inévitablement succombé, ajoutant que c'était une grande et belle conception dont il n'avait jamais compris toute la force.

Mais ce que la perspicacité de l'empereur Alexandre n'avait aperçu qu'en 1814, le génie de l'empereur Napoléon l'avait senti dès l'origine; aussi mettait-il une grande importance à l'exécution de cette mesure si effective, et cependant si peu comprise. La Hollande était la partie de l'Europe la plus essentielle à faire observer à cause de ses innombrables affluens et de la diversité de ses relations commerciales.

L'empereur avait souvent eu à se plaindre au roi Louis de la négligence qui était apportée sur ses côtes à l'exécution d'un système qui l'intéressait autant que lui; mais, par son opposition et son opiniâtreté que l'empereur n'a jamais pu vaincre, et par ses menées sourdes, le roi Louis a nui, au lieu d'aider. On ne saurait nier que son abdication et sa fuite n'aient fait un grand tort à l'empereur dans l'opinion.

Un témoin oculaire qui se trouvait près de l'empereur, quand il reçut le courrier qui lui annonçait cet événement, m'a raconté qu'il ne l'avait jamais vu aussi atterré; qu'il avait gardé quelque temps le silence, puis qu'en sortant de cette espèce de stupeur momentanée, il avait paru vivement ému. Il ne pensait pas alors à l'influence que cette circonstance aurait sur la politique, il ne songeait qu'à l'ingratitude de son frère. Il était frappé au coeur. «Concevez-vous, disait-il, une malveillance aussi noire du frère qui me doit le plus? Quand j'étais lieutenant d'artillerie, je l'élevai sur ma solde; je partageai avec lui le pain que j'avais, et voilà ce qu'il me fait!» Et l'émotion de l'empereur était si vive, qu'on assure que la douleur lui arracha quelques sanglots.

Le roi Louis a voulu paraître quitter le diadème sans fortune, et a voulu qu'on crût à Gratz qu'il était pauvre. Il a dédaigneusement refusé et protesté dans les gazettes étrangères contre l'apanage que l'empereur faisait à la reine. Il ne m'appartient pas de traiter cette question personnelle; je pourrais cependant faire l'énumération de tout ce que Louis Bonaparte devait à l'empereur, et je pourrais bien aussi raconter ensuite comment il s'est conduit envers son bienfaiteur, qui lui a reproché, à son lit de mort, dans son testament politique, d'avoir publié contre lui un livre appuyé de pièces dénaturées et même fausses.

L'empereur n'avait jamais pensé à opprimer la Hollande, il s'était même prêté à tout ce qui pouvait alléger la situation des Hollandais, sans annuler les effets de son système. Il avait accordé des licences et autres priviléges commerciaux; mais dans la position nouvelle où se trouvaient les choses, que fallait-il qu'il fît? Abandonner la Hollande à elle-même? Oui, sans doute, s'il avait voulu que le lendemain elle devînt anglaise, et qu'elle ne rendît plus mauvaise encore notre position avec l'Angleterre.

Cette puissance ne demandait pas mieux que de traiter séparément avec tous nos alliés sans nous, et nous n'avions de moyens, pour la déterminer à nous écouter, qu'en ne nous séparant pas d'eux, et en opprimant même ceux qu'elle était le plus intéressée à voir ménager. Il n'y avait donc, dans l'intérêt de la politique à laquelle la Hollande était soumise, que deux partis à prendre dans la circonstance où l'événement l'avait placée, savoir, l'occuper comme conquête, ou bien la réunir définitivement à l'empire. Quel était des deux le moins désastreux pour elle, et le plus conforme aux intérêts de la France?

Pour occuper la Hollande comme conquête, il aurait fallu y envoyer une armée et en retirer les troupes nationales, c'est-à-dire qu'il aurait fallu retirer une portion de celles qui étaient en Espagne pour les porter en Hollande; ce qui était déjà un grave inconvénient, parce qu'il n'y avait pas un régiment de trop dans cette partie. En second lieu, l'occupation de la Hollande de cette manière aurait dû nécessairement être calculée sur sa défense extérieure, sur celle des places dont elle est couverte, enfin sur le maintien de l'ordre public et de la soumission de toute une population répandue sur une surface de pays coupé de canaux dans tous les sens; les grandes villes seules auraient exigé une armée pour les contenir, si le moment était devenu favorable pour un soulèvement. Faute de toutes ces précautions, on se serait exposé à voir arriver une armée anglaise en Hollande, où elle aurait été secondée par une insurrection générale du pays avec le secours de laquelle elle serait devenue inexpugnable à travers tous les obstacles qu'elle aurait pu mettre entre elle et nous.

En occupant la Hollande comme conquête, il aurait fallu lui laisser ses administrateurs, ses lois et toutes ses coutumes, et néanmoins la couvrir de douaniers dont le nom seul suffisait pour la porter à la révolte.

À tous ces inconvéniens se serait joint le pire de tous, qui aurait été nécessairement d'être soumise à une autorité militaire, contre l'arbitraire de laquelle elle n'aurait point eu de recours. Dans cette situation, elle aurait éprouvé tous les désavantages d'une réunion, et n'eût eu aucuns des dédommagemens qu'elle pouvait y trouver, tels que de ne pas ressortir de la volonté d'un général particulier, d'avoir ses représentans au sénat, au corps-législatif, au conseil d'État et à la cour de cassation; de ne pouvoir pas être plus foulée qu'autre province de France; de confondre sa dette nationale avec celle de la France, qui devenait tout entière garant des engagemens du gouvernement hollandais sous ce rapport, et enfin de voir disparaître la ligne de douaniers qui était sur sa frontière territoriale.

Depuis long-temps, le gouvernement n'avait plus d'existence extérieure que celle que lui avait acquise son ancienne réputation; toutes les sources de sa prospérité publique s'étaient successivement taries; la représentation même du gouvernement de cet État était devenue un fardeau pour lui, et ne pouvant pas s'affranchir, un grand nombre de Hollandais préféraient leur réunion à la France plutôt que d'être exposés aux vexations continuelles inséparables d'un changement continuel de gouvernement.

Il eût sans doute mieux valu que l'on ne fût pas réduit à cette extrémité, mais l'événement avait été indépendant de la volonté de l'empereur; antérieurement il avait eu des circonstances moins désavantageuses, pour réunir ce pays à la France (si cela avait été son projet), que celles dans lesquelles l'abdication de son frère le força de le faire.

Il eût sans doute mieux aimé lui voir prendre le courage de supporter le fardeau de ce gouvernement, mais il n'avait rien pu sur ses déterminations; il ne dut donc penser qu'à prévenir les effets fâcheux qu'elle pouvait avoir pour la France, avant même d'envisager les intérêts des Hollandais. D'autres considérations, ajoutées à celle-là, lui firent prendre le parti de réunir définitivement la Hollande, plutôt parce qu'il ne savait qu'en faire que dans le but d'augmenter sa puissance. Lorsqu'il décréta cette réunion, le corps-législatif n'était pas assemblé: il ne pouvait donc le consulter.

L'on s'est beaucoup récrié en Europe sur cette occupation définitive de la Hollande, qui faisait disparaître du nombre des puissances un pays à l'existence duquel presque toutes les nations de l'Europe étaient intéressées. Toutes y avaient des relations, et la plupart en avaient fait leur maison de banque. Aussi toutes prirent-elles part au sort qu'on lui imposait, et commencèrent-elles alors à s'échanger leurs sentimens sur cet acte politique, qui ne plut à aucune. On n'entra point dans les raisons qui avaient déterminé l'empereur, on trouva meilleures celles que l'on avait de lui résister; et si, dès ce moment, il n'y eut pas encore entre elles de communications à ce sujet, il y eut au moins une conformité d'opinion. Cet acte politique de l'empereur devint le signal d'une nouvelle croisade contre lui, et on ne tarda pas à s'apercevoir que tous les princes disposés à se coaliser ne cherchaient plus qu'une main dans laquelle ils remettraient le sceptre de leur ligue. Je reviendrai sur ce point lorsque j'aurai parlé d'autres détails qui doivent avoir ici leur place.

CHAPITRE XXVII.

Changement dans l'administration hollandaise.—Effet que produit en France la réunion de la Hollande.—Mort du prince d'Augustembourg.—La couronne de Suède est offerte à Bernadotte.—État dans lequel je trouve le ministère de la police.—Papiers de la famille d'Orléans.—L'empereur les lit.—Ses paroles à ce sujet.

En réunissant la Hollande, on prit toutes les mesures qui parurent devoir rendre cette opération le moins désagréable possible aux Hollandais. L'empereur recommanda que l'on y envoyât comme préfets ce que l'administration française offrait de plus probe et de plus recommandable. Il en fut de même dans toutes les autres branches de l'administration; il n'y eut que les maires et quelques employés des finances qui restèrent à leur poste.

Les autres employés hollandais vinrent en France occuper les places des Français qui avaient été envoyés pour les remplacer. On ne négligeait rien de ce qui semblait devoir amener une fusion parfaite et étouffer les germes de dissensions intestines; on n'y parvint pas, parce que les intérêts commerciaux du pays rendaient les Hollandais sourds à toute espèce d'arrangemens qui ne leur laissaient pas entrevoir le retour de leur navigation, à laquelle ils devenaient chaque jour plus étrangers. On espéra tout du temps; mais une suite d'événemens malheureux fit bientôt perdre cette espérance.

La réunion de la Hollande ne plut pas en France, autant parce que l'on entrevoyait que cela rallumerait la guerre, que parce que l'on ne comprenait pas une extension de puissance qui dépassait les bornes des intelligences même peu ordinaires. Il y eut beaucoup de censeurs dont le caractère indépendant de toute crainte fit écouter des réflexions très-justes sur cet accroissement de territoire.

On voulait toujours s'obstiner à croire que l'empereur réunissait définitivement tout ce qui lui convenait, tandis que le terme de ces réunions était soumis à l'époque où ses parties adverses rendraient elles-mêmes ce qu'elles avaient réuni à leur domination, en vertu de titres qui ne valaient pas mieux que ceux qu'il se donnait. En même temps que les censeurs critiquaient, il y avait des courtisans qui louaient, et il était devenu à la mode de rechercher jusqu'où s'était étendu l'empire romain dans sa plus grande splendeur, comme si, à moins d'être déshonorée, la France eût dû reculer les bornes de son territoire jusque-là. Ce n'était le langage ni des uns ni des autres qui influençait les décisions de l'empereur, dont les opérations avaient un but dont il n'entretenait peut-être pas ceux qui auraient pu le servir; et pendant ce temps-là elles étaient dénaturées par de vaniteux courtisans dont l'astucieuse malveillance ne tardait pas à s'en emparer.

C'est à cette même époque que mourut d'une mort singulière le prince d'Augustembourg, qui avait été élu par la diète de Suède prince héréditaire de ce pays, dont le roi, fort âgé, n'avait point d'enfans.

Cet événement mit les Suédois dans l'obligation de procéder à une nouvelle élection; ils témoignèrent des dispositions à faire un choix qui les rapprochât de la France. On ne les repoussa point: ils connaissaient de réputation le maréchal Bernadotte, ils avaient été en communication avec lui pendant la guerre de 1809, et en avaient été bien traités. Ils penchèrent pour lui entre tous les choix qu'ils auraient pu faire. L'empereur n'en fut pas fâché: il n'était pas fort content du maréchal Bernadotte; mais il avait une vieille amitié pour tout ce qui avait servi en Italie, en sorte que non seulement il ne contraria pas le choix de la diète, qui était une sorte d'hommage rendu à l'armée française dans les rangs de laquelle elle venait choisir un roi, mais même il l'agréa, et donna au maréchal Bernadotte tout ce qui lui était nécessaire pour arriver en Suède d'une manière convenable au rang qu'il allait occuper. Il lui donna un million de son propre argent.

C'est là la première époque de mon entrée dans l'administration, et je commençais déjà à voir que tout ce qui se disait sur la réunion de la Hollande était le pendant de ce qui s'était dit sur l'Espagne.

Je n'apercevais rien dans la marche de mon prédécesseur qui pût m'indiquer le chemin à prendre pour aller à la rencontre de ce qui me paraissait devoir corroder l'opinion. Je croyais le ministère dont j'étais pourvu une puissance, et je ne le voyais qu'un fantôme; il me semblait être dans un tambour sur lequel chacun frappait sans que je pusse connaître autre chose que le bruit. Je demandais à tout ce qui m'entourait comment faisait M. Fouché, et l'on me répondait le plus souvent qu'il laissait faire ce qu'il ne pouvait empêcher.

J'étais aussi honteux de mon embarras que tourmenté de ne pouvoir le surmonter, et si je n'avais été encouragé par des hommes de bien que je trouvai dans le ministère même, et auxquels on rendait bien peu de justice, j'aurais fait comme le roi Louis. Le courage me vint, et il me ramena de la confiance. J'avais heureusement une mémoire extraordinaire pour retenir les noms et les lieux.

Je voyais bien que M. Fouché m'avait joué en brûlant son cabinet[42], et je pris le parti de m'en créer un autre. De ma vie je n'avais employé des agens; je ne connaissais même pas assez le monde dans lequel il était nécessaire de les lancer pour leur donner une direction sans me découvrir moi-même.

Mon inexpérience des hommes de la révolution, avec lesquels ma charge m'obligeait à être journellement en contact, me fit sentir la nécessité de chercher dans le passé la prévoyance pour l'avenir.

J'avais depuis ma jeunesse une grande prévention contre le duc d'Orléans: c'était la suite des opinions où l'on était à l'époque de mon entrée au service, et elle s'était fortifiée par tout ce que j'entendais depuis que nos salons s'étaient repeuplés des débris de naufrage de tous les partis.

J'employai plus d'un mois à lire seul toutes les volumineuses liasses des papiers du duc d'Orléans, lesquelles étaient encore dans le même état qu'elles avaient été apportées au ministère depuis leur saisie, et, malgré que je fusse souvent dérangé, j'en vins à bout.

Je sentais mon opinion personnelle se redresser souvent à la lecture de tous ces papiers. J'y en trouvai de singuliers, en ce qu'ils étaient d'hommes que j'entendais souvent déclamer contre le duc d'Orléans, et j'avais sous les yeux la preuve qu'ils étaient ses obligés. J'y trouvai même des reçus d'argent, et dans presque tous une reconnaissance, exprimée de manière à ne laisser aucun doute sur son motif.

Je fis un choix de ceux de ces papiers qui concernaient des hommes que je voyais fort assidus aux Tuileries, et d'autres qui cherchaient à acquérir du crédit.

Je portai un jour tout cela à l'empereur à Rambouillet; là il y avait ordinairement peu de monde, et l'on trouvait plus de temps pour la conversation. Comme je ne savais pas lui mentir, je lui dis que, vaincu par toutes mes craintes d'être un jour en défaut vis-à-vis de lui, et par ce que j'avais entendu dire toute ma vie contre le duc d'Orléans, je m'étais méfié de l'avenir et de moi, et avais puisé dans les archives de la maison d'Orléans, qui étaient à mon ministère, les papiers que je lui apportais, en ajoutant qu'il y en avait de curieux. L'empereur les prit en me disant: «J'étais bien informé que les archives de cette maison existaient là; mais on m'avait dit que l'on n'y avait rien trouvé: ceci prouverait, ou que l'on ne s'en est pas occupé, ou qu'on l'a jugé peu important.»

Il m'emmena dans le quinconce qui lui servait de promenade sous les fenêtres du château, près du grand étang.

Il lut tout d'un bout à l'autre, ce qui dura long-temps, puis il fit quelques tours en silence, et me dit: «Vous voyez qu'il ne faut jamais juger sur les apparences; vous étiez prévenu contre ce prince, et si vous aviez trouvé occasion de nuire à quelques-unes de ses créatures, vous eussiez écouté les ressentimens que l'on avait excités en vous, et qui venaient peut-être de ceux qui sont ses obligés; vous avez donc bien fait de vous livrer à cette recherche: c'est toujours ainsi qu'il faut faire. Il m'est bien prouvé que le duc d'Orléans n'était pas un méchant homme. S'il avait eu les vices dont on entache sa mémoire, rien ne l'aurait pu empêcher d'exécuter le projet qu'on lui a supposé: il n'a été que le levier dont se sont servis les meneurs de cette époque, qui l'ont compromis avec eux, pour trouver des prétextes de lui extorquer de l'argent, et il paraît bien qu'une fois qu'ils ont commencé, les demandes n'ont plus eu de bornes.

«Il ne faudrait même pas s'étonner que tout ceux qui étaient ses débiteurs se fussent entendus sur le moyen de lui arracher quittance, et n'eussent tramé sa perte en soulevant contre lui l'indignation publique. L'exacte vérité est que le duc d'Orléans s'est trouvé dans une circonstance extraordinaire qu'il ne pouvait prévoir, lorsqu'il est entré dans la révolution, ce qui prouve qu'il y était entré franchement comme toute la France. Que voulait-on qu'il fît? L'exaspération des partis, à cette époque, lui avait fermé les pays étrangers. Je n'approuve pas ce qu'il a fait; mais je le plains, et ne voudrais être le garant de personne, si le sort l'avait jeté dans une situation semblable. C'est une grande leçon que l'histoire recueillera.

«Je n'ai nul intérêt à m'occuper de cela: je crois bien que le parti du duc d'Orléans a existé au temps de nos discordes; je crois même qu'il se ranimerait, si le trône devenait vacant; mais, tant que je vivrai, c'est une chimère qui ne ferait point de prosélytes.

«Chacun a tout ce qu'il espérait avoir, et même au-delà; croyez-vous qu'il ne soit pas aussi assuré de posséder avec moi qu'avec le duc d'Orléans? Voyez vous-même combien d'existences je menacerais, si je devenais accessible à la crainte d'après ce que vous m'apportez là; c'est-à-dire que je ne verrais plus de sécurité pour personne, parce que les faiseurs viendraient aussi m'assiéger, et quand une fois on sévit, le plus sage a de la peine à s'arrêter. Voilà mon opinion, et il ne faut plus me parler de cela sans de graves raisons. Brûlez tout ce fatras, et laissez tous ces gens-là en repos: qu'ils ne sachent jamais que j'ai lu cela, je conçois l'embarras dans lequel ils seraient; il y en a d'ailleurs dont je fais cas. Ils ont cru que c'était le bon parti alors, ils pouvaient avoir raison.

«Je n'épouse aucun parti que celui de la masse; ne cherchez qu'à réunir, ma politique est de compléter la fusion. Il faut que je gouverne avec tout le monde sans regarder à ce que chacun fait: on s'est rallié à moi pour jouir en sécurité; on me quitterait demain, si tout rentrait en problème.»

CHAPITRE XXVIII.

M. Fouché ne me fait connaître que quelques agens subalternes.—Moyens que j'emploie pour découvrir les autres.—Je trouve de la bonne volonté.—Mon oratoire se remplit, les saints de toutes les classes n'y manquent pas.—Intrigans de Paris.—Intrigans d'été dans la haute société.—Complaisance des courtisans pour l'empereur.—Bals masqués.—Bienfaisance de l'empereur.—Les femmes de Paris.

M. Fouché s'était joué de moi en me désignant des agens qui étaient des hommes de la dernière classe et que même il ne recevait pas, hormis un ou deux individus qui lui permirent de me les présenter. Il ne m'en fit pas connaître d'autres. Moi, je ne fus pas si fier; je les vis tous pour savoir d'eux-mêmes à quoi on les employait: j'en trouvai qui valaient mieux que leur extérieur, et je me suis bien trouvé d'avoir été généreux envers eux. Mes premiers essais furent de ressaisir, par la ruse, tous les fils qu'avait rompus mon prédécesseur par méchanceté. Mon intelligence me fit bientôt trouver des moyens naturels qui m'y firent réussir.

Il y a dans toutes les grandes administrations un registre d'adresses, afin que les porteurs de lettres, qui sont des hommes que l'on a *ad hoc*, sachent de quel côté ils doivent commencer leurs courses pour abréger le chemin. Celui du ministère de la police était assez riche en ces sortes d'indications. Il était gardé par les garçons de bureau, et comme je ne voulais pas laisser apercevoir mon projet, je choisis un soir où je pouvais me débarrasser de mon monde pour donner une longue commission au domestique qui était de garde ce soir-là, et je lui permis d'aller se coucher, au lieu de rentrer chez moi; il ne fut pas plus tôt dehors, que j'allai moi-même enlever le registre, ainsi que la liasse des reçus que les commissionnaires ont soin de conserver en cas de réclamation sur la remise des lettres.

Je me renfermai dans mon cabinet pour faire moi-même le relevé de ces adresses. Quelques-unes désignaient la profession. Je passai la nuit à le copier et à chercher dans la liasse des reçus tous ceux qui portaient la date d'un même jour pouvant correspondre à celui où M. Fouché formait la liste des convives de ses dîners de représentation, qui avaient lieu les mercredis, en hiver seulement; ceux-là ne piquaient pas autant ma curiosité que ceux dont je n'apercevais pas le motif qui avait pu les faire mander au ministère. Lorsque j'eus finis, je remis les choses à leur place.

J'avais une belle légende de noms et d'adresses; il y en avait dans le nombre qui m'étaient connus, et que j'aurais cherchés plutôt en Chine que sur ce catalogue.

Il y avait plusieurs noms qui n'étaient désignés que par une majuscule; je jugeai bien que ce devait être les meilleurs, et je vins à bout de les connaître, en leur jouant le tour dont je parlerai, et que l'embarras de ma situation rendait excusable, d'autant plus qu'il n'avait que le caractère de la curiosité.

Je divisai mon catalogue d'adresses par arrondissement, c'est-à-dire en douze parties, et chargeai quelqu'un, dans chaque arrondissement, de me faire la note détaillée de ce qu'était chacun des individus désignés, de quel pays il était, depuis quand il était à Paris, de quoi il y vivait, ce qu'il y faisait, et de quelle réputation il jouissait; sans donner d'autres motifs de ma demande, je fus servi à souhait, parce qu'il n'y a pas de ville en Europe où l'on retrouve aussi promptement qu'à Paris, un homme déjà connu. Le simple bon sens me fit apercevoir ce qui pouvait me convenir, dans ces renseignemens, et je ne craignis pas de porter un jugement favorable à mes projets, sur quelques-uns qui étaient précisément les agens de mon prédécesseur. Je les fis mander par billet à la troisième personne, et sans indiquer d'heure pour l'audience; seulement j'eus soin de les appeler à des jours différens. Aucun n'y manqua, et ils reprirent naturellement leurs habitudes de venir à la nuit. L'huissier de mon cabinet, en me les annonçant, me remettait le billet que je leur avais écrit, et qui leur avait servi pour entrer chez moi. Avant de les faire entrer, je retenais un moment l'huissier, pour lui demander si ce monsieur ou cette dame venaient souvent voir le duc d'Otrante, et à quelle heure. Il était rare qu'il ne les connût pas. Alors je savais comment il fallait recevoir la personne annoncée, qui arrivait persuadée que je savais tout, qu'autrement on ne l'eût pas devinée. J'avais soin de prendre l'air d'avoir été informé par M. Fouché lui-même, et moyennant des promesses de discrétion, j'eus bientôt renouvelé les relations de tout ce monde-là avec mon cabinet.

Les noms à lettres majuscules finirent aussi par y venir. Pour les connaître, j'employai le moyen d'agens habitués, qui prirent dans toutes les maisons portant les numéros indiqués sur l'adresse des renseignemens sur les personnes dont les noms commençaient par la majuscule. Quelquefois il y en avait plusieurs dont le nom commençait par la même lettre; je me fis donner les mêmes notes sur le compte de chacune, et lorsque j'étais embarrassé par la similitude des noms, j'imaginais de leur écrire encore à la troisième personne, sans mettre leurs noms, mais seulement la majuscule, qui était le seul renseignement que j'eusse; j'envoyais porter mes lettres par les garçons de mon bureau, qui étaient le plus souvent connus des portiers, chez lesquels ils allaient quelquefois, et comme ces derniers sont d'ordinaire très au fait des allées et venues des personnes qui logent chez eux, ils ne manquaient jamais de porter la lettre à la personne à laquelle elle était destinée, quoiqu'il n'y eût qu'une majuscule pour désignation sur l'adresse; ils étaient accoutumés à voir arriver ces sortes de lettres ployées et cachetées de la même manière. La personne qui la recevait se croyait prise, et ne songeait plus qu'à faire un nouvel arrangement; elle ne concevait pas qu'on l'eût nommée au nouveau ministre sans sa permission. Quelquefois le portier remettait à la même personne les deux lettres qu'on lui avait apportées avec la même majuscule pour adresse, ce qui était une preuve que je ne m'étais pas trompé, et celle-ci, en venant à mon cabinet, les rapportait toutes deux, en m'observant que c'était sans doute par inadvertance qu'on lui avait écrit deux fois. Cela était mis facilement sur le compte d'une erreur, parce que chaque lettre indiquait un jour différent pour se rendre chez moi. De cette manière, je connus toutes les relations de M. Fouché, que je croyais bien plus nombreuses, et surtout bien plus précieuses. Il m'est arrivé que, dans une maison où il y avait deux noms semblables, le portier était nouveau et remit les lettres aux deux personnes pour lesquelles il les croyait destinées. Elles m'arrivèrent toutes deux; mais comme l'huissier connaissait la bonne, je ne manquai pas de trouver dans la note statistique de l'autre de quoi justifier son appel près de moi. J'employai encore un autre moyen pour retrouver toutes les traces de mon prédécesseur: j'ordonnai à mon caissier de m'avertir lorsque les habitués se présenteraient pour toucher de l'argent; je n'entendais par habitués que ceux qui n'avaient point de fonctions ostensibles. Le premier mois, la fierté eut le dessus, je ne vis personne; mais le second, on reconnut qu'il n'y avait pas de sot métier, et qu'il n'y avait que de sottes gens: on vint, sous un prétexte quelconque, demander au bureau si on continuerait à payer; je reçus tout le monde, ne diminuai les émolumens de personne, et augmentai considérablement la plupart de ceux que j'employais, et de tout ce qui travaillait sous moi. Ce petit noviciat, auquel je fus forcé pour me créer des instrumens qu'on aurait dû me laisser, ne me nuisit pas, mais ne m'avait pas découvert des sources d'informations bien précieuses; je ne concevais pas qu'il n'y eût que cela, car je ne voyais pas de quoi employer la moitié de la somme que l'empereur donnait pour cet article, dont cependant il restait peu de chose à la fin de chaque année.

Je tirai encore de cette petite ruse une autre leçon, c'est que j'appris que l'on pouvait se mettre en relation avec la société sous mille rapports dont, auparavant, je n'aurais jamais osé faire la proposition à qui que ce fût. Cela me donna connaissance du degré d'estime qu'il faut accorder aux hommes et le taux des complaisances de chacun, qui est subordonné à leur position, à leur goût pour les désordres, et à leur inclination pour l'inconduite.

Chez d'autres, je pris des moyens obliques pour arriver au même but; je trouvais qu'un homme était déjà assez malheureux d'en être réduit là, et je crus y gagner davantage en les obligeant d'une manière à leur relever l'âme, au lieu de l'avilir. Chez plusieurs, cela m'a réussi; je recevais leurs avis, et les rémunérais en les remerciant. Ceux-là sont venus me voir lorsque la fortune m'a abandonné, et les autres ne m'ont pas donné signe de vie; quelques-uns même m'ont calomnié.

Ce peu de connaissances que j'avais acquis m'avait donné la hardiesse de chercher les moyens de l'étendre; je vis bientôt que je n'avais eu peur que d'une ombre, car j'avais poussé les informations si loin, que moi-même j'avais peine à y croire. Lorsque j'eus ainsi meublé mon oratoire, je songeai à l'employer. La haute société, comme celle du commerce et de la bourgeoisie, se divise aisément par coteries; je ne mis pas long-temps à faire ma division, et j'étais parvenu à la faire d'une manière assez juste pour me tromper rarement sur le nom des personnes qui avaient composé une assemblée, un bal, ou ce que l'on appelait alors une *bouillotte*, lorsque j'étais averti qu'il y en avait une dans telle où telle maison[43]. Il ne faut pas croire que l'on mettait pour cela de l'importance à savoir tout ce qui s'y disait; il y aurait eu autant de peine à en recueillir quelque chose d'utile qu'à compter les grains de sable du bord de la mer. Mais ce qui faisait le sujet d'une observation constante, c'était l'attention de remarquer si l'on ne venait pas profiter de ces réunions pour y répandre quelques mauvais bruits, ou des nouvelles désastreuses, comme quelques projets de guerre, ou de nouveaux plans de finance; les colporteurs malveillans avaient ordinairement le soin de semer cela dans les cercles qu'ils savaient composés des personnes dont les intérêts pouvaient en être le plus aisément alarmés. Lorsque le cas se présentait, l'observateur écoutait le conteur, et en le fréquentant, il manquait rarement de découvrir où il avait pris la nouvelle dont il venait tourmenter les paisibles citoyens. C'est ainsi que l'on était parvenu à former des listes de tous les débiteurs de contes, et, lorsqu'ils se mettaient dans le cas d'être réprimés, on leur faisait tout à la fois solder le compte de leurs indiscrets bavardages.

Il y a à Paris une classe d'hommes qui vivent aux dépens de la crédulité et de la bonhomie des autres: ceux-là ont un grand intérêt à être informés de tout, vrai ou faux; ils ont un compte courant qu'ils chargent de tout ce qu'ils apprennent; c'est avec ces gentilles bagatelles qu'ils paient leur dîner ou leur place au spectacle; ils portent une nouvelle pour en écouter une autre. Ce sont des hommes précieux pour un ministre de la police; il les a sans peine en les tirant des mauvaises affaires où ils ne manquent jamais de se jeter. On s'en sert pour donner de la publicité à ce qu'on veut répandre, pour découvrir d'où part la publicité que l'on donne à ce qu'il faut taire.

L'intrigue marche toujours, parce qu'elle à des besoins continuels qui l'obligent à avoir l'esprit toujours dans l'activité. Un intrigant sans activité est bientôt à l'hôpital, et celui qui a de l'activité trouverait moyen de tondre sur un oeuf.

Un intrigant connaît les liaisons de coeur de tous ses amis; il conseille l'amant et l'amante, les brouille, les réconcilie; il étudie les haines, les passions; il observe les dérangemens de conduite des autres, en les associant à ceux de la sienne propre; il y a peu de lieux intéressans où il n'ait pas les yeux ou les oreilles. Cherchez-vous le soir un homme de plaisir? il sait dans quelle partie galante on doit le trouver, chez quel restaurateur il aura dîné, à quel spectacle il aura été. Est-ce une étourdie? il la connaît de même à l'étiquette du sac.

Il n'y a pas dans le monde une petite ville où l'on trouve plus vite un individu que l'on cherche qu'à Paris.

L'été, lorsque toute la haute société est dans ses châteaux, on sait moins promptement ce que l'on veut savoir; mais il y a aussi un moyen infaillible de découvrir ce qu'on croit utile de savoir. Les parties de château ont des charmes de bien des espèces. Avec un peu d'habitude de la bonne compagnie, on connaît, avant la fin de la mauvaise saison, toutes les parties de campagne qui doivent avoir lieu depuis la fin de juin jusqu'en novembre. On sait que dans tel mois c'est telle société qui est à tel château, d'où elle va le mois suivant à tel autre, et où elle est remplacée par telle autre. On fait ainsi le tour de toute une province, et il arrive rarement que les personnes qui ont fait cette promenade ne disent pas à leur retour tout ce qu'elles ont vu ou entendu; et si l'on a un motif d'être informé de ce qui s'est passé dans une de ces maisons, il est bien rare que ce qui vous revient innocemment ne vous mette pas sur la trace de ce qu'il y aurait de plus important à connaître.

La plupart de ces châteaux ont des messagers qui portent et rapportent les lettres de leurs sociétés du bureau de poste le plus voisin. S'il y avait quelque chose de sérieux, on aurait cent moyens d'en être prévenu, parce que l'innocence ne se déguise pas, et que, quand elle se trouve à côté des coupables, elle les décèle ingénument. On a attribué à une inquisition de la part de l'empereur tout ce que l'imagination de quelques esprits faibles ou déraisonnables croyait apercevoir ou éprouver en tracasseries, tandis que ce n'étaient que les effets de l'animosité de quelques esprits particuliers, qui, pour mieux se venger, se donnaient le manteau de l'autorité. J'ai connu des individus qui croyaient l'empereur indisposé contre eux, et j'ai su depuis que même il ne connaissait pas leurs noms, ou n'avait d'eux qu'une bonne opinion.

On croyait que l'empereur mettait un grand intérêt à connaître des détails de ménage, ainsi que toutes les particularités qui les concernaient; je sais même qu'il est arrivé à M. Fouché de se servir, en parlant de cela, de cette expression: «L'empereur! vous ne le connaissez pas; il voudrait pouvoir faire la cuisine de tout le monde.» Il m'a tenu à moi-même ce propos. Certainement de tous ceux qui ont occupé le ministère de la police, s'il y a eu quelqu'un que l'empereur n'eût pas craint de charger des menus détails qui auraient excité sa curiosité, ce quelqu'un c'était moi. Or, je déclare que, dans les quatre années que j'ai occupé cette charge, jamais il ne m'a demandé aucune particularité sur l'intérieur de qui que ce soit, excepté lorsqu'il était question de pourvoir quelqu'un d'un emploi auquel était attaché une considération qui entraînait les hommages d'une portion de la société ou d'un pays entier, comme une préfecture, par exemple; alors il voulait absolument que l'on fût sans reproche, et j'ai vu quelques cas où la déconsidération que des écarts avaient attirée sur un intérieur privé une famille d'une aisance qui lui serait arrivée sans cet inconvénient.

Cependant on était étonné que l'empereur connût une assez bonne quantité de petites histoires amusantes, que l'on croyait ne pouvoir être arrivées jusqu'à lui que par le ministre de la police. Avant de l'être moi-même, je le croyais aussi; mais voici où l'empereur puisait des informations. Il n'était pas toujours dans son cabinet; il voyait du monde; il aimait la société, et particulièrement celle des femmes, et il faut convenir que, depuis vingt-cinq ans, ce sexe a adopté un genre de passe-temps et d'occupations si différent de celui auquel il se livrait dans les cercles, où, avec les mêmes agrémens, il cultivait et meublait davantage son esprit, qu'il n'est presque plus possible de faire parler une femme sur le compte d'une autre, sans que la médisance n'ait une grande part à la conversation. Il résultait de là, que la jalousie et la rivalité, pour obtenir des grâces, faisaient commettre des indiscrétions, ou débiter des calomnies. Il y avait l'hiver des bals masqués de cour, qui étaient les seuls amusemens dans lesquels l'empereur avait les avantages de l'incognito, et où il pouvait causer à son aise; j'ai souvent fait partie de sa suite dans ces sortes d'occasions. J'ai même été avec lui à ceux du grand Opéra, à ceux de cour. La société, quoique nombreuse, était choisie; tout le monde se savait dans la meilleure compagnie, et malgré cela il y a eu plusieurs tours de joués qui étaient de véritables guet-apens. L'empereur avait-il besoin de charger le ministre de la police de le mettre au courant de toutes ces misères? Il avait bien d'autres soins à lui confier, et il ne manquait pas de courtisans pour lui en dire plus qu'il n'aurait voulu en entendre, si une fois il avait permis que l'on fatiguât son oreille de semblables narrations. Je dois cependant un hommage à la vérité: il m'a quelquefois demandé des détails concernant des familles, et cela à deux époques de l'année, à Noël et le jour du 15 août, qui était sa fête. Il indiquait lui-même les noms des familles, et il n'avait d'autre but que celui de connaître l'état de malaise de chacune, pour saisir cette occasion de venir à leur secours. J'ai connu beaucoup de dons de cent mille francs, qu'il a donnés à la fois dans un seul ménage, et beaucoup d'une somme moindre. Ce n'est pas mon secret; je n'ai pas le droit de le divulguer, mais ceux qui les ont reçus et qui me liront pourront juger si je ne dis pas la vérité.

J'ai reçu vingt lettres de lui, par lesquelles il m'ordonnait fréquemment des rapports sur l'état de fortune des familles d'officiers-généraux des services desquels il était satisfait.

Les premières lettres que j'ai reçues de lui étaient relatives aux exilés et aux prisonniers d'État. J'en parlerai plus tard.

Il est néanmoins juste de dire, à la louange de la société des femmes de Paris, qu'elle gagne beaucoup à être connue dans ses détails intérieurs. J'ai eu maintes preuves des calomnies dont elle était chargée, et je ne crois pas que, hormis un petit nombre de femmes pour lesquelles la célébrité est un besoin de l'âme, il y ait un pays où l'on trouve autant de coeurs élevés qui ont placé leurs affections dans l'accomplissement de leurs devoirs, et j'ai vu aussi que ceux qui s'arrogeaient le droit de les décrier étaient toujours ceux qui en étaient le moins distingués.

CHAPITRE XXIX.

Position dans laquelle je me trouve.—Organisation nouvelle de la police.—Commissaires dans les départemens.—Diverses améliorations.—Voitures publiques.—Anecdote à ce sujet.

Lorsque j'eus divisé les sociétés de Paris, je m'occupai à faire descendre la surveillance jusque dans toutes les classes d'artisans qui habitent les faubourgs; cela me regardait moins que le préfet de police, mais j'étais bien aise d'être dans la possibilité de retrouver moi-même les traces d'un mouvement agitateur, s'il était arrivé que je ne fusse pas satisfait des rapports que la préfecture m'aurait adressés: c'était uniquement par précaution. Je m'étais déjà aperçu que le moyen le plus puissant de mon administration était de faire agir les haines et les rivalités, comme c'était son devoir d'en prévenir les effets; il est dangereux d'en faire usage, et il faut se sentir un grand fonds de probité pour ne pas craindre d'en abuser, ou d'être trompé soi-même par des informations dictées par une animosité ou une passion particulière. Je n'en fis guère usage que pour être informé des antécédens qui me manquaient, et desquels j'avais un extrême besoin pour connaître le personnel avec lequel j'étais journellement en rapport. J'étais étranger à la révolution, je n'avais connu ni les assemblées nationales, ni les clubs, ni les déchiremens de la guerre civile, et par conséquent j'ignorais tout ce qui était relatif aux hommes qui avaient marqué dans ces différentes circonstances, et qui cependant occupaient la plupart des emplois considérables: les hommes de la révolution avaient fait leur domaine de toutes les charges publiques. J'étais comme un aveugle au milieu de tout cela. On venait manger mes bons dîners, les carrosses faisaient queue à la porte de mon hôtel; ma représentation était grande, il n'y avait guère de lundi où je ne visse pas quatre cents personnes: mais si j'avais été obligé de tirer une conclusion, ou de me former une opinion de tout ce que l'on m'avait dit dans ces tumultueuses soirées, j'aurais induit en erreur et n'aurais fait qu'un mensonge; je le voyais bien, aussi n'ai-je pas choisi là mon régulateur.

Je me voyais seul de mon parti et sans appui ni preneurs, non pas que j'eusse des arrière-projets qui me missent dans l'obligation d'y avoir recours, mais parce que, dans le pays que j'habitais et sur le terrain que j'exploitais, il me fallait des armes contre le ridicule, qui est en France l'ennemi le plus puissant que l'on puisse faire agir contre un homme en place. Je résolus donc de me faire une clientelle, et comme tous mes collègues avaient une avance de dix ans sur moi, pendant lesquels ils avaient bien renforcé la leur, je devais marcher au même but par toutes les routes qu'il m'était possible de m'ouvrir pour me trouver au pair.

Je commençai par m'emparer d'autorité de la nomination à toutes les places qui ressortaient de la préfecture de police; cela était considérable, et me convenait d'autant mieux, qu'elles étaient fort répandues et fournissaient des moyens d'information tout naturels si le cas d'un désordre était arrivé. J'aimais mieux le témoignage d'un homme qui, étant sur les lieux, avait vu ce qu'il me disait, qu'un rapport fait dans un cabinet, et qui n'avait été établi qu'après en avoir défalqué ce qui pouvait être à la charge de tel ou tel individu qu'on protégeait. J'aimais à connaître la vérité, et m'en rapportais assez à mon jugement pour ne pas m'en laisser imposer; d'ailleurs s'il y avait quelques bontés à avoir pour quelqu'un, j'étais spécialement jaloux d'en être le dispensateur immédiat: c'était le dédommagement de la plus désagréable besogne qui fût jamais.

J'eus de la peine à m'approprier la nomination aux places de la préfecture de police; et il fallut un décret impérial pour cela; l'empereur même ne se souciait pas de changer ce qui existait, et je fus obligé de lui démontrer que c'était pour le plus grand avantage de son service que je réclamais ces nominations.

Je pus dès-lors me créer des moyens d'informations, et tous les employés de la préfecture y gagnèrent, parce qu'ils dépendaient plus de la manière dont ils remplissait leurs devoirs, que d'un mauvais rapport, comme ils y étaient auparavant exposés.

Petit à petit je me donnai de bons commissaires de police dans les grandes villes et dans celles à grandes communications; j'avais soin qu'ils fussent des hommes non seulement lettrés, mais d'une perspicacité propre à suivre une information avec beaucoup de bonnes formes, et sans que l'intérêt de la société en souffrît. Je récompensais ceux qui faisaient beaucoup sans attirer de plaintes, et je changeais de résidence tous ceux qui faisaient porter des plaintes contre eux; mais je n'abandonnais jamais un homme courageux, qui ne se ménageait pas dans les informations.

Lorsque je voyais un agent placé dans un poste où il ne trouvait pas de quoi employer la moitié de ses moyens, je le faisais placer sur un plus grand théâtre.

J'avais déjà posé un grand nombre de jalons qui me servaient plutôt comme points de recours que comme moyens d'informations, lorsque je voulus faire établir le réglement sur la police des domestiques, qui, à Paris, composent une armée. Ce qui m'y avait déterminé, c'est que j'avais remarqué que la plus grande partie des vols étaient commis par des domestiques; tous les hommes détenus pour quelque prévention de délits étaient des domestiques.

Il n'y a pas de ville au monde où l'on prenne moins de renseignemens qu'à Paris sur un domestique qui se présente pour entrer au service d'une maison.

Les mauvais sujets connaissent aussi les imperfections de la société, c'est là le champ qu'ils ont mis en exploitation. Lorsqu'un voleur s'échappe d'une prison ou des galères, il vient à Paris; il commence par se mettre domestique pour avoir des occasions de connaître des camarades, et de faire ses observations sous la sauve-garde de ses maîtres. Cette nombreuse classe d'hommes ne peut pas être subdivisée de manière à y établir une surveillance, j'en vins cependant à bout sous l'administration de M. Pasquier.

Je n'avais en vue que les intérêts des propriétaires en proposant la mesure par laquelle il serait défendu à qui que ce soit de prendre un domestique qui n'aurait pas son livret visé à la préfecture de police. Ces livrets ressemblaient à ceux que l'on donne aux soldats.

On écrivait sur la première feuille le nom, l'âge, le signalement, le nom des pères et mères, le pays et la profession du sujet; la date de son arrivée à Paris en relatant les attestations de bonne conduite.

Si les propriétaires n'en avaient pas pris sans qu'ils eussent de livret, il en serait résulté que tous les domestiques auraient été obligés de se présenter à la préfecture pour se pourvoir de ce livret, et celle-ci aurait profité de cette circonstance pour les enregistrer tous et en faire des listes par ordre alphabétique dans lesquelles elle aurait ensuite examiné s'il y avait quelques noms ou signalemens qui eussent du rapport avec ceux qu'elle recherchait.

Dans la mesure que je proposais, un propriétaire devait s'emparer du livret de son domestique, et lorsqu'il le renvoyait, il écrivait dessus le jour qu'il avait quitté son service, sans y ajouter de réflexions; il pouvait en envoyer séparément, mais non les mettre sur le livret, afin de ne pas exposer ces malheureux à des injustices. Il ne remettait pas le livret au domestique, mais il le renvoyait à la préfecture, qui enregistrait dans la note de cet homme sa sortie de la maison dans laquelle il était placé, et y mentionnait les motifs de son renvoi, si le maître les avait fait connaître.

Le domestique était obligé de se représenter à la préfecture dans un délai très court pour reprendre son livret; autrement il était puni d'autant de jours de prison qu'il en avait mis à se mettre en règle, de même que le maître du logement qui lui aurait donné asile sans s'être assuré qu'il avait son livret.

Cette mesure, simplement administrative, bonne dans toutes ses dispositions, qui ne coûtait que peu de soins et devait produire de très bons résultats, trouvait cependant de l'opposition au conseil d'État; il y eut des esprits de travers qui ne virent dans ma proposition qu'un moyen d'espionnage contre leur intérieur, et qui s'élevèrent comme des énergumènes contre elle; elle n'eût pas passé sans M. Pasquier, qui en démontra l'utilité, et dont le bon esprit triompha de toutes les oppositions. Il l'emporta; la mesure fut mise à exécution, et dès les premiers mois elle mit entre les mains de l'administration, je crois, neuf cents ou mille individus, qui étaient tous ou déserteurs de l'armée, ou échappés de prisons, de galères, ou en fuite de leur pays pour quelque poursuite de justice, ils devinrent observateurs les uns des autres, et cela alla bien pendant quelque temps.

Je voulus profiter des momens que je croyais favorables pour faire organiser de même les cochers de fiacres et de cabriolets, qui sont à Paris au nombre d'environ trois mille; mais malgré les motifs puissans que je faisais valoir pour y réussir, la même opposition de la part du conseil d'État prévalut, et je fus obligé d'y renoncer.

Je voulais diviser les fiacres de Paris, ainsi que les cabriolets, par compagnies de vingt-cinq, et les mettre à l'entreprise: un entrepreneur aurait souscrit pour une ou plusieurs compagnies; une société se serait réunie pour souscrire pour une ou pour plusieurs aussi. Les obligations auraient été d'avoir toujours les voitures d'une même compagnie de la même couleur, ainsi que les chevaux du même poil par compagnie; les cochers vêtus en manteaux de la même couleur et en chapeaux de toile cirée; de soumettre les chevaux à la visite des vétérinaires tous les mois, et une peine d'amende, si l'on voyait sur la place un cheval attaqué de la morve, du farcin, de la gale ou de la pousse, etc., etc. Il y aurait eu également une amende d'imposée, si les harnois n'avaient pas été en état de solidité; elle aurait été supportée par le cocher, si le harnois ou une partie quelconque de l'équipement était venu à se rompre pendant une course. Il y aurait eu une amende plus forte, à la charge de l'entrepreneur, si la voiture ou une roue avait manqué et mis les personnes qui auraient été dedans dans l'obligation de mettre pied à terre avant d'être rendues où elles devaient être conduites.

L'administration gagnait à cela, 1° d'avoir de bons répondans dans la personne des entrepreneurs; 2° d'avoir des voitures plus propres, d'un meilleur service; 3° d'avoir des chevaux moins hideux; et dont la bonne santé n'aurait point exposé ceux qui auraient pu se trouver à côté d'eux, et enfin elle aurait gagné sous un rapport qui n'était pas indifférent pour elle.

Il y a des fiacres à Paris qui portent des numéros composés de quatre chiffres; il y a peu de mémoires qui soient capables de les bien retenir, au lieu qu'en ne les numérotant que par compagnie, tout le monde pouvait dire: J'avais la 20e voiture de la première compagnie. Si ç'avait été le soir qu'on l'aurait pris, comme les chevaux d'une même compagnie auraient été de la même couleur, et que la voiture elle-même aurait eu sa couleur, tout le monde, en sortant d'une partie de plaisir, pouvait dire: À telle heure dans telle rue, j'ai pris une voiture jaune ayant des chevaux gris; voilà déjà la compagnie désignée, il ne me reste plus qu'à rechercher dans vingt-cinq cochers quel était celui qui se trouvait dans le quartier, ce qui est une bagatelle, parce que ceux qui n'ont rien à se reprocher accuseront toujours vrai, et que le coupable restera pour le dernier, s'il ne se fait pas connaître de suite[44]. Si j'avais pu faire adopter cette mesure, il aurait fallu moins d'un an pour que Paris n'eût plus que de bonnes remises pour voitures publiques avec des équipages et des cochers à l'avenant, et que ces hideuses voitures eussent disparu. De plus les cochers, qui sont des hommes de toute main, auraient été soumis à un examen, et placés sous la responsabilité des entrepreneurs, qui n'auraient pas pu prendre des hommes qui n'auraient pas eu leur livret de la préfecture de police.

M. Pasquier ne put faire passer ce projet, qui était fondé sur de bons principes et sur les meilleures intentions administratives possibles, en sorte que je dus laisser tel qu'il était ce cloaque, où tous les mauvais sujets allaient se mettre à l'abri des recherches actives dont ils étaient l'objet. J'avais beaucoup entendu louer l'administration de M. Lenoir, qui était lieutenant de police à la fin du règne de Louis XVI; je voulais que celle de la préfecture la surpassât, et elle était déjà capable de faire des choses auxquelles M. Lenoir n'aurait pas pu atteindre, quoique la surveillance fût plus facile à exercer de son temps qu'actuellement.

Avant 1790 les maîtrises existaient encore; elles divisaient naturellement la population par profession. Les jurandes et les corporations des différens artisans existaient aussi, et établissaient une division dans la partie de la population la plus remuante. De plus, le guet à cheval et le guet à pied étaient sous les ordres du lieutenant de police, ce qui donnait à M. Lenoir d'immenses ressources, tant pour être informé que pour réprimer ou prévenir de fâcheux événemens. Lors de mon entrée en fonctions, au contraire, les troupes municipales de Paris même étaient sous les ordres du chef militaire de la capitale et sous l'autorité immédiate du ministre de la guerre. Ce ne fut qu'un an après que j'obtins de faire créer cette légion de gendarmerie à pied et à cheval qui existe aujourd'hui, et de la faire mettre sous les ordres immédiats du préfet de police.

Au bout de quelques mois, j'en étais venu à être bien informé de ce qui arrivait à Paris par la poste et par les messageries, de même que de ce qui partait des grandes villes de France pour la capitale; cela n'était pas nécessaire, mais cela entrait dans les matériaux qui composaient les renseignemens auxquels on pouvait être dans le cas de recourir.

Cette surveillance était bonne pour rechercher les causes d'un fait, mais je ne voyais pas encore de quoi aller à la rencontre de ce qu'il pouvait être très important de prévenir. C'est ce qui me donna une autre pensée: je laissai la préfecture s'occuper de Paris, que je commençais à connaître assez pour comprendre ce que l'on m'en disait, et revins l'envisager sous un autre rapport.

CHAPITRE XXX.

Exilés.—Prisonniers d'État.—Madame d'Aveaux.—Rappel des exilés du faubourg Saint-Germain.—L'ancienne noblesse vient à la cour de l'empereur.—MM. de Polignac sortent de Vincennes.

Pour dire les choses selon l'ordre dans lequel elles sont arrivées, j'ai à rappeler que l'empereur m'avait ordonné de lui faire un rapport sur les exilés et les prisonniers d'État.

Les premiers exilés dataient de 1805, c'est-à-dire du retour d'Austerlitz; ils étaient, je crois, au nombre de quatorze. Je voulus connaître moi-même les matériaux qui devaient servir de base au rapport que je voulais en faire à l'empereur, et c'est à cette occasion que j'acquis la conviction que l'empereur ignorait jusqu'à la moindre des particularités qui concernaient les personnes qui avaient été frappées par cette mesure. Il ne savait ce que je voulais lui dire lorsque je lui en parlai; je fus curieux de savoir d'une manière précise ce qui avait conduit à lui demander l'ordre d'exiler ces quatorze personnes. Voici la version la plus exacte sur l'intrigue dont elles étaient victimes: j'ai dit qu'en 1805, pendant que l'empereur faisait sa campagne d'Austerlitz, les billets de banque ainsi que les fonds publics avaient éprouvé une baisse notable, qui attira des réprimandes au ministre de la police. Celui-ci s'excusa en disant que le faubourg Saint-Germain (qui se trouva là fort à propos) gâtait l'opinion par toute sorte de contes; que c'était lui qui avait débité de mauvaises nouvelles, qui avait mis en doute les succès de l'armée, etc., etc. L'empereur se fâcha, et ordonna que l'on fît une enquête à ce sujet; le ministre de la police fut dès-lors obligé de s'expliquer, et de désigner les personnes qu'il regardait comme les plus coupables de ces sortes de propos, et il reçut l'ordre de leur signifier d'aller demeurer dans leurs terres. Il n'y eut qu'un cri contre cette mesure, et dans la crainte qu'on ne la lui attribuât, parce qu'il était difficile de persuader que, de l'armée, l'empereur eût attaché de l'importance à des verbiages dont personne ne pouvait l'avoir entretenu que la police, il eut grand soin de dire à ces mêmes personnes qu'il était tout-à-fait étranger à ce qui leur arrivait; que l'empereur lui avait donné un ordre direct, sur l'exécution duquel il ne pouvait pas transiger; qu'il avait des polices partout, me désignant toujours comme celui qu'il croyait être chargé par l'empereur de ces sortes d'informations. Il accordait à ces personnes quelques délais pour leur départ, et les renvoyait encore contentes, et à mille lieues de penser que c'était lui qui s'était fait donner l'ordre de les exiler.

Voilà le fait exact, et ce que je vais dire vient à l'appui. Lorsque je présentai le rapport à l'empereur, j'eus avec lui quelques conversations à ce sujet; je chargeai M. Fouché, parce que je connaissais ses sources d'informations, lesquelles m'avaient déjà fourni mille détails si révoltans sur des personnes recommandables de la société, que j'aurais rougi d'en faire usage. Par exemple, le ministre avait fait croire à ces exilés qu'il n'avait rien dit à l'empereur contre eux; voici la preuve qu'il sacrifiait l'empereur à son intérêt particulier. Parmi ces quatorze exilés se trouvait madame d'Aveaux, célèbre par sa grande amabilité et par une fidélité constante en amitié pour une personne qui professait un peu haut des opinions qui étaient particulièrement dans les attributions du ministre de la police. Lorsque celui-ci dénonça le faubourg St-Germain à l'empereur comme dénaturant les rapports qui venaient de l'armée, il ne lui fut pas difficile de faire appliquer cela à cette personne, qui vivait des bontés de madame d'Aveaux; il aurait paru même plus étonnant de la voir oubliée que de la voir désignée la première dans cette proscription. Dans les matériaux que j'ai trouvés sur madame d'Aveaux, l'accusation dirigée contre elle était tout entière basée sur la délation d'un domestique qui, je crois, avait eu à se plaindre de sa maîtresse; or, comment supposer que l'empereur ait pu entretenir des relations de cette nature qui eussent fait parvenir jusqu'à lui la délation d'un domestique? Il ne faut pas beaucoup de sens commun pour voir que, s'il avait été accessible à cette faiblesse, il ne lui serait pas resté un moment pour ses autres occupations. D'ailleurs, s'il avait, sans rapport préalable de la police, donné directement l'ordre d'exiler tout ce monde, comment ce document concernant madame d'Aveaux serait-il parvenu à la police, qui me l'a remis? Il est bien plus probable que c'est la police qui se l'est procuré, et qu'elle en a fait le motif de la mesure qui a été appliquée à madame d'Aveaux.

L'empereur me donna l'ordre de lever tous les obstacles qui s'opposaient au retour de ces mêmes personnes dans leurs familles, excepté madame de Chevreuse, madame de Staël, M. de Duras, M. de La Salle et madame Récamier.

J'ai peut-être oublié quelqu'un, mais ma mémoire ne me le rappelle pas. J'expliquerai mieux comment, après ces rappels, l'empereur se trouva dans le cas de recourir encore aux exils.

Avant d'expliquer les motifs de l'exil de ceux-ci, il est juste de dire que l'empereur, en rappelant les autres, ajouta: «Mais je ne vois pas là dedans de quoi mettre un enfant en pénitence.» Il demanda à cette occasion ce que l'on entendait lui dire toutes les fois qu'on se servait de cette expression: «C'est le faubourg St-Germain,» et quelles étaient les personnes que l'on voulait particulièrement désigner. C'est sur cette demande que je fis faire cette longue liste d'individus, femmes et hommes, à laquelle j'ajoutai toutes les notes que j'avais pu me procurer sur chacun; je la lui remis comme l'état du troupeau dans lequel on avait jusqu'alors choisi les victimes qu'on lui avait fait immoler, lorsqu'on n'avait pas pu lui prouver son zèle par une oeuvre meilleure.

L'empereur, en lisant cette nomenclature, répétait sans cesse qu'il ne se doutait pas qu'il existât autant d'individus des anciennes familles nobles, et qu'il voulait qu'on lui présentât tout ce qui était encore en âge de voir le monde.

Je ne me le fis pas dire deux fois; et c'est dès ce moment que j'avisai aux moyens de les déterminer les uns et les autres à se faire présenter à la cour, profitant même de la circonstance du mariage de l'impératrice pour achever de lever les scrupules que quelques uns m'opposaient encore; je réussis si bien que, hormis les grand'mamans, je fis rentrer dans le monde tout ce qui était sur mon catalogue désigné comme ennemi du gouvernement, et qui était l'objet de mille autres contes ridicules. De cette manière, ces familles se trouvèrent hors de la portée de leurs calomniateurs, qui n'eurent plus de possibilité de les rendre encore le sujet de quelques mauvais rapports, qui auraient fini par les faire exiler[45].

Les douairières murmuraient un peu, mais toute la jeunesse en général en fut fort aise, parce que cela la fit inviter à tous les plaisirs, dont elle faisait l'ornement. Je me trouvai particulièrement très bien de cette mesure, en ce qu'elle me dispensait de jamais avoir rien de désagréable à faire vis-à-vis de qui que ce fût; mais en même temps il me resta dans l'esprit qu'il fallait qu'il y eût une raison pour que l'on eût toujours fait un monstre de ce faubourg Saint-Germain, que l'on pouvait dissiper avec des violons.

La vérité est que l'on s'en était fait un moyen de popularité; on lui faisait croire qu'on le protégeait contre les rigueurs de l'empereur, qui ne l'aimait pas et ne cherchait qu'une occasion de le frapper. C'est ainsi qu'on l'indisposait en lui faisant peur de l'empereur, qui, de son côté, était entretenu dans la persuasion que toutes ces anciennes familles avaient de l'éloignement pour lui, parce qu'on ne cessait de lui dire qu'elles ne passaient leur temps qu'à en dire du mal.

J'eus le bonheur de faire disparaître en grande partie cette désunion d'une portion de la société avec l'autre, sans être obligé de contrarier personne, et dès-lors ce que l'on appelait le faubourg Saint-Germain était plus à la cour que dans une direction opposée comme auparavant. À cette même époque, je pris sur moi de mettre en liberté sur parole MM. de Polignac, dont la détention paraissait ne devoir plus avoir de terme; je le fis sur les instances de personnes qui me répondirent qu'ils ne chercheraient point à abuser de ce que je faisais à leur égard.

Je trouvai du plaisir à obliger ces deux messieurs, et j'en fus aussi récompensé par un retour d'opinion de la société, qui me devint moins défavorable qu'elle ne l'avait été à mon avènement au ministère. On commençait à n'avoir plus autant peur de moi. J'avais mis avec intention de la coquetterie à me charger d'améliorer le sort de MM. de Polignac; je les avais envoyés chercher à

Vincennes, et les fis entrer chez moi par mon jardin, le jour même où je savais que madame de Polignac, qui me prenant pour un ogre (d'après ce qu'on lui avait dit), devait venir chez moi toute tremblante pour me demander de lui continuer la permission d'aller les voir au donjon. Je la reçus dans mon cabinet, qui donnait sur le jardin, et lui fis la surprise de lui remettre son mari et son frère, qu'elle plaça, pour sa plus grande facilité à aller les visiter, dans une maison de santé non loin du quartier qu'elle habitait elle-même. L'empereur sut cela et ne m'en parla qu'en bons termes; ce qui est une preuve de plus qu'il n'était pas naturellement rigoureux, et que si, par un calcul très perfide, on ne lui avait pas aussi souvent rompu la tête de mauvais rapports, jamais personne n'aurait été l'objet d'une mesure de sévérité.

On s'est plu à répandre que l'empereur avait de la faiblesse pour les anciens grands seigneurs, et qu'il se serait cru en république, s'il n'en avait pas été entouré.

Ce reproche est mal fondé: l'empereur, en arrêtant les désastres de la révolution, voulait couvrir tous les partis de sa puissante protection, et les obliger à se rapprocher. Aurait-on voulu qu'il n'eût rappelé en France tous ceux que le malheur des temps en avait fait sortir, que pour achever plus sûrement leur destruction? On ne peut pas le penser. Dès-lors il fallait les mettre à l'abri des traits de la méchanceté. Or, pouvaient-ils être plus en sûreté qu'autour de sa personne? Si même il les avait placés dans l'administration, quels cris n'aurait-on pas jetés, quand même ils auraient été capables! Que pouvait-il faire d'hommes de cour trop âgés pour se défaire des habitudes qu'ils avaient contractées depuis leur enfance? Il semble qu'il ne pouvait mieux faire que de les laisser dans leur sphère, c'est-à-dire les mettre à sa cour, pour ne pas être dans le cas de les mettre à Vincennes, où les passions d'un parti (que l'empereur contenait) cherchaient à les pousser.

Il faut les distinguer et bien connaître les catégories dans lesquelles ils se subdivisaient, pour juger les reproches que l'on a adressés à l'empereur de les avoir préférés à ceux d'illustration nouvelle.

La conduite de l'empereur a été toute politique dans ce cas-là. Il avait pu remarquer, dès l'aurore de son entrée au pouvoir, que toute la fortune foncière de France était encore possédée par celles des anciennes familles nobles qui, après avoir fait la révolution de 89, y avoir adhéré, n'avaient pas cessé d'habiter les anti-chambres de toutes les factions qui s'étaient arraché le pouvoir depuis Robespierre inclusivement, jusqu'au directoire, qui les lui légua avec le mobilier du palais du Luxembourg.

Ces familles n'avaient garde de manquer de se rapprocher d'un gouvernement plus fort que celui qu'elles venaient d'abattre, et qui annonçait vouloir gouverner avec modération.

Aussi le premier consul fut-il dispensé d'en appeler aucune. Elles mirent toutes de l'empressement à venir à lui, et l'on vit bientôt les fauteuils du sénat occupés par MM. les ducs de Luynes, de Praslin et autres, sans compter nombre de postulans.

Après ces familles, il y en avait d'autres, non moins illustres autrefois, qui avaient pris le parti de l'émigration, sans courir la chance des combats. De ce nombre sont les Archambaud, les Noailles et autres. Ils avaient trouvé moyen de rentrer, même sous le directoire, en produisant toute sorte de certificats, tels que des attestations qu'ils n'avaient point porté les armes contre la France.

Le premier consul ne pouvait pas être plus sévère que le gouvernement directorial. En conséquence, il régularisa la rentrée de ces familles, en les rayant de la liste des émigrés, et en leur restituant ceux de leurs biens qui n'étaient pas vendus, toutefois hormis les bois.

Les familles qui avaient pris parti dans la guerre civile étaient rentrées dans l'état social commun, depuis le traité de pacification des départemens de l'Ouest, et par conséquent leur fortune foncière leur était garantie. Il ne restait, à proprement parler, que la pauvre noblesse de province, qui avait émigré par principes d'honneur et de dévoûment à la cause du roi, qui avait porté les armes comme simple soldat dans l'armée de Condé, et qui, réduite à l'indigence après la dissolution de ce corps, s'était abandonnée au généreux désespoir de venir se jeter en France à tous risques et périls, sans même prendre la peine de se procurer des passe-ports autres que ceux que le prince de Condé lui avait fait délivrer en la licenciant. Cette confiance de sa part ne fut point déçue: non seulement le premier consul défendit qu'on l'inquiétât, mais il ordonna sous main qu'on ne repoussât pas, pour cause d'émigration, les demandes que le plus grand nombre formait pour obtenir de petites places dans les différentes branches de l'administration, et je dois le dire à la louange de tous, aucun d'eux n'a manqué aux principes d'honneur, ni aux engagemens qu'il avait contractés.

Cette classe nombreuse et respectable se trouvait presque totalement dépouillée, parce que le peu de bien qu'elle possédait avant son émigration avait été plus facilement vendu, en raison des facilités qu'avaient les acquéreurs pour les acheter.

Aussi le plus grand nombre d'entre eux était-il rentré de bonne foi dans la classe industrielle.

Lorsque le premier consul eut pris la couronne impériale, et qu'il eut éprouvé, par conséquent, le besoin de faire concourir à son lustre les notabilités foncières du pays, il dut adopter toutes les familles qui s'en trouvaient en possession. Il avait bien remarqué, le premier de tous sans doute, qu'aucune des notabilités créées par sa gloire ne possédait de fortune foncière patrimoniale, et il s'était imposé d'en élever de là son institution des majorats, qui eut lieu plus tard, et dans laquelle il surpassa en munificence tout ce que ses prédécesseurs avaient fait, sans en excepter Louis XIV, et cela sans prendre une obole dans le trésor public.

Par un étrange abus d'autorité, après la paix de 1814, on a dépouillé tous ces donataires des biens qu'il leur avait donnés, dont personne n'avait droit de les priver, et desquels on ne pouvait pas disposer, si même il y avait force majeure, sans les indemniser. Les fureurs de l'esprit de parti peuvent seules expliquer cette aberration d'esprit, et il doit être permis d'espérer que ceux qui avaient acquis ces fortunes en défendant leur pays trouveront un jour une administration assez équitable pour les faire indemniser d'une spoliation qu'ils n'avaient pas consentie; et je ne crains pas d'en appeler à l'honneur de ceux des émigrés qui, ayant perdu leurs biens pour avoir porté les armes contre la France, en ont obtenu le paiement en vertu d'une décision des chambres.

L'empereur n'avait donc témoigné aucune préférence pour les anciennes familles; il avait été juste envers elles, et hormis quelques têtes exaltées auxquelles il voulut bien ne pas faire attention, et que l'on classait généralement parmi les fous, il n'a eu à se plaindre d'aucune de ces familles. Il les aimait, parce qu'il avait confiance dans l'honneur de leur caractère; il s'en entourait avec plaisir, parce qu'elles ne l'approchaient jamais qu'avec une respectueuse déférence. Ces familles, de leur côté, s'étaient attachées à lui comme à un ancre de salut, au sortir d'une tempête qui avait failli les engloutir.

Toutes s'étaient montrées sensibles à la gloire nationale, et au lustre qu'il faisait rejaillir sur tous les genres de services, et j'en appelle à ceux qui sont les plus opposés à ces familles, qu'ils disent quel est l'individu, parmi elles, qui, étant attaché au service ou à la personne de l'empereur, a fait un trafic de son devoir ou de son honneur pour se créer une position nouvelle au milieu des désastres de 1814.

CHAPITRE XXXI.

Prisonniers d'État.—Leur nombre.—Leurs délits.—Prêtres immoraux.—Visites annuelles des prisons d'État par deux conseillers d'État.—Leurs rapports au conseil privé.—Anecdote sur deux conseillers.

Dans les premières semaines de mon administration, l'empereur voulut revoir les motifs de la détention des prisonniers d'État; je dus commencer par les examiner moi-même, et j'avoue que je ne jetais qu'en tremblant un regard observateur sur les registres de ces détenus, parce que, d'après ce que j'avais entendu dire, je m'attendais à trouver des gouffres où des victimes innocentes étaient enterrées toutes vivantes. Dans quelle erreur l'on était, et combien la lâche calomnie s'est exercée sur ce point! Je vais expliquer sans détour dans quel état j'ai trouvé cette partie de mon administration.

On appelait prisonnier d'État un détenu qui ne pouvait pas être jugé par les tribunaux, parce que sa famille s'était réunie pour demander sa réclusion et éviter la diffamation d'un jugement qui aurait été porté contre lui. Dans ce cas, la famille faisait une demande en forme à l'administration locale, qui faisait constater la réalité des motifs que les parens avaient pour faire détenir le membre de leur famille qui avait encouru une peine infamante; après les avoir reconnus et certifiés, l'administration du lieu en faisait un rapport au ministre de la police, qui demandait l'agrément de l'empereur pour constituer le prisonnier, et afin d'éviter des humiliations à sa famille, on le transférait dans une maison de détention fort éloignée. Ceci avait, en quelque sorte, remplacé les lettres de cachet de l'ancien régime; et comme on n'avait plus de colonies où l'on pouvait, comme autrefois, envoyer tous les mauvais sujets, il avait bien fallu adopter un moyen d'en débarrasser la société, sur la demande et dans l'intérêt des familles.

Après cette espèce de prisonniers, il y en avait une autre qui était composée d'hommes ayant passé aux tribunaux pour des cas graves dans lesquels ils avaient été impliqués, et dont ils s'étaient tirés par quelques incidens qui les avaient mis hors de l'atteinte de la loi, mais qui cependant n'en étaient pas moins les complices de quelques bandes de chauffeurs, de voleurs de recette publique et de messageries, et qui, croyant déguiser leurs désordres en les mettant sous la couleur d'un parti, se donnaient le nom de royalistes, ou enfin qui étaient les moteurs reconnus de tous les mauvais sujets d'un quartier. Ces hommes étaient le plus souvent retenus après le jugement, soit à la requête du procureur impérial près le tribunal même, ou à la demande de l'administration des lieux, fondée sur la conservation de l'ordre et de la tranquillité publique; mais jamais ils n'étaient retenus arbitrairement.

Une troisième classe était celle des détenus pour délits politiques; tout le monde s'imaginait qu'elle était fort nombreuse, et c'était celle qui l'était le moins: elle ne s'élevait pas à plus de quarante personnes sur la population de la France, de la Belgique, du Piémont, de la Toscane et des États romains; ce n'est pas dans la proportion d'un par million.

Il faut comprendre là dedans les individus arrêtés à la suite de la guerre civile, et qui s'étaient derechef mis dans des entreprises hasardeuses: la plus grande partie étaient susceptibles d'être renvoyés devant des tribunaux spéciaux d'où assurément pas un ne serait revenu. C'est l'empereur qui ne le voulut pas, parce que, disait-il, le temps arrangeait tout, et qu'il rendrait la raison à ces individus, comme elle était revenue à tant d'autres en France.

Il faut y comprendre ceux qui avaient été condamnés à mort, et dont la peine avait été commuée en une détention indéfinie. Il faut enfin y comprendre les prêtres qui avaient été arrêtés pour avoir employé leur ministère à mettre le trouble dans les familles. Par exemple, j'ai connu tels de ces misérables qui s'étaient servis de la confession pour porter de jeunes femmes, assez faibles pour les écouter, à rompre le lien conjugal qui les unissait avec leurs maris, sous prétexte que ceux-ci avaient servi l'État, ou qu'ils avaient acheté des biens nationaux. Il y en avait d'autres qui avaient refusé le baptême à des enfans nés de mariages contractés pendant la révolution; enfin il y avait de ces prêtres détenus pour avoir attiré chez eux, sous prétexte d'exercices de piété, des jeunes filles qu'ils avaient ensuite soumises à toute la dépravation la plus honteuse. Ce n'était pas par ménagement pour ces hypocrites qu'on ne les avait point envoyés devant les tribunaux, mais c'était à cause de la honte qui en serait retombée sur la famille des enfans dont ils avaient souillé l'innocence, par ménagement pour le clergé et par respect pour la morale publique.

Toutes ces différentes classes de prisonniers formaient un total de six cents et quelques personnes, en y comprenant les étrangers, c'est-à-dire ceux que l'on avait trouvés dans cet état en réunissant un pays à la France, de même que les Espagnols qui, après avoir prêté serment au roi Joseph, l'avaient trahi pour passer chez les insurgés où ils avaient été repris[46].

Il ne s'est pas passé un an du règne de l'empereur, sans que lui-même écrivît au ministre de la police, pour lui faire connaître qu'il avait nommé par décret deux conseillers d'État pour aller faire la visite de tous les prisonniers d'État, et qu'il eût (le ministre de la police) à leur communiquer tous les documens en vertu desquels chacun était arrêté et retenu. Il fallait alors remettre à ces deux conseillers d'État le dossier de chaque détenu, et avec cette quantité de papiers, ils faisaient le tour de toutes les prisons de France dans lesquelles ces prisonniers se trouvaient renfermés.

Ils avaient un ordre du ministre de la police pour qu'on les leur ouvrît autant de fois que bon leur semblerait. Ils avaient pour instruction de visiter les prisonniers homme par homme, et afin que l'on n'en soustrayât pas, ils commençaient par constater si l'état que leur avait remis le ministre de la police à leur départ de Paris était conforme au registre du greffe de la prison, d'après lequel on fait les feuilles de dépense des prisonniers, en sorte que si on avait voulu en mettre un de plus dans la prison sans l'enregistrer au greffe il en serait résulté que le commandant de la maison ou château fort aurait dû l'entretenir de ses propres deniers, ce qui serait une supposition invraisemblable. Par là on s'assurait d'une manière bien évidente qu'il n'y avait pas un prisonnier de plus que ceux que l'on montrait. Après cela, les conseillers d'État les interrogeaient l'un après l'autre, et étaient chargés de constater la validité des motifs pour lesquels ils étaient détenus; ils écrivaient aux familles, ils voyaient les autorités des lieux, et faisaient ainsi la censure rigoureuse du ministre de la police.

Cette visite durait plusieurs mois, et c'était ordinairement au mois de novembre que l'empereur entendait le rapport des conseillers d'État, qui étaient le plus souvent de retour à la fin d'octobre. Ce rapport se faisait en conseil privé, lequel était composé de l'archi-chancelier, de l'archi-trésorier, du prince de Bénévent, du grand-juge, du ministre de la guerre, de celui de l'intérieur, de celui de la police, des présidents du tribunal de cassation, des présidents des sections de l'intérieur et de législation du conseil d'État, de plusieurs sénateurs, des quatre conseillers d'État attachés au ministère de la police, et enfin du secrétaire d'État.

Devant ce conseil ainsi composé, les deux conseillers d'État lisaient leurs rapports, et donnaient leur opinion sur chacun des prisonniers qu'ils avaient visités; après qu'ils avaient parlé sur un individu, le ministre de la police était obligé de faire connaître les motifs de sa détention: alors l'empereur prenait l'opinion du conseil, membre par membre, sur chaque individu; soit pour maintenir sa détention, soit pour le mettre en liberté.

Tout ne pouvait pas se faire en une seule séance; mais peu importait, on y revenait jusqu'à ce qu'il eût été prononcé sur le dernier prisonnier.

Après ce travail, le ministre-secrétaire d'État faisait le relevé des individus mis en liberté et de ceux maintenus en détention; il adressait au ministre de la police une expédition du procès-verbal de ces différentes séances, avec le résultat du travail qui y avait été arrêté: alors le ministre de la police délivrait aux commandans des différens donjons où étaient les prisonniers, l'ordre de les mettre en liberté.

En supposant qu'il y eût eu quelques projets d'en éluder l'exécution, cela n'aurait pas pu se faire, parce que le ministre-secrétaire d'État faisait la même expédition au grand-juge qu'au ministre de la police; le grand-juge chargeait les procureurs impériaux de veiller à l'exécution des dispositions du décret de l'empereur, et de lui en rendre compte.

Voilà au juste l'équité avec laquelle on décidait de la liberté des citoyens. Je n'ai jamais connu de *détentions cachées*[47], ni aucune espèce de mauvais traitemens ordonnés par l'empereur, et j'ai reçu vingt ordres de lui, dans lesquels il me recommandait de ne jamais me permettre de sortir des bornes de la constitution, sans auparavant lui faire connaître le cas qui aurait pu m'y obliger. J'ai même reçu une fois une lettre de lui, dans laquelle il me disait qu'il y avait deux arbitraires de trop en France, le sien et le mien.

Je me rappelle qu'à un de ces conseils privés, l'empereur s'aperçut que, dans le rapport que lui avaient fait, de la visite des prisons, deux conseillers d'État, qui étaient MM. Dubois et Corvetto, qu'il chargeait assez souvent de ces sortes de tournées, ils ne présentaient pas d'opinion à eux sur les notes que je leur avais remises, avant leur départ, sur une prison des Alpes. L'empereur devina qu'ils n'y avaient pas été. Il leur en fit la question; ils n'osèrent pas lui déguiser la vérité, et ils se bornèrent à dire, pour leur justification, qu'ils avaient appris son retour à Paris plus tôt qu'ils ne le pensaient, et qu'ils n'avaient pas voulu allonger leur tournée, dans la crainte de lui faire attendre leurs rapports. L'empereur leur témoigna beaucoup de mécontentement, et les fit partir dès le lendemain pour leur faire visiter cette prison.

FIN DU QUATRIÈME VOLUME.

NOTES

[1: Le même qui depuis a été ambassadeur à Paris.]

[2: «L'empereur Napoléon, tranquillisé (par les conventions d'Erfurth) sur les affaires d'Allemagne, fit passer de puissans renforts à ses armées d'Espagne, et se rendit lui-même dans la Péninsule pour diriger les opérations dans une campagne brillante et qui semblait décisive; il dispersa les armées espagnoles, réoccupa Madrid, et obligea une armée anglaise qui s'était avancée jusqu'à Toro à se rembarquer à la Corogne. Ces succès faisaient prévoir la conquête prochaine de toute la Péninsule; mais l'activité que l'Autriche continuait à mettre dans ses armemens obligea l'empereur des Français à quitter l'Espagne pour retourner en toute hâte à Paris.

«Les sacrifices que le traité de Presbourg avait arrachés à l'Autriche étaient trop grands pour que le cabinet de Vienne pût se résigner à les supporter avec patience; mais la désorganisation de ses armées, suite inévitable des revers multipliés qu'elle avait essuyés, l'avait empêché jusque-là de se livrer à la réalisation des projets qu'elle nourrissait en secret. Il n'avait pas saisi l'occasion que la guerre de la France avec la Russie lui avait présentée; il jugea plus propice celle que semblaient lui offrir les événemens d'Espagne et les embarras qu'ils suscitaient à Napoléon.

«Le cabinet de Vienne commença donc avec sécurité les préparatifs de la guerre. L'entrevue d'Erfurth augmenta les alarmes des ministres de l'empereur François; mais comme leurs armemens n'avaient pas encore atteint le degré de maturité convenable, ils résolurent de dissimuler avec la France. Ils réussirent même à endormir l'empereur Napoléon, qui, rassuré par leurs protestations, ne craignit pas de porter en Espagne la majeure partie de ses forces. Profitant de ces circonstances, l'Autriche poussa ses armemens avec une vigueur qui ne laissait plus de doute sur la nature de ses projets.

«L'empereur Napoléon désirait sincèrement éviter une nouvelle guerre, qui devait faire une diversion fâcheuse à ses affaires en Espagne; mais toutes ses démarches pour en venir à un accommodement ne furent considérées par les Autrichiens que comme un aveu de sa faiblesse, et ne servirent qu'à les fortifier dans leurs projets, en leur persuadant qu'ils prendraient la France au dépourvu.

«Le rôle que la Russie avait à jouer devenait difficile. D'un côté, il n'était pas de son intérêt de coopérer à la ruine de la seule puissance qui présentât encore une masse intermédiaire entre elle et l'empire de Napoléon. D'un autre côté, elle ne pouvait refuser d'assister la France sans violer ouvertement les engagemens contractés envers elle, et dont aucune infraction de la part de Napoléon n'avait affaibli la sainteté. D'ailleurs, quand même le cabinet de

Pétersbourg, passant par dessus ces considérations morales en faveur de plus hautes vues politiques, se fût décidé à soutenir l'Autriche, il n'aurait pu le faire efficacement à cause de l'éloignement de ses armées, occupées des affaires de la Suède et de la Turquie, et le faible corps qui lui restait de disponible sur les frontières de la Gallicie n'aurait fait que participer aux revers de l'Autriche sans pouvoir y remédier.»

Histoire militaire de la campagne de Russie par le colonel Boutourlin, tom. 1er, p. 36.]

[3: Il avait reçu un second courrier de Saint-Pétersbourg.]

[4: Un corps de cinquante mille hommes n'était pas en état de prendre l'offensive, et dès-lors aurait été sans cesse dans une position d'observation.]

[5: «Paris, le 12 avril 1809.

Au prince de Neufchâtel,

Mon cousin,

Je reçois vos lettres du 8. Je trouve fort ridicule qu'on envoie des farines de Metz et de Nancy sur Donawert; c'est le moyen de ne rien avoir, d'écraser le pays de transports, et de faire de très grandes dépenses. Je ne m'attendais pas à de pareilles mesures. Il était bien plus simple de faire passer des marchés, dans un pays aussi abondant en blé que l'Allemagne; on aurait eu en vingt-quatre heures tous les blés et farines qu'on aurait voulu. Vous ne me mandez pas si les boulangers et les constructeurs de fours, dont j'ai ordonné la réquisition à Metz, Strasbourg et Nancy, sont arrivés. Je suis fâché que vous ne m'ayez pas écrit là-dessus; cela est très-important. Faites lever une compagnie de maçons bavarois à Munich. Je les prendrai à mes frais; vous savez qu'on ne saurait trop en avoir. Je vous ai écrit hier matin par le télégraphe, à midi par l'estafette: en réfléchissant sur les pièces que j'ai dans les mains, je me confirme dans l'idée que l'ennemi veut commencer les hostilités du 15 au 20. Je suppose que le duc de Rivoli arrivera le 15 sur le Leck, à Landsberg ou à Augsbourg. Il me tarde de savoir le jour positif où le duc d'Auerstaedt arrivera à Ratisbonne avec son armée, quand la cavalerie légère du général Montbrun et la grosse cavalerie du général Nansouty arriveront entre Ratisbonne, Munich et le Leck, de manière à pouvoir se former sur le Leck, si l'ennemi prenait l'offensive avant que nous fussions prêts. Il me tarde aussi de vous savoir à Augsbourg. Je suppose que, sans s'arrêter aux mesures prises, le commissaire que j'ai envoyé à Donawert aura fait des marchés ou requis le blé et la farine nécessaires. J'ai envoyé à Insbruck mon officier d'ordonnance Constantin; dépêchez-lui un courrier pour qu'il vous donne l'itinéraire des quatre mille hommes qui arrivent d'Italie par le Tyrol, et des nouvelles de ce que l'ennemi fait de ce côté. Donnez ordre au général Moulin, qui est à Strasbourg, de se rendre à Augsbourg pour prendre le commandement de la ville.

Sur ce, etc.

P.S. Je vous prie bien de dire à Daru que mon intention est de ne rien tirer de France de tout ce qu'on peut se procurer en Allemagne; qu'on n'aille pas traîner à la suite de l'armée un tas de couvertures, de matelas, de linge, ce qui occasionne d'immenses dépenses, et fait qu'on manque de tout, tandis qu'avec l'argent qu'on y emploierait à Munich, à Augsbourg, et partout où nous serons, on sera abondamment pourvu de tout.

NAPOLÉON.»]

[6: Paris, 10 avril 1809 à midi.

Au prince de Neuchâtel.

Mon cousin,

Je vous ai écrit par le télégraphe la dépêche ci-jointe. Des dépêches interceptées, adressées à M. de Metternich par sa cour, et la demande qu'il fait de ses passe-ports, font assez comprendre que l'Autriche va commencer les hostilités, si elle ne les a déjà commencées. Il est convenable que le duc de Rivoli se rende à Augsbourg avec son corps; que les Wurtembergeois se rendent également à Augsbourg, et que vous vous y rendiez de votre personne. Ainsi, vous aurez en peu de temps réuni à Augsbourg beaucoup de troupes. Communiquez cet avis au duc de Dantzick. La division Saint-Hilaire, les divisions Nansouty et Montbrun doivent être à Ratisbonne depuis le 6; le duc d'Auerstaedt doit avoir son quartier-général à Nuremberg. Prévenez-le que tout porte à penser que les Autrichiens vont commencer l'attaque, et que, s'ils attaquent avant le 15, tout doit se porter sur le Lech. Vous communiquerez tout cela confidentiellement au roi de Bavière.—Écrivez au prince de Ponte-Corvo, que l'Autriche va attaquer, que si elle ne l'a pas fait, le langage et les dépêches de M. de Metternich font juger que tout cela est très imminent; qu'il serait convenable que le roi de Saxe se retirât sur une de ses maisons de campagne du coté de Leipsick.—Prévenez le général Dupas, pour qu'il ne se trouve point exposé, et pour qu'en cas que l'ennemi attaque avant que son mouvement ne soit fini, il se concentre sur Augsbourg. Comme les Autrichiens sont fort lents, il serait possible qu'ils n'attaquassent pas avant le 15; alors ce serait différent, car moi-même je vais partir. Dans tous les cas, il n'y aurait pas d'inconvénient que la cour de Bavière se tînt prête à faire un voyage à Augsbourg. Si l'ennemi ne fait aucun mouvement, vous pourrez toujours faire celui du duc de Rivoli sur Augsbourg; celui des Wurtembergeois sur Ausbourg ou Raïn, selon que vous le jugerez convenable, et celui de la cavalerie légère, et des *divisions Nansouty et Saint-Hilaire* sur Landshut ou Freising, selon les événemens. Le duc d'Auerstaedt aura son quartier-général à Ratisbonne, et son armée se placera à une journée autour de cette ville, et cela dans tous les événemens. Les Bavarois ne feront aucun mouvement si l'*ennemi n'en fait pas*. Quant à la division Rouger, elle se rapprochera de Donawert, si elle ne peut pas attendre la division Dupas.

NAPOLÉON.]

[8: Depuis qu'il était devenu protecteur de la confédération du Rhin, il avait acquis du prince de Baden, le territoire sur lequel avait été construit l'ancien fort de Kehl sous Louis XIV, et il le fit reconstruire.—Il faisait de même construire une tête de pont à Mayence.]

[9: Ce corps de Klenau avait quarante mille hommes.]

[10: Le pont de Ratisbonne est le seul en pierre qui existe sur le Danube depuis Ulm, où le fleuve est peu considérable, jusqu'à la mer. Ce pont est un ouvrage des Romains. Il est construit en grès et briques minces et liés avec du ciment de Pouzolane; ce monument est à l'abri des destructions.]

[11: Lettre de Napoléon au maréchal Masséna.

Donawert, le 18 avril 1809.

Mon cousin,

Je reçois votre lettre; la division que vous avez à Landsberg, et les quatre régimens de cavalerie légère, doivent tâcher de gagner Aicha, ou au moins faire ce qu'ils pourront sur la route d'Augsbourg à Aicha; mais il est indispensable que le général Oudinot, avec son corps et vos trois autres divisions, que vos cuirassiers et ce que vous avez d'autre cavalerie couchent à Pfaffenhofen. Dans un seul mot vous allez comprendre ce dont il s'agit. Le prince Charles avec toute son armée a débouché hier de Landshut sur Ratisbonne; il avait trois corps d'armée, évalués à quatre-vingt mille hommes. Les Bavarois se sont battus toute la journée avec son avant-garde, entre Siegenbourg et le Danube. Cependant aujourd'hui 18, le duc d'Auerstaedt, qui a soixante mille hommes français, part de Ratisbonne et se porte sur Neustadt; ainsi, lui et les Bavarois agiront de concert contre le prince Charles. Dans la journée de demain 19, tout ce qui sera arrivé à Pfaffenhofen de votre corps, auquel se joindront les Wurtembergeois, une division de cuirassiers et tout ce qu'on pourra, pourra agir, soit pour tomber sur les derrières du prince Charles, soit pour tomber sur la colonne de Freysing et de Maubourg, et enfin entrer en ligne. Tout porte donc à penser qu'entre le 18, le 19 et le 20, toutes les affaires de l'Allemagne seront décidées. Aujourd'hui 18, l'armée bavaroise peut encore continuer à se battre sans grand résultat, puisqu'ils cèdent toujours du terrain, ce qui harcèle et retarde d'autant la marche de l'armée ennemie. Le duc d'Auerstaedt est prévenu de tout, et le général Wrede lui envoie tous les prisonniers. Aujourd'hui il est possible que l'on tire quelques coups de fusil. Entre Ratisbonne et le lieu où était le prince Charles, il n'y avait encore que neuf lieues. Ce n'est donc que le 19 qu'il peut y avoir quelque chose; et vous voyez actuellement d'un coup d'oeil, que jamais circonstance ne voulut qu'un mouvement fût plus actif et plus rapide que celui-ci. Sans doute que le duc d'Auerstaedt, qui a près de soixante mille hommes, peut à la rigueur se tirer honorablement de cette affaire; mais je regarde l'ennemi comme perdu si Oudinot et vos trois divisions ont débouché avant le jour, et si dans cette circonstance importante, vous faites sentir à mes troupes ce qu'il faut qu'elles fassent. Envoyez des postes de cavalerie au loin. Il paraît que les Autrichiens ont à Munich et sur cette direction un corps de douze mille hommes. L'importance de votre mouvement est telle, qu'il est possible que je vienne moi-même joindre votre corps. Votre cavalerie qui était à Wachau peut en partir, se diriger et venir vous rejoindre à Pfaffenhofen. Quant au général qui est à Landsberg, il forme avec son corps notre arrière-garde, qui sera à six à sept lieues de distance. Cela peut être utile et n'a pas d'inconvénient. S'il le faut, il aura toujours rejoint le deuxième ou le troisième jour. Enfin, les quatre régimens de cavalerie légère peuvent même, au plus tard après demain, avoir rejoint votre tête.

Sur ce, je prie Dieu, etc.]

[12: Lettre du major-général à l'archiduc Maximilien.

10 mars 1809.

Monseigneur,

Le duc de Montebello a envoyé ce matin à Votre Altesse un officier parlementaire, accompagné d'un trompette. Cet officier n'est pas revenu; je la prie de me faire connaître quand elle a l'intention de le renvoyer. Le procédé peu usité qu'on a eu dans cette circonstance, m'oblige à me servir des habitans de la ville pour communiquer avec Votre Altesse. S. M. l'empereur et roi, mon souverain, ayant été conduit à Vienne par les événemens de la guerre, désire épargner à la grande et intéressante population de cette capitale les calamités dont elle est menacée. Elle me charge de représenter à Votre Altesse que, si elle continue à vouloir défendre la place, elle occasionnera la destruction d'une des plus belles villes de l'Europe, et fera supporter les malheurs de la guerre à une multitude d'individus que leur état, leur sexe et leur âge devraient rendre tout-à-fait étrangers aux maux causés par les armes.

L'empereur mon souverain a manifesté dans tous les pays où la guerre l'a fait pénétrer sa sollicitude pour épargner de pareils désastres aux populations non armées. Votre altesse doit être persuadée que Sa Majesté est sensiblement affectée de voir toucher au moment de sa ruine cette grande ville, qu'elle regarde comme un titre de gloire d'avoir déjà sauvée. Cependant, contre l'usage établi dans les forteresses, votre altesse a fait tirer le canon du côté des faubourgs, et ce canon pouvait tuer non un ennemi de votre souverain, mais la femme ou l'enfant d'un de ses plus fidèles serviteurs. J'ai l'honneur d'observer à Votre Altesse que, pendant cette journée, l'empereur s'est refusé à laisser entrer aucunes troupes dans les faubourgs, se contentant seulement d'en occuper les portes, et de faire circuler des patrouilles, pour maintenir l'ordre. Mais si Votre Altesse continue à vouloir défendre la place, Sa Majesté sera forcée de faire commencer les travaux d'attaque, et la ruine de cette capitale sera consommée en trente-six heures, par le feu des obus et des bombes de nos batteries, comme la ville extérieure sera détruite par l'effet des vôtres. Sa Majesté ne doute pas que toutes ces considérations n'influent sur Votre Altesse, et ne l'engagent à renoncer à un projet qui ne retarderait que de quelques momens la prise de la ville. Je prie Votre Altesse de me faire connaître sa dernière résolution.

Signé, ALEXANDRE BERTHIER.

]

[13: Ce bras est celui dont le commerce se sert pour la navigation; il est toujours rempli de bateaux.]

[14: Monsieur le vice-amiral Decrès,

Je désire avoir un des bataillons de la flottille à l'armée du Rhin. Voici quel serait mon but: faites-moi connaître s'il serait rempli. Douze cents marins seraient fort utiles à cette armée pour le passage des rivières et pour la navigation du Danube. Nos marins de la garde m'ont rendu de grands services dans la dernière campagne; mais ils faisaient un service qui était indigne d'eux. Les marins qui composent les bataillons de la flottille savent-ils tous nager? sont-ils tous capables de mener un bateau dans une rade ou dans une rivière? savent-ils l'exercice d'infanterie? S'ils ont cette instruction, ils me seront fort utiles. Il faudrait envoyer avec eux quelques officiers de l'artillerie de marine, et une centaine d'ouvriers avec leurs outils. Ce serait une grande ressource pour le passage et la navigation des rivières. Sur ce, je prie Dieu qu'il vous ait en sa sainte garde.

Paris, le 9 mars 1809.

NAPOLÉON.]

[15: Au maréchal Masséna,

23 mai 1809, après minuit.

«L'empereur arriva au premier pont sur le petit bras. Le pont de chevalets est rompu: on donne des ordres pour le réparer. Mais il est nécessaire que vous y envoyiez des sapeurs pour faire deux ponts de chevalets au lieu d'un. Ce qui sera plus long, c'est le premier pont sur le grand bras, qui est à moitié défait, et qui ne peut être reconstruit au plus tôt que vers la fin de la journée de demain. Il est donc nécessaire que vous teniez fortement la tête du premier pont que vous passez demain matin; c'est-à-dire de placer de l'artillerie et de retirer les pontons, pour faire croire à l'ennemi, d'après votre disposition, que nous nous réservons les moyens de rejeter le pont pour passer, ce qui tiendra l'ennemi en respect. Mais le fait est qu'il faudra, aussitôt que les pontons seront retirés, les faire charger sur des haquets avec les cordages, ancres, poutrelles, madriers, etc., pour les envoyer de suite au pont du grand bras, pour lequel il manque quatorze ou quinze bateaux. Vous enverrez les compagnies de pontonniers qui sont avec vous pour aider à faire le pont. Vous sentez combien tout ceci demande d'activité, etc.

«L'empereur passe de l'autre côté pour activer tous les moyens, et surtout pour faire passer des vivres. L'important est donc de vous tenir fortement et avec beaucoup de canons dans la première île, et d'envoyer vos pontons pour le pont rompu.

«ALEXANDRE.»]

[16: L'empereur ne voyait jamais faire des efforts de vaillance aux troupes sans éprouver le besoin d'honorer la mémoire des braves de quelque pays ou siècle que ce fût. Au milieu de ses occupations à Vienne, en 1809, il fit quelque chose pour celle du chevalier Bayard. Ce guerrier, comme l'on sait, était du Dauphiné; il était né en 1474, et mourut en 1524, à la retraite de Rebec, dans le Milanais.

L'empereur fit relever et réparer à grands frais la chapelle dans laquelle ce héros avait été baptisé au village de la Martinière.

L'empereur ordonna que l'on y portât en cérémonie le coeur du chevalier Bayard, qui avait échappé aux fureurs insensées de nos discordes civiles, et, pour donner plus de pompe à cet hommage rendu à la mémoire du héros, l'empereur ordonna à toutes les autorités civiles et militaires d'y assister, et en se rendant sur les lieux, de ne rien omettre de tout ce qui pouvait donner un nouvel éclat aux vertus du héros dont on régénérait la mémoire. On mit sur la boîte de plomb qui contenait le coeur du chevalier sans peur et sans reproche une inscription à sa louange. L'empereur l'avait dictée lui-même.]

[17: Lettre du prince Poniatowski au major-général.

«Au quartier-général de Pulawy, le 27 juin 1809.

«Monseigneur,

«J'avais eu l'honneur de porter à la connaissance de Votre Altesse Sérénissime, en date du 21 de ce mois, que, malgré l'engagement positif pris par le prince Galitzin, de faire passer ce jour deux divisions de son armée au-delà du San, on ne s'apercevait d'aucune disposition pour cet objet. En effet, sous prétexte de manque de vivres, cette mesure n'a été effectuée qu'en partie deux jours après, avec la même lenteur qui a caractérisé jusqu'ici tous les mouvemens des troupes russes. Ces retards ont donné au corps autrichien, qui s'était porté sur la rive droite de la Vistule, le temps de faire sa retraite avec la plus grande tranquillité; on n'a, en aucune manière, cherché à l'inquiéter. La connaissance certaine que, dès cette époque, on eut à l'armée autrichienne que celle aux ordres du prince Galitzin ne passerait pas la Vistule, a engagé l'archiduc Ferdinand à porter avec rapidité la plus grande partie de ses forces, savoir: environ vingt-cinq mille hommes jusque sur la Piliça, et de menacer ainsi les frontières du duché. Ce mouvement m'a mis dans le cas de me porter sur Pulawy. Les troupes sous mes ordres s'y trouvent depuis trois jours. Au moyen du pont que j'y ai fait jeter sur la Vistule, je puis de ce point, sans quitter la Gallicie, observer la marche ultérieure de l'ennemi, me porter au besoin sur la rive gauche, et, en manoeuvrant sur une des extrémités de sa ligne, lier par-là mes opérations avec celles des généraux Dombrowsky et Sockolniki, qui, avec environ huit mille hommes, ont pris une position à Gora. Toute ma cavalerie, jetée vers Zwolin et Radom, soutenue par l'infanterie, observe les mouvemens de l'ennemi, et se trouve à portée de se réunir sur le point où il sera possible d'agir le plus avantageusement. Je ne négligerai aucune occasion, et quand même des circonstances favorables ne permettraient point aux troupes polonaises d'obtenir de nouveaux succès, je remplirai toujours les intentions de sa majesté l'empereur, en occupant ici un corps de troupes autrichiennes infiniment plus fortes que celles que j'ai à leur opposer. L'arrivée de l'armée russe en Gallicie, et les événemens auxquels elle a donné lieu, ayant permis à l'ennemi d'inquiéter une partie de la Gallicie située sur la rive droite de la Vistule, cette circonstance a ralenti nécessairement les nouvelles formations, et les généraux russes y contribuent encore plus, en mettant partout où ils arrivent, des employés autrichiens, qui se font un devoir de tourmenter les habitans, et d'étouffer tout ce qui peut être contraire aux intérêts de leur souverain. J'espère cependant que le zèle à toute épreuve des Galliciens saura vaincre cette nouvelle entrave, et que nous ne serons point frustrés des moyens qu'offre le pays pour ajouter à nos forces, si le manque total d'armes ne met des bornes à leur désir de mériter une patrie, en se rendant dignes de la protection de l'empereur. Veuillez bien, Monseigneur, agréer l'assurance de ma haute considération.

Le général de division, commandant les troupes polonaises du neuvième corps. «JOSEPH, prince PONIATOWSKI.»]

[18: Rapport du major-général au baron de Wimpfen.

Schoenbrunn, le 30 juin 1809.

«Aussitôt que j'ai reçu votre lettre du 18, monsieur le baron de Wimpfen, je l'ai mise sous les yeux de l'empereur. Les travaux que vous avez faits devant Presbourg, les mouvemens de bateaux faits sur les quais, l'occupation des îles retranchées, ont, d'après le rapport du général français commandant, motivé l'attaque de cette ville. Il est conforme aux principes de la guerre qu'on cherche à déjouer les projets de son ennemi, et toutes les fois qu'on fait des préparatifs offensifs près d'une grande ville, elle se trouve nécessairement exposée à de grands dommages, et c'est à ceux qui ont choisi ce point d'opérations qu'il faut les attribuer. Toutefois, monsieur le général Wimpfen, il a suffi à S. M. de savoir qu'il était agréable à votre généralissime que l'attaque de Presbourg cessât, pour qu'il m'ait autorisé à en donner l'ordre. L'empereur, mon souverain, n'a pas fait attention aux proclamations de jeunes princes sans expérience; mais il a été fâché que S. A. I. l'archiduc Charles, pour lequel, depuis seize ans, il témoigne l'estime due à ses grandes qualités, ait aussi tenu un langage que S. M. n'attribue qu'à l'entraînement des circonstances. Elle vous prie de faire agréer à votre généralissime ses complimens. Je vous prie, Monsieur, etc.,

«ALEXANDRE.»]

[19: Tous les grands états militaires ont eu, pour la plupart, des ingénieurs qui se sont amusés à lever la topographie des environs de la métropole, et qui ont accompagné leurs reconnaissances d'un mémoire de défense, en forme de plan de campagne, dans lequel ils indiquent les positions à prendre dans un cas d'invasion de la part d'ennemis qui pénétreraient jusqu'au centre de la monarchie. Ils ont tout prévu, et ont donné des conseils pour toutes les circonstances. Les mémoires sont accompagnés de beaux plans, où le campement de chaque corps est désigné; la position des grand'gardes, des sentinelles, les moindres détails de l'établissement du camp y sont rigoureusement soignés; mais ces hommes habiles n'ont oublié qu'une chose, c'est de placer l'armée ennemie comme il arrive toujours.

Nous avons trouvé dans le cabinet impérial de Vienne un ouvrage précieux comme topographie, accompagné d'un mémoire de défense pour le cas où se trouvait précisément la monarchie autrichienne. La carte des environs de Vienne offrait le tracé d'un camp pour défendre le passage de la marche en se plaçant à Schloshoff, et celui d'un second camp, en prenant absolument la position qu'a prise l'archiduc Charles à Wagram. L'ingénieur autrichien qui a fait ce bel ouvrage n'a pas dit un mot de l'île de Lobau, ni de six ponts jetés dans une nuit, et certainement s'il avait pu se douter que cette vaste île deviendrait une place d'armes, de laquelle on ferait déboucher cent quatre-vingt mille hommes, il n'aurait pas donné le conseil de les laisser passer librement, et d'aller les attendre à Wagram.]

[20: Il commandait toute la cavalerie.]

[21: Dans les jours qui suivirent celui de la bataille, le général La Riboissière qui commandait l'artillerie de l'armée, ayant besoin de boulets, fit mettre à l'ordre de toute l'armée, qu'il paierait cinq sols par boulet de canon ramassé sur le champ de bataille, et qui serait rapporté au parc d'artillerie; je tiens de lui-même qu'on en rapporta vingt-six mille autrichiens seulement. On peut bien évaluer que la moitié n'a pu être trouvée.]

[22: Lettre de Bernadotte au major-général.

«Retz, le 6 mai 1809.

«Prince,

«J'ai reçu la lettre que Votre Altesse m'a écrite de Burckausen sous la date du 30 avril. Votre Altesse ne me parlant plus de rester entre Ratisbonne et la Bohême, je suis venu de Nabburg à Retz, et je me dispose à entrer en Bohême par Waldmünchen. Le commandant du petit corps laissé à Cham par le général Montbrun me marque qu'avant-hier ses postes à Neumarck et Waldmünchen ont été attaqués et forcés de se replier sur Furth et Schontal. Il me marque aussi que les avant-postes autrichiens sur ce point sont forts de deux bataillons et six escadrons, et qu'ils ont en outre quatre mille hommes campés à Klatau. Votre Altesse m'avait autorisé à appeler à mon corps d'armée la division Dupas; mais elle a reçu le même jour un ordre contraire. Depuis, Votre Altesse m'a annoncé que je trouverais en marchant sur Ratisbonne des troupes françaises et des renforts; je n'ai cependant encore aucun avis que des troupes doivent se joindre à moi, et chaque jour j'éprouve de plus en plus combien il serait essentiel que l'armée saxonne fût appuyée et stimulée par l'exemple de troupes un peu plus aguerries qu'elles; cela me paraît indispensable, surtout étant destinée à opérer isolément sur le flanc de la grande armée. J'invite Votre Altesse à rappeler à l'attention de sa majesté cet objet qui intéresse réellement le bien de son service, et de me dire si je dois compter ou non sur quelques renforts de troupes françaises.

«J. BERNADOTTE.»]

[23:

«Au camp de Lintz, le 28 mai 1809.

«Prince,

«M. Deveau vient de me remettre la lettre que Votre Altesse m'a écrite d'Ebersdorf, sous la date du 26 mai. Votre Altesse a maintenant reçu ma dernière lettre, par laquelle je lui exposais l'impossibilité où je me trouve d'attaquer l'ennemi. J'ai l'honneur de lui répéter que je croirais commettre une faute militaire très grave si je sortais de mes positions devant Lintz. L'ennemi est sur mon front et sur mes deux flancs, le long du Danube. Le général Kollowrath a reçu, depuis l'affaire du 17, des renforts de la Bohême, et il vient encore d'arriver à Zuelter dix mille hommes détachés de l'armée du prince Charles. Si je marche en avant, je ne puis pas répondre qu'une colonne ennemie ne pénètre par la droite ou par la gauche jusqu'au pont de Lintz. Votre Altesse peut vérifier ma position sur la carte. J'ai devant moi un pays hérissé de montagnes, où l'ennemi retranché et barricadé, peut, avec peu de monde, disputer long-temps le passage. Il faudrait donc, pour déboucher d'ici avec quelque espérance de succès, un corps plus nombreux que le mien, et surtout des troupes aguerries et des généraux expérimentés pour diriger les diverses colonnes. Les Saxons, je le répète, sont hors d'état d'agir isolément, et il n'y a aucun de leurs généraux à qui je puisse confier une opération détachée. Je prie Votre Altesse de mettre ma situation sous les yeux de l'empereur. Il m'est impossible, pour le moment, de rien entreprendre d'offensif sans compromettre le pont de Lintz, auquel je pense que sa majesté tient avant tout. Si j'avais huit à dix mille Français, je pourrais encore tenter quelque chose, sans garantir de grands succès; j'aurais du moins à compter sur l'énergie et sur l'expérience de ces troupes; mais, je le répète, avec les Saxons je ne puis rien. Si l'ennemi vient à m'attaquer avec les forces qu'il a, de beaucoup supérieures aux miennes, je me regarderai comme fort heureux de pouvoir maintenir ma position. Dans tous les cas, sa majesté peut être certaine que je ferai mon devoir.

«J. BERNADOTTE.

«*P. S.* On a trompé Votre Altesse quand on lui a dit que le général Kollowrath n'était pas devant moi; il n'a pas cessé d'y être; il a aujourd'hui son quartier-général à Leonfelden, en arrière de ses camps d'Hirschiag et d'Helmansed. Il se lie avec les troupes qui sont à Haslach. Quant au général Jellachich, que Votre Altesse croit sur la rive gauche du Danube, il était ces jours derniers en Styrie, et a dû se retirer par le Buren.»]

[24: À Austerlitz le maréchal Soult était celui dont l'empereur avait été le plus satisfait.]

[25: *La Pucelle*.]

[26: Je faisais le service du grand écuyer pendant cette campagne, M. Caulaincourt étant en Russie, et le général Nansouty à sa division.]

[27: L'empereur a eu la pensée de faire paver les faubourgs de Vienne, qui ne le sont pas: il voulait, disait-il, laisser ce souvenir aux Viennois, mais il n'en a pas eu le temps.]

[28: Ce fut elle qui sollicita l'empereur de le remettre en fonctions après la conjuration de George.]

[29: L'empereur disait qu'il n'avait laissé l'armée hollandaise dans le pays, lorsqu'il était parti pour la dernière campagne, que parce qu'il craignait pour Anvers, où il ne pouvait pas laisser de troupes, n'en ayant pas suffisamment.]

[30: Indépendamment de la lettre à M. de Caulaincourt, la demande en a été faite directement de l'empereur à l'empereur Alexandre, qui y a répondu de sa main, qu'il allait consulter sa mère.]

[31: Je tiens ces détails du sénateur lui-même.]

[32: Depuis que j'ai écrit ces Mémoires, j'ai lu une petite brochure qui paraît, au titre, être imprimée d'après une rédaction du général Bertrand, sur des matériaux assemblés par lui et laissés, à ce que l'on prétend, à l'île d'Elbe après le célèbre départ.

Dans cette brochure, il est fort question du mariage de l'empereur avec l'archiduchesse Marie-Louise. Les détails que l'auteur en donne, quoique ceux d'un homme qui paraît avoir été aux écoutes, sont inexacts dans le point le plus important. C'est ce qui m'a fait douter de la vérité du reste.

L'auteur prétend que M. Narbonne avait reçu à Vienne des ouvertures sur ce mariage de la part de l'empereur d'Autriche. Voici ma réponse:

Après la paix de 1809, M. de Narbonne demanda à Vienne et obtint la permission d'aller visiter messieurs de France qui habitaient à Trieste, et a pu, à son retour par Vienne, y voir l'empereur d'Autriche; mais il était de retour à Paris avant le divorce de l'empereur, et en pareille matière, on ne s'expose pas à avancer ce dont on n'est pas sûr: un courtisan ne s'expose pas à des regrets cuisans et Narbonne avait sa fortune à faire.]

[33: On y avait construit et décoré élégamment un long salon avec des portes aux deux extrémités.

L'impératrice entra par la porte qui était du côté de l'Autriche, en même temps que la reine de Naples entrait par l'autre. Il y avait de ce côté-là un appartement où l'impératrice fit sa toilette. Elle était accompagnée des dames françaises, et donna sa main à baiser aux dames allemandes, qui sortirent par la porte qui était de leur côté, et partirent de suite.]

[34: L'oncle de l'impératrice, qui était alors grand-duc de Wurtzbourg, était présent; il signa aussi.]

[35: Le mariage devant l'église a eu lieu le 8 ou le 9 avril 1810, et la révolution de Fontainebleau est du 8 avril 1814.]

[36: Cette voiture n'était là que pour la représentation.]

[37: Comme duc d'Otrante une dotation évaluée à 90,000 francs net. Une sénatorerie, évaluée à 30,000 fr. net, et même au-dessus; c'était celle d'Aix en

Provence. Il avait 200,000 francs de rente du produit de ses économies pendant les neuf années de son administration, pendant tout le cours desquelles il a eu environ 900,000 francs de revenus de toute espèce, et venant de l'empereur, depuis le premier jusqu'au dernier écu.]

[38: M. de S*** avait été ambassadeur en Hollande et avait des moyens faciles d'informations à Amsterdam.]

[39: *Les relations extérieures*. Fouché n'avait pas cessé de convoiter ce ministère depuis que M. de Talleyrand l'avait quitté.]

[40: Cet Hennecart est de Cambrai; c'était un émigré, anciennement officier au régiment de Beauvoisis.]

[41: Mais il est juste d'observer que, si M. Fouché avait douté de sa fidélité, il n'était pas autorisé à soupçonner les moyens employés pour le corrompre, et quand même il les aurait découverts, il n'aurait pu s'en plaindre; d'abord on ne l'eût pas cru, et ensuite il ne l'aurait pas osé.]

[42: Pendant les deux dernières années de son administration, M. Fouché avait fait rechercher soigneusement tous les écrits qui avaient été publiés pendant la révolution, et dans lesquels on exaltait son patriotisme, tels que sa correspondance avec le comité du salut public, lorsqu'il était son commissaire à Lyon en 1793; il avait brûlé tout cela.]

[43: La haute société et le haut commerce avaient des jours fixes dans la semaine.

La bourgeoisie prenait assez généralement le dimanche.]

[44: En 1797, j'arrivai à Paris avec un de mes camarades, qui avait avec lui un sac de 1,200 francs. C'était au mois de novembre; nous descendîmes avec la messagerie rue des Fossés-Saint-Victor, vers six ou sept heures du soir; nous y prîmes un fiacre pour nous rendre à notre hôtel, rue de Richelieu. En arrivant, nous descendons, et prenons nos effets avec tant de précipitation, que mon camarade oublie son sac.

Nous étions l'un et l'autre fort jeunes. C'était jour d'Opéra, nous voulûmes finir notre journée à ce spectacle; il allait se terminer, lorsque la mémoire rappela à mon compagnon son sac. Comment faire pour courir après le fiacre? aucun de nous deux n'avait pris son numéro; il était fort en peine, lorsqu'il me vint une idée.

J'avais remarqué que le fiacre était blanc, et avait un cheval de ce poil avec un autre d'une autre couleur.

Je lui observai que peut-être le cocher ne se serait pas aperçu de notre oubli, et qu'il se serait placé près de l'Opéra, espérant finir la journée par ramener quelqu'un de son quartier; qu'il fallait nous mettre à visiter toutes les voitures qui étaient autour de l'Opéra. Nous trouvâmes effectivement la nôtre, qui était une des premières à la tête de la file de celles qui devaient commencer à être appelées à la sortie du spectacle. Nous montâmes dedans, et dîmes au cocher de nous conduire rue des Fossés-Saint-Victor: il ne nous reconnut pas. Nous nous mîmes à chercher dans la voiture, et nous trouvâmes le sac, qu'il avait cependant mis dans le coffre de sa voiture. Comme il passait devant la porte de notre hôtel, nous l'arrêtâmes. Il nous vit descendre avec notre argent, et n'osa pas réclamer la moindre chose; il préféra avoir l'air de ne pas s'être aperçu que ce sac était dans sa voiture, et se repentit assurément d'avoir voulu gagner encore un petit écu en restant à la sortie de l'Opéra.]

[45: Je dois faire observer que la plupart de ces jeunes femmes et de ces jeunes gens avaient de vieux parens qui les élevaient dans un éloignement total du nouvel ordre de choses établi en France, et qui propageaient ainsi une opposition dans laquelle leurs enfans n'avaient aucun intérêt de se ranger.

Une fois qu'ils furent échappés de la cage dans laquelle on les tenait renfermés, ils firent tous comme ceux qui avaient pris leur parti depuis dix ans.]

[46: On a méchamment imprimé, dans le commencement de 1814, un état des prisonniers existans dans les maisons de détention de Paris, et l'on a mis cela sur le compte des prisons d'État: c'est l'esprit de parti qui a voulu confondre les détenus de toute espèce pour favoriser ses projets. Il a mis les maisons de correction, celle pour dettes, celle des filles publiques, celle des fous, etc., etc., dans la même catégorie. Tout ce qui pouvait exciter la vengeance contre le gouvernement impérial lui convenait.]

[47: Il n'y a eu de détention sous des noms supposés que dans deux cas, pour éviter toute entreprise de communiquer au dehors. Elles concernaient deux chefs d'insurgés espagnols, qui, dans les registres du greffe, avaient d'autres noms; mais les conseillers d'État les visitaient comme les autres tous les ans.

On avait pris le parti de leur donner de faux noms, pour que des suborneurs n'entreprissent point de les faire évader.]